PLAS BRYNKIR
DOLBENMAEN

Cyhoeddwyd gyntaf ym Mhrydain Fawr yn 2014 gan Caru fy Nghymru

www.lovemywales.org

Ar gael Rhagfyr 2014

Ariannwyd gan Cadw a Chyngor Celfyddydau Cymru

Cynlluniwyd gan www.washdesign.co.uk

Argraffwyd gan ISIS Print

First published in Great Britain in 2014 by Love My Wales

www.lovemywales.org

Released December 2014

Funded by Cadw and Arts Council Wales

Designed by www.washdesign.co.uk

Printed by ISIS Print

ISBN: 978-0-9931373-0-3

CYNNWYS / CONTENTS

FOREWORD

VERY few aspects of our present-day environment and countryside can really be described as being natural features, although they are often assumed to be so. As someone who has had the pleasure of living in the historic landscapes of Gwydir and Nannau in Eryri Snowdonia, I continue to learn more about the economic and social forces and fashions which have changed them over the centuries. This invaluable collection of essays on an age-old historic landscape chronicles the changes over the generations from the Medieval to the late Victorian periods ending up with a fascinating, detailed description of the latest 21st century archaeological investigations.

To rediscover the shape of a landscape and the human activity acted out upon it requires an approach which is truly inter-disciplinary. Here is the aerial photography of the area itself, which so often pinpoints features which yield to further investigation not perceived at ground level. Then there is the careful study of the meaning of place-names, field names and the names of natural features which indicate or suggest previous uses and activities on the ground.

The disciplines of literary studies, whether of the praise-poetry or elegies composed by the professional poets to the gentry-patrons of the later medieval and early renaissance periods, or of the earlier prose literature which we collectively call the Mabinogi, provide a wealth of clues. Whereas eulogies to the generosity of a patron and the glorification of the reputation and status of gentry families and some of the more extreme allusions to community grief may be considered extravagant by some, I prefer the description offered here as 'the social drama at Plas Brynkir'.

RHAGAIR

PRIN yw'r agweddau hynny o'n hamgylchedd a'n cefn gwlad y gallwn eu gwir ddisgrifio fel nodweddion naturiol er i ni dybio hynny'n aml. Fel rhywun sydd wedi cael y pleser o fyw yn ardaloedd hanesyddol Gwydir a Nannau yn Eryri, rwy'n dysgu rhagor o hyd am y grymoedd economeg a chymdeithasol sydd wedi dylanwadu arnynt drwy'r canrifoedd. Mae'r casgliad gwerthfawr hwn o ysgrifau yn ymwneud â thirwedd hanesyddol ac oesol ac yn cofnodi'r newidiadau fu yno dros y cenedlaethau, o gyfnod y Rhufeiniad hyd at ddiwedd cyfnod Fictoria gan gynnwys manylion diddorol am gloddio archeolegol yr unfed ganrif ar hugain.

I ailddarganfod ffurf y dirwedd a gweithgaredd yr hil ddynol arno rhaid wrth ddulliau llwyr ryngddisgyblaethol. Dyma ffotograff o'r tir wedi'i dynnu o'r awyr, sy'n datgelu nodweddion na ellir eu gweld fel arall ac sy'n fan cychwyn i ymchwil bellach. Yna ceir astudiaeth fanwl o enwau llefydd, enwau caeau a nodweddion naturiol sy'n aml yn rhoi syniad i ni o'r defnydd neu'r gweithgaredd fu yno un tro.

Ceir cyfoeth o wybodaeth wrth astudio llenyddiaeth hanesyddol, p'un ai cerddi mawl neu farwnadau'r beirdd proffesiynol i'w noddwyr uchel dras yn ystod diwedd yr oesoedd canol a dechrau'r dadeni, neu'r llenyddiaeth gynharach a elwir ar y cyd yn Fabinogi. Tra ystyrir y moli i haelioni'r noddwr a'r clodfori i enw da a statws y teuluoedd bonheddig a hefyd ambell i gyfeiriad eithafol at alar yn y gymdeithas, yn ormodol gan rai, mae'n well gen i'r disgrifiad a gynigir yma sef 'y ddrama gymdeithasol ym Mryncir'.

Gall astudiaethau archeolegol ein harwain drwy'r cylchoedd o adeiladu ac ailadeiladu ar y mannau gwahanol o fewn y dirwedd mewn gwahanol gyfnodau, gan gyrraedd at y bedwaredd ganrif ar bymtheg pan godwyd y tŵr coffa a'r ugeinfed ganrif pan gafodd y tŵr ei adnewyddu. Cefais fwynhad arbennig wrth ddarllen am yr 'her' o ddarparu gwasanaethau cyfoes a chynaliadwy mewn adeilad hanesyddol, her sy'n ein hwynebu yn aml wrth i ni barhau i ddefnyddio ein hetifeddiaeth!

Mae astudiaeth fanwl o ddaeareg unrhyw dirwedd yn cysylltu ein canfyddiad o ffurfiau mynyddoedd, bryniau, cymoedd ac arfordiroedd â'r chwilio am yr amrywiaeth o fwynau gwerthfawr sydd wedi bod yn sail economaidd i'n bywydau yn Eryri, a'r posibilrwydd o ddefnyddio'r tir gan amaethyddiaeth gynaliadwy a magu stoc heb sôn am hela ceirw.

Ar wahân i'r manylion materol a ddatgelwyd yn ystod y cloddio archeolegol efallai mai'r astudiaeth gymdeithasol sydd fwyaf diddorol, wrth i ni ddilyn hanes teuluoedd Bryncir a'r Wern a threiddio'n ddyfnach nag astudiaeth feistrolgar Colin Gresham yn ei gyfrol 'Eifionydd: A Study of Landownership from the Medieval Period to the Present Day'.

Y cwestiwn mawr i ni, wedi pori drwy'r traethodau hyn, yw sut y gallwn chwilio am ddefnydd cynaliadwy i'n tirlun hanesyddol yn Eryri yn ystod yr unfed ganrif ar hugain?

Yr Arglwydd Dafydd Elis-Thomas AC.

Architectural study can lead us to follow through the cycles of building and re-building on various sites within a broader landscape in different periods, culminating here in the 19th century building and 20th century restoration of a commemoration tower. I particularly enjoyed the sections on the 'challenge' of providing sustainable contemporary utility services in a historic building, a challenge which we often face in the continued use of heritage!

Studying the geology of a landscape in detail links up our perception of the shape of mountains, hills, river valleys and coastline with the exploration of diverse forms of mineral wealth which has provided an economic base for our lives in Eryri Snowdonia, and the potential for sustainable land uses in agriculture and stock rearing, not to mention deer hunting.

Apart from the material detail of the archaeological investigations, it is perhaps the sociological study which is the most interesting, following as it does the histories of the families of Brynkir and Wern beyond Colin Gresham's magisterial study of 'Eifionydd: A Study of Landownership from the Medieval Period to the Present Day'.

These essays at their conclusion bring us to the question of how we might search for a sustainable land use for our historic landscape in Eryri Snowdonia in the 21st century.

Lord Dafydd Elis-Thomas AM.

INTRODUCTION

LOVE MY WALES is a charity whose aim is to work with community groups in order to engage with, find new uses for, and restore buildings at risk. We have been active at Plas Brynkir since 2011, one of the hidden gems of North Wales; the site of Brynkir contains nearly a thousand years of history: from its origins as a deer park for the native Welsh princes to its use as a prisoner of war camp for German officers during the First World War. The name 'Brynkir' is an example of a word that has had many different speelings over the centuries; the letter 'k' disappeared from the Welsh alphabet during the sixteenth century with the advent of the printing press, and the name alternated with different spellings to include the letters 'c' and 'k'. In this book, we have decided to retain the historic spelling of 'Brynkir' to differentiate from the village of Bryncir.

One of the principal aims of this publication is to record the history of the site and the physical remains, as there is no statutory protection to prevent their loss. This collection of essays is the culmination of this work, bringing together a host of academic writers from different specialisms in order to show how a heritage site can possess many layers and different points of interest. Through the artworks of Ceri Leeder, an artist from the Conwy Valley, we have reconstructed the development of Brynkir based on archaeological discoveries over the last three years.

The book features chapters by Spencer Smith, records the discovery of Llewelyn the Great's deer park; historian Shaun Evans analyses sixteenth and seventeenth-century bardic poetry concerning the Brynkir family; archivist Dilwyn Williams traces the growth of the Wern and Brynkir estates; architectural historian Mark Baker describes the development of the two mansions at Brynkir, and, with

CYFLWYNIAD

NOD elusen Caru fy Hghymru yw gweithio gyda grwpiau cymunedol er mwyn ymgysylltu, adfer ac darganfod defnydd newydd i adeiladau sydd mewn perygl. Rydym eisoes wedi bod yn weithgar ym Mhlas Brynkir, un o drysorau cudd Gogledd Cymru, ers 2011; ceir ar safle Brynkir bron mil o flynyddoedd o hanes: o'i darddiad fel parc ceirw tywysogion Cymru i'w ddefnydd fel gwersyll carcharorion rhyfel Almaenig yn ystod y Rhyfel Byd Cyntaf. Mae 'Brynkir' yn enghraifft o enw Cymraeg sydd wedi cael nifer o wahanol sillafiadau dros y canrifoedd; diflannodd y llythyren 'k' o'r wyddor Gymraeg yn yr unfed ganrif ar bymtheg, yr un amser a dyfodiad y wasg argraffu, ac fe newidiodd yr enw yn aml rhwng cael ei sillafu gan ddefnyddio'r llythrennau 'c' a 'k'. Yn y llyfr hwn, rydym wedi dewis defnyddio sillafiad hanesyddol 'Brynkir', er mwyn gwahaniaethu rhwng y pentref o'r enw Bryncir.

Un o brif amcanion y cyhoeddiad hwn yw cofnodi hanes y safle a'r olion ffisegol, gan nad oes gwarchodaeth statudol i atal eu colli. Mae'r casgliad hwn o draethodau yn ddiweddglo i'r gwaith, ac yn dod a nifer o ysgolheigion o wahanol arbenigeddau at ei gilydd gan arddangos sut y gall safle treftadaeth gynnig cyfleoedd astudiaeth ar wahanol haenau a themau diddordeb. Trwy waith celf Ceri Leeder, arlunydd o Ddyffryn Conwy, rydym wedi ailadeiladu datblygiad Brynkir, hynny'n seiliedig ar ddarganfyddiadau archeolegol sydd wedi cymryd lle dros y tair blynedd diwethaf.

Mae'r llyfr yn cynnwys penodau gan Spencer Smith, sydd yn cofnodi darganfyddiad parc ceirw Llewelyn Fawr; yr hanesydd Shaun Evans, sydd yn dadansoddi barddoniaeth o'r unfed a'r ail ganrif ar bymtheg sydd yn ymwneud â theulu Brynkir; yr archifydd Dilwyn Williams, sydd yn olrhain twf ystadau'r Wern a Brynkir; yr hanesydd

Cyflwyniad - Mae'r darluniad a enwir yn Herdsmen and Cattle Crossing Lodge Bridge, North Wales gan George Haydock c.1850 yn dangos sut edrychodd y teulu Huddart yn ddiweddarach ar dirwedd parc ceirw Bryncir a gafodd ei ailgylchu, ac a adeiladwyd eu stad o'i amgylch. Casgliad Celf y Llywodraeth.

This painting entitled Herdsmen and Cattle Crossing Lodge Bridge, North Wales by George Haydock c. 1850 shows how the Huddart family in later generations would have viewed the recycled landscape of the Brynkir deer park and built their estate around it. Government Art Collection

pensaernïol, Mark Baker sydd yn disgrifio datblygiad dau blasty Brynkir, a gyda'r hanesydd llenyddol Mary Chadwick, cawn glywed llais Elinor Huddart, nofelydd a merch Teulu Brynkir; y pensaer Adam Voelcker sydd yn sôn am stori adferiad Tyrau Brynkir; mae'r archeolegwyr Sarah Doherty a William Jones yn adrodd hanes archwiliadau archeolegol o'r safle; ac mae'r daearegwr Andrew Haycock, o Amgueddfa Genedlaethol Cymru, yn rhannu ei wybodaeth am ddaeareg Cwm Pennant.

Mark Baker a Spencer Beale

literary historian Mary Chadwick, gives voice to Elinor Huddart, novelist and daughter of the House of Brynkir; architect Adam Voelcker tells the story of Brynkir Tower's remarkable restoration; archaeologists Sarah Doherty and William Jones recount the archaeological investigations on site; and geologist Andrew Haycock, from the National Museum of Wales, shares his knowledge of the geology of Cwm Pennant.

Mark Baker and Spencer Beale

Dechrau'r tŷ isaf, oedd newydd gael ei adfeilio. Dorothy Jones
Visitors staring at the newly ruined lower house. Dorothy Jones.

PARC CANOLOESOL BRYNCIR

THE MEDIEVAL PARK ᴬᵀ BRYNKIR

1

MAE parc Bryncir, a ddarganfuwyd yn weddol ddiweddar, yn ychwanegiad pwysig i'r hyn oedd yn wybyddus am dirwedd gogledd-orllewin Cymru yn yr Oesoedd Canol. Gan ei fod ar ochrau de-ddwyrain Craig-y-Garn a Dyffryn Dwyfor, roedd yn ddigon pell o'r llwybr arferol dros ochr ogleddol Penrhyn Llŷn a fu mewn bodolaeth ers o leiaf cyfnod y Rhufeiniaid.[1] Er bod hanes Tywysogion Gwynedd, oedd yn rheoli'r ardal yn ystod yr Oesoedd Canol a'r ymladd fu rhyngddynt â brenhinoedd Lloegr wedi'i gofnodi'n fanwl,[2] prin yw'r dystiolaeth am yr effaith gawsant ar y dirwedd a'r amgylchedd yn ystod yr un cyfnod.[3]

Un thema sydd wedi dwyn bryd haneswyr ac archeolegwyr yn ddiweddar yw pa mor Ewropeaidd oedd meddylfryd Tywysogion Gwynedd ac eraill oedd mewn grym yn ystod yr Oesoedd Canol.[4] Iaith gyffredin materion seciwlar a chrefyddol y dyddiau hynny oedd Lladin, ac mae llenyddiaeth Gymraeg, yn rhyddiaith a barddoniaeth,[5] yn dangos bod yr ysgrifenwyr a'r darllenwyr yn gwybod am y byd y tu hwnt i Gymru. Roedd Tywysogion Cymru yn cyfathrebu drwy lythyrau â brenhinoedd Ffrainc a'r Alban,[6] a mentrodd pobl o Gymru draw i'r Dwyrain Canol i ymladd yn y Croesgadau.[7]

Un o brif weithgareddau hamdden teuluoedd brenhinol Ewrop yn ystod y cyfnod hwn oedd hela, naill ai â chŵn neu ag adar ysglyfaethus. Mae'r wybodaeth fwyaf

THE recently discovered park at Brynkir is an important addition to the known medieval landscape of north west Wales. Its position, below the south east slopes of Craig-y-garn and in the valley of the river Dwyfor, afforded it a degree of isolation from a long established route across the northern side of the Llŷn Peninsula which had been in use from at least the Roman period.[1] Whilst the history of the Princes of Gwynedd, who ruled this area during the medieval period, is well understood in terms of the conflict between them and the Kings of England,[2] little has been written about how the landscape and environment were shaped by them during this very same period.[3]

One of the themes which has been explored by historians and archaeologists recently is how European in outlook were the Princes of Gwynedd and other rulers of Wales during the medieval period.[4] The common language of both the secular and religious worlds across Europe was Latin, and Welsh literature, both prose and poetry,[5] reveals that both the writers and readers of this material were aware of the wider world. Welsh princes wrote and received letters to the Kings of France and Scotland,[6] and people from Wales ventured out to the Middle East as part of the Crusades movement.[7]

Amongst the pastimes favoured by the European royalty of the time was hunting, either with trained dogs or birds of prey. Within the 'Laws of Hywel', the name given to the

SPENCER GAVIN SMITH

Mynychodd Spencer Brifysgol Bournemouth ar gyfer ei BSc (Anrh) mewn Cadwraeth Treftadaeth a'i MSc mewn Rheoli Adnoddau Archeolegol. Yn dilyn hyn mae o wedi cael ei gyflogi fel archeolegydd a syrfëwr yn y sectorau cyhoeddus a phreifat, gangynnwys gweithio ar gyfres deledu S4C 'Tywysogion' a enwebwyd ar gyfer BAFTA Cymru ac fel ymchwilydd i'r Comisiwn Brenhinol ar Henebion Hynafol a Hanesyddol Cymru. Ar hyn o bryd mae'n ysgrifennu ei draethawd PhD ar y testun 'Parciau, Gerddi a Thirluniau o Ogledd Cymru a Gogledd Orllewin Swydd Amwythig Canoloesol' yn yr Adran Hanes, Gwleidyddiaeth ac Athroniaeth ym Mhrifysgol Fetropolitan Manceinion.

Spencer attended Bournemouth University for his BSc (Hons) in Heritage Conservation and his MSc in Archaeological Resource Management. Following this he has been employed as both an archaeologist and a surveyor in both public and private sectors, including working on the BAFTA Cymru nominated S4C Television Series 'Tywysogion' and as an investigator for the Royal Commission on the Ancient and Historic Monuments of Wales. He is currently writing his PhD thesis on the topic 'Parks, Gardens and Designed Landscapes of Medieval North Wales and North West Shropshire' in the Department of History, Politics and Philosophy at Manchester Metropolitan University.

Cyferbyn: Parc Ceirw Bryncir wedi ei ail-greu sut y byddai wedi edrych yn y trydedd ganrif ar ddeg. Ceri Leeder.

Opposite: A reconstruction on how the deer park at Brynkir would have looked in the thirteenth century. Ceri Leeder

[1] D. Hopewell Roman Roads in North West Wales, (Bangor: Gwynedd Archaeological Trust, 2013).
[2] D. Stephenson The Governance of Gwynedd, (Cardiff: University of Wales, 1984); J.B. Smith Llywelyn ap Gruffudd: Prince of Wales, (Cardiff: University of Wales Press, 1998).
[3] C. A. Gresham Eifionydd: A Study in Landownership from the Medieval Period to the Present Day, (Cardiff: University of Wales Press, 1973). Is a notable exception, although he dates the creation of the park to the early 19th century by Joseph Huddart.
[4] H. Pryce with R.W. Jones and S. Smith Tywysogion, Hughes a'i Fab, Wrexham.
[5] D. Johnston Hanes Beirniadol Llenyddiaeth Gymraeg 1300-1525,(Cardiff: University of Wales Press, 2010).Welsh Prose 1300-1425 [online] Available from http://www.rhyddiaithganoloesol.caerdydd.ac.uk/en/
[6] H. Pryce with C. Insley Acts of Welsh Rulers 1120-1283, (Cardiff: University of Wales Press, 2005).
[7] K. Hurlock Wales and the Crusades 1095-1291, (Cardiff: University of Wales Press, 2011).

medieval law books of Wales, is some of the most comprehensive information relating to the legal aspects of hunting and hawking to be found in any European law books. Dafydd Jenkins examined their usefulness in understanding how relevant their content was to a medieval audience and also how internal differences between the different regional variations could highlight the chronology of adoption of various types of hunting practice across Wales.[8]

Understanding the landscape in which these professional hunters, and occasionally the princes themselves, tested their bravery by hunting wild boar and managing their stocks of deer is still in its early stages compared to England.[9] However, by using a combination of several different archaeological techniques alongside historical sources, new evidence is being discovered about the parks which were created during this time usually associated with the conquest of Wales.

A love of hunting by the royalty and nobility of Wales can be found in some of the documents which survive from pre-Edwardian conquest Wales. In a letter from Dafydd ap Llywelyn to King Edward I in 1278, Dafydd writes 'it is hard and tedious to stay at Frodsham (Cheshire) without any solace of hunting'.[10] The privy seal of his Uncle Llywelyn ab Iorwerth, prince of Gwynedd during the early thirteenth century, depicted a Boar under a Tree.[11]

A park was just one component in a royal or noble landscape. The principal residence would be a castle or llys, and this would be surrounded by or associated with buildings - nine of which are mentioned directly in the

cynhwysfawr yn Ewrop ar agweddau cyfreithiol hela â chŵn ac â hebogiaid i'w gweld yn y cyfrolau 'Cyfraith Hywel', sy'n cynnwys cyfreithiau Cymru'r Oesoedd Canol. Mae Dafydd Jenkins wedi ymchwilio i'w hymarferoldeb i ddeall pa mor ddefnyddiol oedd eu cynnwys i ddarllenwyr yr Oesoedd Canol, a sut gall y gwahaniaethau mewnol rhwng ardaloedd gwahanol daflu golau ar hanes y mathau gwahanol o hela oedd yng Nghymru.[8]

Mae llawer o waith eto i'w wneud i ddeall tirwedd Cymru lle'r oedd yr helwyr proffesiynol, ac weithiau'r Tywysogion eu hunain, yn profi'u gwrhydri drwy hela'r baedd gwyllt a rheoli'u ceirw, o'i gymharu â'r hyn sy'n wybyddus am Loegr.[9] Drwy ddefnyddio cyfuniad o sawl techneg archeolegol ynghyd â ffynonellau hanesyddol, daw tystiolaeth newydd am y parciau a grëwyd bryd hyn ac sydd â chysylltiad â choncwest Cymru.

Mae'r hoffter at hela oedd gan deuluoedd Brenhinol a Boneddigion Cymru i'w weld yn rhai o'r dogfennau sydd wedi goroesi o'r cyfnod cyn y goncwest Edwardaidd. Mewn llythyr gan Dafydd ap Llywelyn at y Brenin Edward I yn 1278, dywed Dafydd pa mor anodd yw hi i aros yn Frodsham (Swydd Gaer) heb ddiddanwch hela.[10] Ar sêl gyfrin ei ewythr, Llywelyn ab Iorwerth, Tywysog Gwynedd yn nechrau'r drydedd ganrif ar ddeg mae llun o faedd yn gorwedd dan goeden.[11]

Un agwedd yn unig o'r dirwedd bendefigaidd oedd y parc. Y prif gartref fyddai'r castell neu'r llys, ac o'i gwmpas byddai nifer o adeiladau eraill - cyfeirir at naw ohonynt yn

[8]D. Jenkins 'Hawk and Hound: Hunting in the Laws of Court' in T. Charles-Edwards, M.E. Owen and P. Russell (eds.) The Welsh King and his Court, (Cardiff: University of Wales Press, 2000),pp. 255-280.
[9]L. M. Cantor1983 The Medieval Parks of England: A Gazetteer, (Loughborough: Loughborough University of Technology, 1983); S. G. Smith 'Parks and Designed Landscapes in Medieval Wales' in Deer and People, (Oxford: Windgather Press, 2014),pp. 231-239.
[10]H. Pryce with C. Insley 2005 Acts of Welsh Rulers 1120-1283, (Cardiff: University of Wales Press, 2005),pp. 646-647.
[11]D. H. Williams, Welsh Seals through History, (Cardiff: National Museum of Wales, 1982),pp. 19.

y deddfau Cymreig[12] a nodweddion tirwedd eraill megis caeau, caeau bychain ar gyfer ceffylau a cholomendai.

Mae'r disgrifiad enwocaf o'r dirwedd oedd o gwmpas y castell neu'r llys yn dyddio'n ôl at ddiwedd y bedwaredd ganrif ar ddeg. Mae'r cywydd i Sycharth, cartref Owain Glyndŵr yn disgrifio perllan, gwinllan, melin, gofaint ac anifeiliaid oedd yn cynnwys peunod a gyr o geirw, y dywedir eu bod 'mewn parc arall'.[13] Yn achos Owain Glyndŵr, ei barc arall oedd Glyndyfrdwy 18km (11 milltir) i'r gogledd orllewin, a gwelir yr un patrwm gyda pharc a phorthdy gryn bellter o'r prif gartref hefyd gyda'r parc ym Mryncir.

Yn yr achos hwn, prif gartref Tywysogion Gwynedd yn y rhan hon o ogledd-ddwyrain Cymru oedd Dolbenmaen, 1.5km (0.9 milltir) i'r de orllewin o Fryncir. Er bod y pellter cymaint mwy yn yr enghraifft Sycharth a Glyndyfrdwy, mae'r berthynas yn un debyg. Nid yw Castell Dolbenmaen wedi'i gloddio, ond gellid bod wedi adeiladu castell o'r fath, un mwnt a beili, yn ystod yr unfed ganrif ar ddeg neu'r ddeuddegfed ganrif.[14] Sonnir am 'Dolbenmaen' yn chwedl 'Math fab Mathonwy' yn y Mabinogi.[15] Yma cyfeirir at Ddolbenmaen fel man cyfnewid gwystlon brenhinol, ac er nad oes cyfeiriad ato yn y testun, roedd cyfarfodydd o'r fath yn rhai ffurfiol tu hwnt a gallai hela anifeiliaid fod yn rhan o'r digwyddiad defodol.[16]

Welsh laws[12] and other landscape features such as fields, paddocks and dovecots.

The most famous description of the kind of landscape we would expect to see during around a castle or *llys* was recorded at the end of the fourteenth century. The *cywydd* (a form of poem) to Sycharth, the home of Owain Glyn Dwr, describes the surrounding landscape as containing an orchard, vineyard, mill, smithy and animals including peacocks and a herd of deer, which are described as being 'in another park'.[13] In Owain Glyn Dwr's case his other park was at Glyndyfrdwy 18km (11mls) to the north west, and this relationship, with a park and a park lodge at some distance from the main residence, can also be seen at Brynkir.

In this instance, the main residence of the Princes of Gwynedd in this part of north west Wales was at Dolbenmaen, 1.5km (0.9mls) south west of Brynkir. Although the distance is much greater in the Sycharth to Glyndyfrdwy example, the relationship is still a similar one. The castle at Dolbenmaen has not been excavated, but its type, a motte and bailey castle, could have been constructed during the eleventh or twelth centuries.[14] The name, 'Dolbenmaen' is mentioned in the story of 'Math & Mathonwy', one of the prose tales which make up the volume of stories known as 'The Mabinogion'.[15] Here Dolbenmaen is mentioned as a place where royal hostages were exchanged, and although not referred to in the text, other meetings similar to this were very formal affairs and animal hunting could form part of the ritualised event.[16]

[12]G.R.J. Jones 'Llys and Maerdref' in T. Charles-Edwards, M.E. Owen and P. Russell (eds.) The Welsh King and his Court, (Cardiff: University of Wales Press, 2000),pp. 296-318.
[13]E.P. Roberts 1973 'TyPrenGlânmewn top Bryn Glas', Transactions of the Denbighshire Historical Society22, pp. 12-47.
[14]RCAHMW 'Motte at Dolbenmaen', An Inventory of the Ancient Monuments in Caernarvonshire2: Central, (London: HMSO, 1960), 74.
[15]Ifans, D. and Ifans, R.(tr. and eds.) Y Mabinogion, GwasgGomer, (Llandysul: Llandysul, 2001), pp.57.
[16]J. Cummins The Art of Medieval Hunting: The hound and the hawk, (Edison: Castle Books, 2003), pp. 5.

Brynkir lay in the medieval township of Pennant, and the western half of the township was known as Ffridd y Pennant.[17] The Welsh dictionary definition of the word 'Ffridd' is that it is a loan word from middle English fyrhðe 'a wood, woodland, wooded countryside, forest or game preserve' and can be applied to define moorland; frith, rough mountain pasture, sheepwalk, woodland, forest or a park.[18] The boundary between the upland ffridd and (usually) lowland park is not usually delineated but A.N. Palmer and E. Owen noted in their 1910 publication *History of Ancient Tenures of Land in North Wales and the Marches*:

Roedd Bryncir yn nhrefgordd Pennant, a gelwid hanner orllewinol y drefgordd yn Ffridd y Pennant.[17] Daw'r enw 'Ffridd' o'r enw Saesneg Canol 'fyrhðe' sef coedlan, coetir, tir coediog, fforest neu dir hela, a gellir ei ddefnyddio i ddisgrifio gweundir, tiroedd pori garw, cynefin defaid, tir coediog, fforest neu barc. Nid oes ffin bendant fel arfer rhwng y ffridd fynyddig a pharc yr iseldir (gan amlaf) ond nododd A.N. Palmer ac E. Owen yn eu cyhoeddiad 'History of Ancient Tenures of Land in North Wales and the Marches' ym 1910:

In several inquisitions and warrants of the fourteenth century relating to the county of Merioneth not merely are the "agistments of the frythes" mentioned, but the "frythes" themselves are in one instance equated with havotries and described as the special hayes [enclosures] in the lord's forests used for "havotas," and for sheltering and sustaining wild beasts, etc.[19]

Ffridd y Pennant was taken over by the English Crown after the Edwardian conquest of Wales in 1282-83 and was subsequently classed as common land.[20] It remained common land until the enclosure Act of 1812 when it was divided up amongst the landowners in the township of Pennant.[21]

Cipiwyd Ffridd y Pennant gan Goron Lloegr wedi i Edward goncro Cymru ym 1282-83 ac yna fe'i galwyd yn dir comin.[20] Parhaodd yn dir comin hyd at y Ddeddf Cau Tir ym 1812 pan gafodd ei rannu rhwng tirfeddianwyr trefgordd Pennant.[21]

A survey of 1352, known as the Record of Caernarvon, mentions that the tenants of Pennant pay both *'Cylch Greorion'* and *'Cylch Dyfrgwn'*.[22] These are payments for the prince's professional hunters to stay and hunt both 'creyr'- cranes and 'dyfrgwn'- otters. The crane (*Grus grus*) was according to the one version of the Welsh laws one of the 'notable' birds, meaning both difficult to catch whilst

Mae arolwg 1352 a elwir yn Record of Caernarvon, yn sôn bod tenantiaid Pennant yn talu 'Cylch Greorion' a 'Chylch Dyfrgwn'.[22] Taliadau oedd y rhain i helwyr proffesiynol y Tywysog i aros a hela'r crëyr a'r dyfrgi. Yn ôl un fersiwn o'r deddfau Cymreig roedd y crëyr (Grus grus) yn un o'r adar hynny oedd yn anodd eu dal ond yn dda i'w bwyta.[23] Roedd hela'r crëyr yn gyffredin yn Lloegr; mae Albarella a Thomas (2002) wedi ymchwilio i

[17]C. A. Gresham Eifionydd: A Study in Landownership from the Medieval Period to the Present Day, (Cardiff: University of Wales Press, 1973),pp. 5.
[18]Geiriadur Prifysgol Cymru: A Dictionary of the Welsh Language 'ffridd, ffrith' in Cyfrol I A-Ffysur, Cardiff: University of Wales Press, 1967),pp.1313.
[19]A. N. Palmer and E. Owen History of Ancient Tenures of Land in North Wales and the Marches, (Wrexham: A. N. Palmer and E. Owen, 1910) ,pp. 94.
[20]C. A. Gresham Eifionydd: A Study in Landownership from the Medieval Period to the Present Day, (Cardiff: University of Wales Press, 1973),pp. 59.21
[21]C. A. Gresham Eifionydd: A Study in Landownership from the Medieval Period to the Present Day, (Cardiff: University of Wales Press, 1973),pp . 50.
[22]C. A. Gresham Eifionydd: A Study in Landownership from the Medieval Period to the Present Day, (Cardiff: University of Wales Press, 1973),pp . 6.
[23]D. Jenkins 'Hawk and Hound: Hunting in the Laws of Court' in T. Charles-Edwards, M.E. Owen and P. Russell (eds.) The Welsh King and his Court (Cardiff: University of Wales Press, 2000),pp. 263.

Llun awyrol o Gwm Pennant yn dangos ffiniau'r parc ceirw Canol Oesol.
Casgliad yr awdur / An aerial image of Cwm Pennant showing the
boundaries of the medieval deer park. Author's collection

dystiolaeth archeolegol bwyta crëyr ac adar gwylltion eraill.[24] Ar y llaw arall, er bod y dyfrgi (Lutra lutra) yn anifail y talwyd helwyr proffesiynol i'w hela, mae hi'n anos dod o hyd i dystiolaeth archeolegol o hyn. Ymddengys mai oherwydd sut y proseswyd yr anifeiliaid ar ôl eu lladd yw'r rheswm, gan fod y croen yn cael ei dynnu oddi arnynt yn syth.[25]

hunting and good to eat.[23] The crane was also commonly hunted in England, with Albarella and Thomas (2002) have examined the archaeological evidence for consumption of this and other wild birds.[24] The otter (*Lutralutra*) on the other hand, whilst mentioned as an animal which professional hunters were paid to pursue, is more difficult to find in the archaeological record. This appears to be because of the way in which the animals were processed after death, with the skins being removed immediately.[25]

[24]U. Albarella, U. and A. Thomas 2002 'They dined on crane: bird consumption, wild fowling and status in medieval England', Acta zoological cracoviensia(2002),pp. 23-38.
[25]J. Cummins The Art of Medieval Hunting: The hound and the hawk, (Edison: Castle Books, 2003), pp. 147-150.

Roedd finiau gwreiddiol y parc ceirw wedi cael eu hail-ddefnyddio fel ymylon tramwyfa Plas Brynkir. Dorothy Jones.

The original boundary of the deer park was reused as the edge of the driveway to Plas Brynkir. Dorothy Jones.

Both the crane and the otter were hunted in very similar environments, which were wet and boggy areas crisscrossed by streams, somewhere that can be seen in and around the area between the rivers Dwyfor and Henwy. Although no date for the earliest house at Brynkir has yet to be established, its name derived from *Bryn Ceirw* - Hill of the Deer and its location on the edge of the park, suggests its original purpose was to serve as a hunting lodge for the castle of Dolbenmaen, and appears to have continued to serve this purpose after the castle of Dolbenmaen was replaced by the new stone built castle at Criccieth.[26]

Helwyd y crëyr a'r dyfrgi ill dau ar diroedd gwlyb a chorsiog, lle'r oedd nifer o nentydd i'w cael, tebyg i'r ardal rhwng yr afonydd Dwyfor a Henwy. Er nad oes dyddiad ar gael ar gyfer y tŷ cyntaf ym Mryncir, daw'r enw o 'Bryn Ceirw' ac mae ei leoliad ar ymyl y parc yn cynnig mai ei swyddogaeth gyntaf oedd bod yn gaban hela i Gastell Dolbenmaen, ac ymddengys iddo barhau felly wedi i Gastell Dolbenmaen ei ddisodli gan y castell newydd a adeiladwyd o gerrig yng Nghricieth.[26]

[26]RCAHMW 1960 'Cricieth Castle', An Inventory of the Ancient Monuments in Caernarvonshire2: Central, London: HMSO, 1960), pp.59-62.

Ym 1318 rhoddwyd elw maenordy Dolbenmaen i fab a merch Brenin Edward II, sy'n codi'r syniad bod y Brenin yn gweld gwerth yn ei gadw.[27] Mae porthdy yn Holt (Sir Ddinbych) a gofnodwyd mewn arolwg a gynhaliwyd yng nghanol yr unfed ganrif ar bymtheg yn cael ei ddefnyddio hyd heddiw.[28]

Penderfynwyd ar ffiniau parc Bryncir drwy dynnu lluniau o'r awyr. Mae ffin grom y parc yn amlwg i'w gweld yn erbyn nodweddion eraill y dirwedd. Mae ffin grom yn caniatáu'r arwynebedd mwyaf y tu mewn i'r ffin leiaf fel bod cost codi ffin yn llawer llai. I osod ffin o amgylch parc, yn enwedig parc ceirw, rhaid adeiladu wal neu ffens uchel, a gorau oll os bydd ffos y tu mewn iddo. Weithiau defnyddiwyd y pridd a gloddiwyd o'r ffos i godi clawdd ac adeiladwyd y wal neu'r ffens ar ben hwnnw. Ar adegau plannwyd gwrych, a elwid yn 'wrych marw' ac er y gellid cael gwared â'r gwrych mae'r enw'n parhau megis yn achos Llwyn Knottia ar ffin ogleddol parc canoloesol Cefn sydd i'r dwyrain o Wrecsam.[29] Ym Mryncir, er bod y cloddiau a'r ffosydd wedi'u herydu cryn dipyn, mae eu holion i'w gweld mewn sawl man o amgylch ymyl y parc. Gwelir enghraifft ragorol o'r ymdrech oedd ei angen i gau tiroedd parc pan orchmynnodd Brenin Edward III gau parc yn Llwydcoed (Sir y Fflint) ym 1347-48. Roedd angen tirfesurydd am 2c y dydd i osod y tir oedd i'w gau, a thorri a siapio digon o ystyllod i gau 559 perc (mesur oedd rhwng 18 a 25 troedfedd yn ôl yr ardal yng Nghymru a Lloegr) am gyfanswm o 19s 6c.

In 1318 the profits of the manor of Dolbenmaen were given to the son and daughter of King Edward II, suggesting that there was some value in it being kept by the King.[27] A park lodge at Holt (Denbighshire) was recorded in a mid-sixteenth century survey and is still in use today.[28]

The boundary of the park at Brynkir was originally identified using aerial photographs. The curving boundary of the park stands out clearly against the other visible landscape features, the curving shape allowing the greatest area to be enclosed with the least amount of boundary, which meant that constructing the boundary would cost less. To enclose a park, and particularly to enclose a park in which deer were to be kept, a high wall or fence had to be constructed, preferably with a wide ditch on the inside of the boundary. The material excavated from the ditch was sometimes used to form a bank on which the wall or fence was built. Sometimes a type of hedge, known as a 'dead' hedge would be constructed, and although the hedge could later be removed, the name survives, as at 'Llwyn Knottia', on the northern boundary of the medieval Cefn Park, east of Wrexham.[29] At Brynkir, although the banks and ditches have eroded, and are now much smaller than they were originally, they are still visible in various places around the edge of the park. An excellent example of the effort required to enclose a park can be found when King Edward III ordered the enclosure of a brand new park at Llwydcoed (Flintshire) in 1347-48, an event which required the services of a surveyor at 2d a day to lay out the area to be enclosed and the cutting and shaping of enough palings to enclose 559 perches (a measurement of between 18 and 25 feet depending on the region of England or Wales) at a total cost of 19s 6d.

[27]C. A. Gresham Eifionydd: A Study in Landownership from the Medieval Period to the Present Day, (Cardiff: University of Wales Press, 1973),pp. 372.
[28]A. Q. Berry 1994 5.
[29]Llwyn Knottia NGR SJ3582450451

Also required was a hedge 99 perches long to separate the park from the adjacent moorland at a cost of 49s 6d, one gate at 3s, three river gates at 4s and a drainage ditch 6 perches long at 6s 6d. This amounted to a total cost of 60s 10d.[30] These costs do not include the varying costs of park maintenance or the payment of a parker, at a cost of 1d a day to maintain and run the park, and show that owning and maintaining a park was an expensive process, and one that required regular outlay.

A park like the one at Brynkir would not just be used for keeping deer. In many cases, the park was divided up into separate sections, with each serving a specific purpose. Parks could also be used for the keeping of bees to provide honey and for 'pannage', which was the right for people to let their pigs eat fallen acorns and other nuts. Some parks had stone quarries within them and others were used by potters and metalworkers, who paid to have access to the timber which they used to fuel their kilns and furnaces. Part of the park at Brynkir appears to have been used by metalworkers, with the name *Ynys y Gwreichion* - Island of the Sparks surviving for an area near the Brynkir Tower.

That Brynkir began life as a park for deer can be seen by the narrowing enclosure which runs off the northern edge of the park. This would have been used for a type of hunting known as 'Bow and Stable', and where the deer were driven out of the main park and down the enclosure, which narrowed and had a blind curve in it. At the end, the hunters would wait and then kill only the deer required.[31] The name for this narrow enclosure is 'Bryn Brain'. A comparable example with a bow and stable hunting area is the medieval park at Eyton (RCAHMW Coflein 2004: NPRN 308744) south of Wrexham (Denbighshire).[32]

Roedd angen plannu gwrych 99 perc i wahanu'r parc o'r gweundir cyfagos ar gost o 49s 6d, un glwyd am 3s, tair clwyd afon am 4s a ffos ddraeniad 6 perc o hyd am 6s 6c. Dyna gyfanswm o 60s 10c.[30] Nid yw'r symiau hyn yn cynnwys costau amrywiol cynnal a chadw'r parc na thaliad i'r gofalwr o 1c y dydd. Gwelir felly bod perchnogi a gofalu am barc yn ymarfer costus a bod angen taliadau cyson i'w gynnal.

Nid at gadw ceirw yn unig fyddai parc fel Bryncir. Mewn llawer i achos rhannwyd y parc yn glytiau llai, pob un â'i swyddogaeth arbennig. Gellid defnyddio'r parc i gadw gwenyn er mwyn cael mêl, ac ar gyfer 'mesobr' sef yr hawl oedd gan bobl i adael i'w moch fwyta'r mes a chnau eraill oedd wedi disgyn o'r coed. Roedd chwareli cerrig mewn rhai parciau a defnyddid eraill gan grochenwyr a gweithwyr metel oedd yn talu i ddefnyddio'r coed i danio'u hodynau a'u ffwrneisi. Mae'n debyg bod gweithwyr metel wedi bod ym mharc Bryncir gan fod yr enw Ynys y Gwreichion yn bodoli hyd heddiw ar ardal ger Tŵr Bryncir.

Gwelir tystiolaeth mai fel parc ceirw y dechreuodd Bryncir gan edrych ar y rhan gul sy'n arwain o ran ogleddol y parc. Defnyddid hyn ar gyfer y math o hela a elwid yn 'Bwa a Stabl' lle y gyrrwyd y ceirw o'r parc ac i lawr y rhan gul oedd â thro dall ynddi. Byddai'r helwyr yn aros wrth y pen draw ac yn lladd pa geirw bynnag oedd eu hangen.[31] Enw'r rhan gul hon yw Bryn Brain. Mae enghraifft arall o fan hela bwa a stabl ym mharc canoloesol Eutun i'r de o Wrecsam (Sir Ddinbych).[32]

[30]D. L. Evans (ed.) 'Flintshire Ministers' Accounts 1328-1353', Flintshire Historical Society Record Series2, 1929, pp.23.
[31]J. Cummins The Art of Medieval Hunting: The hound and the hawk, (Edison: Castle Books, 2003),pp. 47-67.
[32]S. G. Smith'Parks and designed Landscapes in Medieval Wales' Deer and People, (Oxford: Windgather Press, 2014) , pp. 236.

Mae deall pwysigrwydd y rhwydwaith o barciau megis Bryncir a'u lle hanfodol yng nghymdeithas ganoloesol Gogledd Cymru yn rhoi gwedd newydd ar yr effaith gawsant ar fywyd pob dydd y trigolion. O'u creu gan y teuluoedd brenhinol, drwy eu defnyddio gan helwyr proffesiynol i gyflenwi cig carw, adar gwylltion a chadw anifeiliaid ysglyfaethus dan reolaeth, mae'r parciau a'r dirwedd lle roeddynt yn awr yn rhoi digon o gyfle i haneswyr ac archeolegwyr gydweithio ar brojectau sydd â'u canlyniadau yn hwyluso dealltwriaeth lwyrach o destun na ymchwiliwyd iddo o'r blaen.

Understanding the importance of the network of parks such as Brynkir, and their integral place in the medieval society of North Wales is providing a new perspective on how these spaces impacted on people's everyday lives. From their creation by royalty, through to their use by professional hunters to supply venison, wildfowl and keep predators under control, parks and the landscape in which they were placed now provide ample opportunity for historians and archaeologists to work together on collaborative projects, with the results enabling a more detailed understanding of a previously under-researched topic.

Golwg o Gwm Pennant yn dangos y parc ceirw a'r dirwedd, wedi eu cadw fel gwastatir Plas Brynkir c.1940 ac yn dangos y dirwedd. Dorothy Jones.

A view of Cwm Pennant showing the deer park and the landscape preserved as the grounds of Plas Brynkir c.1940 showing the landscape. Dorothy Jones.

PLAS BRYNCIR, 1500-1700

ERBYN canol yr unfed ganrif ar bymtheg, roedd tŷ Bryncir wedi sefydlu ei hun fel grym pwysig yn ardal gogledd-ddwyrain Eifionydd. Wedi'i leoli yng Nghwm Pennant, Plas Bryncir oedd y pwerdy yng nghalon y stad fwyaf yn nhrefgordd Pennant.[1]

Roedd statws teulu Bryncir yn deillio o seiliau canoloesol cadarn. Drwy gydol yr unfed ganrif ar bymtheg a'r ail ganrif ar bymtheg ymfalchïai'r teulu yn eu gorffennol - eu treftadaeth a'u tras - i gynnal a chyfiawnhau eu safle o ran grym, arweinyddiaeth ac awdurdod yn y gymdeithas leol gyfoes. Hyd yn oed tua diwedd yr ail ganrif ar bymtheg, roedd James Brynkir (1668 - 1740) yn arddel y ddelwedd hon o'i statws personol a theuluol. Comisiynodd siart herodrol hirfaith o'i dras oedd yn dwyn y teitl:[2]

The Genealogie of the Ancient Family of Brynkire of Brynkire in the County of Caernarvon, deduced from Owen Gwyneth, King of North Wales, their Paternal Ancestor, to the year 1696 together with the direct lines of several other very worthy houses whereunto they are allyed.

Nid teulu Bryncir oedd yr unig rai i honni eu bod yn perthyn i Owain Gwynedd (m. 1170) Brenin Gwynedd yn y ddeuddegfed ganrif - a'i ragflaenyddion a'i ddisgynyddion, gan gynnwys Gruffudd ap Cynan (m. 1137) a Rhodri Mawr yn y nawfed ganrif.[3] Ond roedd y berthynas hon yn sylfaenol i farn penteuluoedd Bryncir

THE HOUSE OF BRYNKIR, 1500-1700

BY the mid-sixteenth century, the house of Brynkir had established itself as a prominent local force in north-east Eifionydd. Situated at the entrance to Cwm Pennant, Plas Brynkir was the powerbase at the heart of the most substantial landed estate in the township of Pennant.[1]

The status of the Brynkir family was reliant on deep-seated medieval foundations. Throughout the sixteenth and seventeenth centuries, they were a family which continuously appealed to the past – to their heritage, ancestry and pedigree – to support and justify their claims to positions of power, leadership and authority within contemporary local society. Even towards the very end of the seventeenth century, James Brynkir (1668-1740) was promoting this image of his personal and dynastic status. He commissioned a lengthy heraldic pedigree roll, headed with the title:[2]

These assertions of affinity to the twelfth-century King of Gwynedd, Owain Gwynedd (d.1170) – and his lineages of regal predecessors and descendants, including Gruffudd ap Cynan (d.1137) and the ninth-century Rhodri Mawr – were not confined to the Brynkir dynasty.[3] Nevertheless, this association remained fundamental to the self-conceptions of

2

SHAUN EVANS

Graddiodd Shaun gyda BA mewn Hanes ym Mhrifysgol Efrog a symudodd yn ei flaen i Brifysgol Aberystwyth lle gwblhaodd ei PhD yn y Sefydliad Astudiaethau Canoloesol a Modern Cynnar (IMEMS) yn 2013. Mae'r astudiaeth ryngddisgyblaethol yn canolbwyntio ar linach y Mostyniaid o Ogledd Cymru a'r mecanweithiau amrywiol y maent yn eu cyflogi igynnal eu statws, anrhydedd ac awdurdod ar draws yr unfed a'r ail ganrif ar bymtheg. Yn ddiweddar treuliodd gyfnod yn gweithio yn Nhîm Ymchwil yr Archifau Cenedlaethol, Kew, Llundain. Mae'n Aelod etholedig o Gyngor Cymdeithas Hanes Sir y Fflint ac ar hyn o bryd yn ymgymryd mewn nifer o fentrau ymchwil yn ymwneud â diwylliant bonedd Cymreig.

Shaun after undertaking his BA in History at the University of York proceeded to Aberystwyth University where he completed his PhD at the Institute of Medieval and Early Modern Studies (IMEMS) in 2013. This interdisciplinary study focused on the Mostyn dynasty of north Wales and the various mechanisms they employed to maintain their status, honour and authority across the sixteenth and seventeenth centuries. He recently spent a period working in the Research Team at The National Archives, Kew, London. He is an elected Member of the Council of the Flintshire Historical Society and is currently undertaking numerous research initiatives relating to Welsh gentry culture.

[1] C.A. Gresham, Eifionydd: A Study in Landownership from the Medieval Period to the Present Day (Cardiff: University of Wales Press, 1973), pp. 28-29.
[2] National Library of Wales (NLW), Peniarth MS. 476G.
[3] M.P. Siddons, The Development of Welsh Heraldry, Vol. I (Aberystwyth: National Library of Wales, 1991).

Cyferbyn: Golygfa wedi ei ail-greu o'r tŷ uchaf. Ceri Leeder.

Opposite: A reconstructed view of the upper house c.1700. Ceri Leeder.

BRYNKIR, *Llanfihangel y Pennant*

(The old name was Bryncyr or Brynceirw).

Meredydd, from Owen Gwynedd.

John.=Gwenhwyfer, d. of Goronwy ap Evan ap Einion, of Gwynfryn. p. 164.

Morris, of Clenenney. p. 218.　　Robert.　　Owen, of Ystumcegid. p. 232.　　1st, Jonet, d. of Rhys ap Llewelyn ap Hwlkin, of Bodychen, Anglesey. p. 99.=Evan.=2nd, Margaret, d. of Meredydd ap Evan ap Robert, of Gwydir. p. 281.　　Gruffydd, of Issallt.　　&c., p. 232.

Humphrey.　　Grace.=Robert Evans, A.M., Dean　　Gaynor.=Howel ap　　Jonet.=Thomas ap Rhys,　　Elin.=Robert ap John ap　　Elliw.=William ap Hugh ap Dafydd　　Elizabeth.=Lewis Anwyl ap Robert ap Morris,　　Ales.=Rhydderch ap Dafydd,
Eliza.　　　　of Bangor, ob. 1570.　　　Gruffydd.　　of Nanhoron ucha.　　Madog, of Lleyn.　　ap Robert, of Llechwedd Issa.　　of Park, Llanfrothen. p. 241.　　of Pennant in Eifionydd.
p. 191.　　　　　　　　　　　　　　　　　　pp. 161, 231.

Robert Wynn=Margaret, d. of　　Morris,=Agnes, d. of　　Owen.=Annes, d.　　John　　Rhys, will=Ales, d. of Hugh　　1st, Howel=Margaret.=2nd, John　　Gwen.=Eliza ap　　Elizabeth.=Thomas　　Lowry.=Hugh ap　　Angharad.=Morgan　　Elinor.=David
ap Ifan, party　Robert Gruffydd　of　　Rhys ap　　of　　Wynn,　　proved in　ap Robert　　ap Madog　　　　　Wynn, of　　William,　　Griffith,　　Madog ap　　ap Robert　　　Lloyd
to a deed　　ap Rhys, of　　Wern,　　Dafydd, of　　Morris　　of　　P.C.C.　　Vaughan. She　　Vychan, of　　　Trefan,　　of Rhiwgoch,　　of　　Llewelyn,　　Lloyd, of　　Vychan,
dated Aug. 5,　Maesmor, from　ob.　　Llwydiarth　　ap　　Hirdre-　　1561, dated　2nd=Thomas　　Abercain.　　　p. 130.　　in Traws-　　Trawsfynydd.　　of Elernion.　　Penrhosbradwen,　of Ceidio,
1525.　　　Owen Brogyn-　　1563.　in Anglesey.　Gruffydd　faig.　　Nov. 26,　　Madryn. p. 175.　　　　　　　　　　fynydd.　　　　　　　p. 175.　　Holyhead.　　in Lleyn.
　　　　tyn. p. 244.　　　　p. 103.　　ap Evan.　p. 25.　　1561.　　　　　　　　　　p. 170.　　　p. 180.　　　　　　　　　　　　p. 85.
　　　　　　　　　p. 343.

Robert.　　Rowland.　　John.　　Owen.　　Morris.　　John.　　Jonet.=Hugh ap Jenkin ap　　Ellen.　　Jane.=William ap Morris ap Gruffydd ap　　Mary.=Evan ap Jenkin, of　　Annes.=Thomas ap Rhys ap Howel,
　　　　　　　　　　　　　Thomas.　　Owen.　　　William ap Howel.　　Catherine.　　Evan, of Plas du, Llanarmon. p. 205.　　co. Merioneth.　　of Ystumllyn. p. 264.

Eliza ap Robert,=Dorothy, d. of Gruffydd ap Robert　　Thomas.　　William.　　Morris.　　Sander.　　John.　　Jonet.=Richard Owen ap Morris, of　　Catherine.=Eliza ap Howel Vaughan, of Penllyn, Llanuwchllyn, described
ob. May, 1563.　　Vaughan, of Talhenbont. p. 179.　　　　　　　　　　　　　　　　　Pen y Coed, in Dolbenmaen.　　　　　　in an old deed, dated May 3, 1626, as of Brynllech.

Robert Wynn, H.S.C. 1594, ob. 1616.=Ann, d. of Morris ap Eliza, of Clenenney. p. 218.　　John.　　Margaret.=Morris Wynn, of Hirdrefaig, (her cousin). p. 25.　　Dorothy.=David Lloyd, of Greiglwyd. p. 154.

1st, Grissel,=Ellis Brynkir,=2nd, Margaret, d. and co-h's.　　John　　Margaret.=Roger Pugh, of　　William Brynkir, Rector=Miriam, d. of Hugh　　Tryphena.=Richard Anwyl,　　Mary.=Richard　　1st, John=Dorothy.=2nd, Henry　　Ann.=Griffith
d. of John　　H.S.C. 1624.　　of William Morris, of　　Brynkir,　　Plas Cerrig,　　of Llaniestyn and　　Hughes, of Plas　　(His 1st　　of Hafod Wyryd,　　Evans, of　　Owen, of　　Humphreys,　　　ap
Griffith, of　　ob. 1628.　　Clenenney. p. 218. She　　s.p.　　Llanymyneich.　　Llanaelhaiarn, ob. 1627-8.　Coch, Anglesey.　wife).　　H.S.C. 1656-7.　　Elernion,　Ystumcegid.　　of Pant Du,　　Robert, of
Cefn-　　　　　　2nd=William Glynn, of　　　　　　　　　　　　　　　　　　p. 50.　　　　　p. 241.　　ob. 1630.　　p. 232.　　Llanllyfni.　　Lethrddu.
amwlch.　　　　　　Lleuar. p. 135.　　　　　　　　　　　　　　　　　　　　　　　　　　　　　p. 175.　　　　　　pp. 157, 168.　　p. 135.
p. 169.

Robert=Winifred, d. of Thomas ap Rhys　　Capt. William Brynkir, killed at　　Jane,=William Glynn, of Lleuar,　　James Brynkir, nat. July 25, 1600,=Lowry, d. of William Lewis Anwyl, of Park. p. 241.
Brynkir.　　Wynn, of Giler. p. 189.　　　Newbury, living Feb. 14, 1640-1.　　ob. 1669.　　ob. 1660. p. 270.　　ob. June 29, 1644.　　She 2nd=Richard Jones, of Dol y moch. p. 213.

Thomas Pugh.　　John Pugh.　　John Brynkir, in Ireland, 1698.　　p. 353.

Elizabeth, mentioned in her mother's will, dated April 20, 1629, and proved on June 7 following.　　Ellis Brynkir, nat. June, 1643, ob. Mar., 1670-1.=Jane, d. of Robert Wynn, of Glyn Cowarch, co. Merioneth, and Ystumcegid, nat. 1643, ob. 1691, bur. at Llanbeblig.
p. 217.

1687.　　　　　　　　　　　　　　　　　　　　　　　　　　　Elin.=Lewis Lloyd, A.M., Rector of Llangybi　　Margaret.=William Wynn, of Maes y
James Brynkir, H.S.C.=Catherine, d. of Col. William Price,　　Robert,　　1st, John Glynn,=Catherine,=2nd, Lewis Meyrick,　　and Llanarmon; he lived at Plas Du,　　neuadd, H.S.M. 1714.
1695, nat. Sept. 10,　　of Rhiwlas, ob. Aug. 16, 1727,　　mort.　　of Plas Newydd.　ob. 1723.　Bar. at Law.　　bur. July 9, 1702, aged 47.　　p. 283.
1668, ob. July 2, 1740.　　aged 65, p. 247.　　　　　p. 266.　　　　　p. 126.
　　　　　　　　　　　　　　　　　　　　　　　　　　　　p. 353.

Ellis.　　1st, Catherine, d. and h's. of Thomas=William Brynkir,=2nd, Lady Barbara Holt, relict of　　*Robert Brynkir, A.M., Fellow of Jesus=　　James Brynkir, B.D.,　　Jane, ob. Innupt, April
mort.　　Fletcher, of Treborth Issa,　　x⁴. June 13, 1690,　　Sir Clobery Holt, of Aston, co.　　Coll., Oxon., and Rector of Braunston　　x⁴. June 21, 1696.　　14, 1760, aged 54, will
　　　　bur. Aug. 18, 1720. p. 90.　　bur. Dec. 11, 1759.　　Warwick, bur. Jan. 23, 1740.　　co. Northampton, x⁴. Aug. 17, 1691.　　Fellow of Jesus Coll.,　　proved in 1761.
　　　　　　　　　　　　　　　　　　　　　　　　　　　　　　　　　Oxford.
　　　　　　　　　　　　　　　　　　　　　　　　　Watkin Brynkir.

James Brynkir, died young, bur. July 5, 1740.　　William Brynkir, H.S.C. 1744-5, will proved 1744-5.　　Thomas, o.c. bur. Dec. 6, 1745...
　　　　　　　　　　　　　　　　　　　　　　　　　　Margaret, ob. 1765.

* He sold the estate, one part to William Owen, of Porkington and Clenenney, and the other, including the mansion, to William Wynne, of Wern. Mr. Wynne's portion was sold again by his grandson, the late William Wynne, of Peniarth, co. Merioneth, and has been sold since.

ohonynt eu hunain ac roedd yn elfen bwysig yn eu hymdrechion i gyflwyno delwedd gyhoeddus o'u huchelwriaeth.

Roedd canrifoedd o draddodiad diwylliannol Cymreig wedi ffurfio'r unigolion hanesyddol annelwig hyn yn enghreifftiau arbennig o bendefigaeth ac anrhydedd. Mewn cymdeithas lle'r oedd bri ar dras a honni bod o'r un gwaed, ac felly bod â'r un rhinweddau â'r arweinwyr brodorol gogoneddus, roedd hyn yn anfon neges bwerus gyhoeddus am farn a hawliau'r teulu.

Drwy eu tras etifeddodd y teulu eu stad gadarn yn Eifionydd oedd yn rhoi'r llwyfan cyhoeddus iddynt arddangos eu harglwyddiaeth ar agweddau oedd yn ymwneud â chyd-destunau'r cymunedau cyfoes. Er ymdrechion glew C. A. Gresham, mae diffyg archifau penodol yn ei gwneud hi'n anodd manylu ar darddiad stad Bryncir.[4] Yr hyn sydd yn glir yw bod John ap Maredudd ab Ieuan erbyn canol y bymthegfed ganrif wedi dod yn berchennog ar nifer o diroedd yn Eifionydd, gan fwyaf yn nhrefgorddau rhydd Pennant a Phenyfed.[5] Ymddengys i'r rhan fwyaf o'r tiroedd hyn ddod drwy briodas un o'i ragflaenyddion â'r etifedd Efa ferch Gruffudd - un o ddisgynyddion Collwyn ap Tangno, Arglwydd Eifionydd, Ardudwy a rhan o Lŷn yn yr unfed ganrif ar ddeg. Er bod ansicrwydd ynglŷn â'r i'r union ddull o etifeddu, roedd tras John ap Maredudd ab Ieuan hefyd wedi darparu sail i stadau Gesail Gyfarch, Ystum Cegid a Chlenennau yn Eifionydd gan arwain Syr John Wynn o Wydir (1553 - 1627) i honni bod:[6]

successive Brynkir patriarchs and played a central role in their attempts to impart a public picture of their *uchelwriaeth* – their gentility.

Centuries of Welsh cultural tradition had moulded these remote historical figures into outstanding exemplars of nobility and honour. In a society fixated with ancestry, claiming to share the blood, and by consequence the innate virtues of these glorified native leaders, conveyed a powerful public message about the family's outlook and credentials.

It was to their lineage that the family also owed the firm landholding base in Eifionydd, which provided the essential platform for their enactment of lordship and mastery within community contexts. However, despite the rigorous efforts of C.A. Gresham, the absence of a dedicated archive makes it extremely difficult to detail the origins of the Brynkir estate.[4] What is clear is that by the mid-fifteenth century, John ap Maredudd ab Ieuan had come to possess considerable Eifionydd landholdings, principally in the free townships of Pennant and Penyfed.[5] The majority of this land seems to have been acquired through the marriage of one of his predecessors to the heiress Efa ferch Gruffudd – a descendant of Collwyn ap Tangno, the eleventh-century Lord of Eifionydd, Ardudwy and part of Llŷn. Although the exact process of inheritance remains uncertain, the stock to which John ap Maredudd ab Ieuan belonged also provided the basis for the prominent Eifionydd estates of Gesail Gyfarch, Ystumcegid, Isallt and Clenennau, leading to Sir John Wynn of Gwydir's (1553–1627) assertion that:[6]

---

[4]C.A. Gresham, Eifionydd; C.A. Gresham, 'The Origin of the Clenennau Estate', National Library of Wales Journal 15, 3 (Summer, 1968), pp. 335-343.
[5]C.A. Gresham, Eifionydd, pp. 19-23.
[6]J. Wynn, The History of the Gwydir Family, A. Roberts (ed.), (Oswestry, 1878), p. 78. See also T. Jones Pierce, 'The Clenennau Estate', in J. Beverley Smith (ed.), Medieval Welsh Society: Selected Essays by T. Jones Pierce (Cardiff: University of Wales Press, 1972), pp. 229-249.

Rhôl Achau Herodrol, wedi ei chomisiynu gan James Brynkir (1668-1740) yn 1969. Mae'r achau yn dathlu rhwydwaith a llinach carennydd y teulu, ac yn arddangos eu statws a'u anrhydedd. NLW Peniarth MS. 476G.

Heraldic pedigree roll commissioned by James Brynkir (1668-1740) in 1696. The pedigree celebrated the family's kinship network and ancestry, parading their status and honour. NLW Peniarth MS. 476G.

You are to understand that in Evioneth of old there were two sects of kindred, the one lineally descended of Owen Gwynedd, Prince of Wales, consisting then and now of four houses, viz. Keselgyfarch, y Llysynghefn y fan, now called Ystimkegid, Clenenney and Brynkir, Glasfrin or Cwmstrallyn; the other sect descended of Collwyn.

It is indicative of the influence and standing of John ap Maredudd ab Ieuan that in 1485, shortly after landing in Wales, Henry Tudor wrote to him to secure his support in the forthcoming campaign to prize the English Crown from Richard III.[7] Through the Welsh custom of partible inheritance – *cyfran* – he divided his lands between his sons; one of these sons, Ieuan ab John, received landholdings centred on the township of Pennant, which formed the basis of the Brynkir estate.[8]

The Welsh poets who sang to members of the Brynkir family across the sixteenth and seventeenth centuries commonly referred to this territorial inheritance – the indispensable foundation of the dynasty's position within society – as the *gafael* of Ieuan ab John and his lineage.[9] Over the course of the early-sixteenth century there is patchy evidence which indicates how Ieuan ab John and his successors went about consolidating this landed patrimony; purchasing lands from neighbours and advantageously exchanging tracts with kinsmen. In 1509 for example, Ieuan ab John sold tenements in Clenennau to his brother Morus, in exchange for lands around Brynkir; whereas around 1525, he and his heir Robert Wyn succeeded in acquiring most of the lands which had formed part of their kinsmen's Isallt estate.[10] In 1535 and 1553 Robert Wyn moved to acquire lands in the several townships of Eifionydd, from John Wyn ap Robert Fychan, with the strategic

Ceir arwydd o ddylanwad a phwysigrwydd John ap Maredudd ab Ieuan pan yn 1485 yn fuan wedi iddo lanio yng Nghymru i Harri Tudur ysgrifennu ato i sicrhau ei gefnogaeth yn y cyrch oedd ar ddod i gipio Coron Lloegr gan Rhisiard III.[7] Drwy gyfran, yr arfer Cymreig o rannu etifeddiaeth, rhannodd ei diroedd rhwng ei feibion; derbyniodd un mab, Ieuan ap John, dir o amgylch trefgordd Pennant oedd yn ddechrau stad Bryncir.[8]

Cyfeiriai'r beirdd a ganai i aelodau teulu Bryncir yn ystod yr unfed ganrif ar bymtheg a'r ail ganrif ar bymtheg yn aml at yr etifeddiaeth hon o'r tir - sylfaen holl bwysig y teulu o fewn y gymdeithas - fel gafael Ieuan ap John a'i dras.[9] Prin yw'r dystiolaeth yn ystod dechrau'r unfed ganrif ar ddeg ynglŷn â sut yr ehangwyd ar y tir a etifeddwyd; prynu tir gan gymdogion ac elwa o gyfnewid lleiniau tir â pherthnasau. Ym 1509, er enghraifft, gwerthodd Ieuan ap John, randiroedd yng Nghlenennau i'w frawd Morus yn gyfnewid am diroedd o amgylch Bryncir; tra thua 1525, llwyddodd ef a'i etifedd Robert Wyn i gael gafael ar ran helaeth o'r tir oedd wedi bod yn rhan o stad y teulu yn Isallt.[10] Ym 1535 a 1553 dechreuodd Robert Wyn gael tiroedd mewn sawl trefgordd yn Eifionydd gan John Wyn ap Robert Fychan a chynyddodd y stad yn strategol ac araf - pan oedd adnoddau a chyfleoedd ar gael - yn ystod yr unfed ganrif

[7]NLW Clenennau MS. App. I/1.
[8]C.A. Gresham, Eifionydd, pp. 19-23.
[9]For example, GwaithBedoHafesb, HuwCowrnwy, HuwLlyn a LewysMenai, Pedwar o DdisgyblienPencerddaidd Ail Eisteddfod Caerwys, 1567/8, J.D. Davies (ed.), (Aberystwyth: The University of Aberystwyth, 1966), pp. 163-64, l.10; pp. 167-68, l.7.
[10]C.A. Gresham, Eifionydd, p. 28; L. Dwnn, Heraldic Visitations of Wales and part of the Marches, Vol. II, S.R. Meyrick (ed.), (Llandovery: The Welsh MSS. Society, 1846), p. 160, f/n 6; NLW Brogyntyn MS. ETD 1/2; NLW Dolfriog MS. 296.

ar bymtheg a'r ail ganrif ar bymtheg.[11] Ceir arwydd o rym y teulu wrth edrych ar ddau eiddo ar rent yn Eifionydd, un yn dyddio o ganol yr unfed ganrif ar bymtheg ac un arall o 1631 oedd yn dangos mai Bryncir oedd y stad fwyaf yn nhrefgordd Pennant.[12]

I deulu oedd yn dymuno sefydlu presenoldeb cryf a hirhoedlog mewn materion lleol, roedd y gallu i gynhyrchu meibion i barhau â'r dras yn holl bwysig. Dilynwyd Ieuan ap John gan ei fab Robert Wyn (m. 1565) a ddilynwyd yn ôl y drefn dadlinachol gan Elisau Wyn (m. 1568), Robert Wyn Brynkir (m. 1616) ac Ellis Brynkir (m. 1628).[13] Dim ond am rai misoedd y bu mab Ellis Brynkir, Robert Brynkir (tua 1600 - 1628) yn benteulu cyn ei farw ac aeth yr etifeddiaeth at ei frawd James Brynkir (1600 - 1644) oedd yn Gomisiynydd Aräe yn Sir Gaernarfon yn ystod y Rhyfel Cartref ac yn ôl yr arysgrif ar ei gofeb oedd yn 'great sufferer for his royal master' Siarl I.[14] Dilynwyd James gan ei fab Ellis Brynkir (1643 - 1671); mab Ellis, James Brynkir (1668 - 1740) a oedd y penteulu olaf yn yr ail ganrif ar bymtheg.

Mae enw yn nodwedd emosiynol o hunaniaeth, ac roedd derbyn 'Brynkir' yn gyfenw'r teulu â rhan bwysig ym mwriad y teulu i roi gwedd ffafriol iddynt eu hunain. Roedd y teulu Brynkir yn yr unfed ganrif ar bymtheg yn byw mewn cyfnod ac mewn ardal o Gymru a nodweddwyd gan ddiwylliant anhygoel o amhendant pryd y newidiwyd a mabwysiadwyd enwau newydd.[15]

consolidation and modest expansion of the estate probably continuing – when resources and opportunities allowed – across the sixteenth and seventeenth centuries.[11] An indication of the family's landed power can be gleaned from two rentals of Eifionydd, one dating from the mid-sixteenth century, another from 1631; showing that Brynkir was the most prominent estate in the township of Pennant.[12]

For a dynasty wishing to establish a strong and durable presence in local affairs, the ability to produce sons and heirs to continue the lineage represented an indispensable prerequisite. Ieuan ab John was succeeded on his death by his son Robert Wyn (d.1565), who was in turn followed in a patrilineal manner by Elisau Wyn (d.1568), Robert Wyn Brynkir (d.1616) and Ellis Brynkir (d.1628).[13] Ellis Brynkir's eldest son and heir, Robert Brynkir (c.1600-1628) only held the patriarchal role for a couple of months prior to his death; the patrimony soon passing to his brother James Brynkir (1600-1644) who was a Commissioner of Array for Caernarfonshire during the Civil War and 'a great sufferer for his royal master' Charles I, according to the inscription on his memorial.[14] James was succeeded by his son Ellis Brynkir (1643-1671); Ellis' son James Brynkir (1668-1740) being the last seventeenth-century head of the Brynkir dynasty.

Names constitute poignant markers of identity and the fixing of 'Brynkir' as the family's surname played a significant role in their attempts to promote a favourable representation of themselves. The sixteenth-century Brynkirs were living in an era and area of Wales characterised by an incredibly fluid culture of name adoption and adaption.[15]

[11] NLW Dolfriog MSS. 194, 281, 355.
[12] NLW Clenennau MS. EAA 1/1; The National Archives (TNA), SC 11/954.
[13] L. Dwnn, Heraldic Visitations, Vol. II, pp. 160-61.
[14] NLW Peniarth MS. 476G; N. Tucker, North Wales & Chester in the Civil War, 2nd Edition (Ashbourne: Landmark Publishing, 2003), p. 171.
[15] P.F. Mason, 'From Patronymic to Surname: The Documentary Evidence for North-East Wales, c.16th-19th Centuries', Clwyd Historian 63 (Winter, 2010), pp. 11-31; P. Morgan, 'The Place-Name as Surname in Wales', National Library of Wales Journal 29, 1 (Spring, 1995), pp. 63-75.

Their decision to adopt a surname was informed by a desire to be recognised as part of an elite social and political structure which extended far beyond the boundaries of Eifionydd. Even in the remotest parts of north Wales, where maintaining traditional bonds – *arglwyddiaeth* – lordship – within the local community group remained essential, the political and cultural horizons of *uchelwyr* such as the Brynkirs were far-reaching.[16] Summing up the life of Ellis Brynkir (d.1628), the poet Huw Machno concluded that he was:[17]

Gwal Gymru tra bu'n y byd,
Gwr hyfedr yn Lloegr hefyd.

Ellis had regularly found himself involved in the law court of Star Chamber at Westminster, defending his actions or initiating proceedings against neighbours; whereas his brother William Brynkir was the first of many of the family to attend Oxford University, receiving his B.A. from Oriel College in 1602 and achieving his M.A. from All Souls in 1606, before being appointed rector of Llaniestyn, Llanthaiarn and Llan-Eigan.[18] Similarly, the regular correspondence between Anne 'Wen' Brynkir (d.1623) and her brother Sir William Maurice (1542-1622) at London gives the impression that she was wholly engaged with the culture and political debates of the Court and Parliament.[19] She regularly advised her brother on his political actions, including in February 1604 when she urged him – as a long-serving Knight of the Shire – to procure the King's intervention in his dispute with the Council in the Marches of Wales, adding that he deserved this favour 'by reason

Llywiwyd eu penderfyniad i fabwysiadu cyfenw gan yr awydd i gael eu cydnabod fel rhan o oreuon cymdeithasol a gwleidyddol oedd yn ymestyn ymhell dros ffiniau Eifionydd. Hyd yn oed yn y mannau mwyaf anghysbell o Ogledd Cymru, lle'r oedd hi'n holl bwysig cadw'r clymau traddodiadol o arglwyddiaeth o fewn y gymuned leol, roedd gorwelion gwleidyddol a diwylliannol yr uchelwyr megis y teulu Brynkir yn bellgyrhaeddol.[16] Wrth grynhoi bywyd Ellis Brynkir, dywedodd y bardd Huw Machno amdano:[17]

Wales' wall while he was in the world,
A skilful man in England too.

Bu Ellis sawl tro yn Llys y Seren, Westminster, yn amddiffyn ei hun a'i weithredoedd neu i godi achos yn erbyn cymdogion, tra roedd ei frawd William Brynkir y cyntaf o lawer o'r teulu i fynychu Prifysgol Rhydychen. Derbyniodd B.A. o Goleg Oriel ym 1602 a'i M.A. o All Souls ym 1606 cyn ei apwyntio'r rheithor Llaniestyn, Llanhaiarn a Llan-Eigan.[18] Felly hefyd mae llythyrau cyson rhwng Anne 'Wen' Brynkir (m. 1623) a'i brawd Syr William Maurice (1542 - 1622) yn rhoi'r argraff ei bod hi â'i bryd hefyd ar faterion diwylliannol a gwleidyddol y Llys a'r Senedd.[19] Roedd hi'n cynghori ei brawd yn aml ar ei benderfyniadau gwleidyddol, gan gynnwys yn Chwefror 1604 pan anogodd hi iddo fel Marchog Sir ers blynyddoedd i geisio cefnogaeth y Brenin yn ei anghydfod â Chyngor y Gororau, gan ychwanegu ei fod yn haeddu'r ffafr hon 'by reason alsoe

[16]The most comprehensive study of the values and outlook of the Welsh gentry is provided by J.G. Jones, The Welsh Gentry, 1536-1640: Images of Status, Honour and Authority (Cardiff: University of Wales Press, 1998).
[17]E.D. Jones, 'The Brogyntyn Welsh Manuscripts IV', National Library of Wales Journal 6, 1 (Summer, 1949), pp. 13, 36.
[18]TNA, STAC 5/H23/14, 5/W71/34, 8/133/15; 8/136/15; NLW Clenennau MSS. 135, 461-62; J. Foster (ed.), Alumni Oxonienses, 1500-1714, Vol. I (Oxford: Oxford University Press, 1891), p. 203.
[19]NLW Clenennau MSS. 372, 385, 386, 431, 452 453, 473.

that you are his god father and intiteled his highness, kinge of great Britaine'.[20]

Mae tystiolaeth gadarn arall o ymdrech y teulu Brynkir i gyflwyno'u hunain fel rhan o lywodraeth y deyrnas ehangach mewn llythyr a ysgrifennwyd yng Ngorffennaf 1621 mewn perthynas ag addysg un o ferched Bryncir. Dyma ran o'r llythyr:[21]

alsoe that you are his god father and intiteled his highness, kinge of great Britaine'.[20]

Other tangible evidence of the Brynkir family's attempts to present themselves as part of the polity of the wider realm is provided by a letter written in July 1621, relating to the education of one of the Brynkir daughters. The letter concerned:[21]

A younge man boarne in Salesbury in Wilkeshire, that is a very good musition vpon the base viall and virginalls and can teach younge gentlewowen to play not onely vpon either of those instrumentes but can trayne them vp in their pricksonges by the booke... He hath contynewed at Brynkir … this twelvemonith and halfbeinge ether hired to teach one daughter they had her pricksonge and vpon the virginalls, wherin shee profited exceeding well, and withall taught her to write a faere Romane hand in that tyme, and to reade perfecte Englishe, and because she had not her englishe tonge very readie they were forced to send her to Chester...

Bu'n arfer camddehongli gweithredoedd o'r fath gan yr uchelwyr fel canlyniad i 'seisnigeiddio' neu gefnu ar eu hunaniaeth Gymreig.[22] Fodd bynnag, i deulu oedd a'u huchelwriaeth yn dibynnu'n drwm ar eu gallu i arddel eu gwreiddiau cynhenid er mwyn cadw eu lle yn y gymdeithas leol, mae'r dehongliad deuaidd hwn yn gwbl anaddas

Yn wir, gellid dadlau bod dewis a chadw'r cyfenw 'Brynkir' yn arwydd mai ym Mryncir ym mhlwyf Llanfihangel-y-Pennant a chwmwd Eifionydd yr ystyriai'r teulu fod eu hawdurdod fwyaf. Am gyfnodau meithion, bu'r system dadenwol draddodiadol oedd yn

It has been commonplace to misinterpret such practices and actions by the uchelwyr as acts or consequences of 'anglicisation': an abandonment of Welsh identity.[22] However, for a family whose *uchelwriaeth* also remained so dependent on their ability to articulate the strength of the native roots underpinning their position in local society, this binary interpretation is wholly inappropriate.

Indeed, the selection and retention of 'Brynkir' as the family's name highlighted that it was at Brynkir in the parish of Llanfihangel-y-Pennant and commote of Eifionydd that the family considered to be the primary source of their influence and the place where their authority

[21]NLW MS. 9057E, transcribed in D.N. Klausner (ed.), Records of Early Drama: Wales (Toronto: University of Toronto Press, 2005), pp. 74-75.
[22]For example, see A.O.H. Jarman, 'Wales a part of England, 1485-1800', in The Historical Basis of Welsh Nationalism (Cardiff: University of Wales Press, 1950), pp. 79-98; G.H. Jenkins (ed.), The Welsh Language Before the Industrial Revolution (Cardiff: University of Wales Press, 1997), pp. 3-12.

Yr Eglwys yng nghanol plwyf Llanfihangel-y-Pennant, ble claddwyd y teulu Brynkir am genedlaethau. Dorothy Jones.

The church at the heart of the parish of Llanfihangel-y-Pennant, where the Brynkir family were buried for generations. Dorothy Jones.

was most directly pronounced. Furthermore, for long periods the traditional patronymic system, which connected the living patriarch to his esteemed predecessors through a series of 'aps', remained interchangeable with the surname system; whereas perpetuating family names such as 'Ellis', 'Robert' and later 'James', encouraged bearers of those identities to live up to the name of their esteemed grandfathers.[23]

Though the Brynkirs of the sixteenth and seventeenth centuries sought to position themselves as part of an elevated social and geopolitical framework which extended to, and was applicable to the realm at large, their aspirations for regional prominence ensured that it was Eifionydd that constituted the primary theatre for their enactment and demonstration of *uchelwriaeth*. The local community and regional kinship network continued to represent key focuses and in a concerted campaign to realise their claims to regional ascendancy, the family remained active exponents of Welsh ancestral patriotism. This is most definitively evidenced through their prolonged patronage of Welsh praise poetry (*canu mawl*) in the form of strict metre eulogies and elegies (*marwnadau*). Engagement with the Welsh bardic order – the beirdd yr *uchelwyr* – represented one of the foremost mechanisms appropriated by the family patriarchs for the public projection of their desired image.[24] By the sixteenth century, these highly esteemed, skilled and well-regulated bardic craftsmen embodied a rich cultural tradition which was over a thousand years old.[25]

Supported by a strong ancestral and regional tradition of bardic patronage, the family's engagement with the bardic order was sustained across the sixteenth and seventeenth centuries, and supported by the formation of intimate

cysylltu'r penteulu presennol â'i gyndadau oedd yn uchel eu parch drwy gyfres o ddefnyddio 'ap', yn gyfnewidiol â'r system gyfenw; tra bo parhau ag enwau teuluol megis 'Ellis', 'Robert' ac yn ddiweddarach 'James', yn annog deiliaid yr enw i arddel gwerthoedd eu cyndadau.[23]

Er i'r teulu Brynkir geisio gosod eu hunain yn haen uchaf fframwaith cymdeithasol a geowleidyddol oedd yn ymestyn ar draws y deyrnas gyfan, ac oedd wedi'i addasu at hyn, roedd eu huchelgais am enwogrwydd lleol yn sicrhau mai yn Eifionydd y gwelwyd yr effaith fwyaf o'u huchelwriaeth. Roedd y gymuned leol a'u perthnasau yn yr ardal yn parhau i fod yn ganolbwynt allweddol iddynt ac mewn ymgais ymwybodol i gadw at eu hawl i oruchafiaeth yn eu cymuned, cadwodd y teulu i hybu gwladgarwch hynafol Cymreig. Gwelir hyn yn fwyaf amlwg yn eu cefnogaeth barhaol i'r canu mawl Cymreig sef cerddi canmol a marwnadau ar fesur caeth. Roedd eu cysylltiad â beirdd yr uchelwyr yn cynrychioli un o'r agweddau pwysicaf gan y penteulu i hyrwyddo eu delwedd ger bron eraill.[24] Erbyn yr unfed ganrif ar bymtheg, roedd y beirdd medrus hyn oedd uchel eu parch yn cynrychioli traddodiad diwylliannol a chyfoethog oedd wedi bodoli ers dros fil o flynyddoedd.[25]

Diogelwyd perthynas y teulu â'r urdd farddol, a gefnogwyd ganddynt drwy nawdd hynafol a thraddodiad cryf drwy gydol yr unfed ganrif ar bymtheg a'r ail ganrif ar bymtheg, ac fe'i cefnogwyd gan berthynas agos â beirdd unigol dros genedlaethau. Canodd y bardd

[23] D.S. Smith, 'Child Naming Practices as Cultural and Familial Indicators', Local Population Studies 32 (1984), pp. 17-27.
[24] For the gentry's engagement with the Welsh bardic order see J.G. Jones, Concepts of Order and Gentility in Wales, 1540-1640 (Llandysul: Gomer Press, 1992); J.G. Jones, 'The Welsh Poets and their Patrons, c.1550-1640', Welsh History Review 9 (1979), pp. 245-77; G. Thomas, 'Y Portread o UchelwyrymMarddoniaethGaethyr Ail GanrifarBymtheg', in J.E. Caerwyn Williams (ed), YsgrifauBeirniadol 8 (1974), pp. 110-29.
[25] D.J. Bowen, 'Canrif Olaf y Cywyddwyr', LlênCymru 14 (1981-84), pp. 3-31.

Gruffudd Llwyd ab Ieuan i Ieuan ab John sylfaenydd y plas ar ganol yr unfed ganrif ar bymtheg.[26] Roedd ei etifedd Robert Wyn (m.1565) yn destun cywydd moliant gan Lewys Menai. Canodd yntau ynghyd â Simwnt Fychan (m. 1606) a Huw Pennant (tua 1565 - 1619) farwnad hefyd i Robert Wyn wedi'i farw. Sylfaenodd teulu Brynkir berthynas gref â Lewys Menai a Huw Pennant oedd i barhau dros genedlaethau. Teithiodd Menai i Fryncir i ganmol Elisau Wyn (m.1568) yn ystod ei fywyd ac yn fuan wedi'i farw, tra ysgrifennodd Pennant amrywiaeth o awdlau a chywyddau i etifedd Elisau, Robert Wyn Brynkir (m. 1616). Roedd yntau hefyd yn destun cywydd marwnad gan Siôn Phylip a nifer o gerddi gan Richard Cynwal (m. 1634). Parhaodd Cynwal, a Phylip, i raddau llai, dderbyn nawddogaeth y teulu gan olynydd Robert Wyn Brynkir, Ellis Brynkir (m.1628) ynghyd â Cadwaladr Cesail (tua 1614 - 26), Huw Machno (tua 1585 - 1637) a Siôn Cain (tua1575 - 1649).[27] Gwahoddwyd Cynwal i ganu yn neithior Robert Brynkir (m.1628) ym 1626. Wedi marwolaeth Ellis Brynkir ym 1628, ymddengys i nawddogaeth y teulu wanhau, nes iddo'i gryfhau eto dan nawdd Owen Gruffydd, Llanystumdwy (tua 1643 - 1730) a ganodd i Ellis Brynkir (1643 - 1670) a'i wraig Jane(m.1691) a'u mab a'u hetifedd James Brynkir (1668 - 1740) ym 1696.

Cyfeirir at rym nawddogaeth y teulu yng nghynnwys y cerddi sy'n bodoli hyd heddiw. Yr enw alwodd Lewys Menai ar Elisau Wyn oedd 'perllan beirdd', tra dygodd Huw Pennant gymhariaeth rhwng ei berthynas ef a Robert Wyn Brynkir â'r berthynas a fodolai rhwng Dafydd ap Gwilym (1330 - 50) ag Ifor Hael (tua 132 - 1380).[28] Ymffrostiodd Pennant ei fod wedi teithio draw at Fryncir

relations with individual poets, across lifetimes and generations. Ieuan ab John – the founder of the house – was addressed by the mid-sixteenth-century poet Gruffudd Llwyd ab Ieuan.[26] His heir Robert Wyn (d.1565) was the subject of a *cywydd moliant* by Lewys Menai, who also sang a *marwnad* following Robert Wyn's death, together with Simwnt Fychan (d.1606) and Huw Pennant (fl.c.1565 -1619). The Brynkirs formed a strong multigenerational relationship with both Lewys Menai and Huw Pennant; Menai travelled to Brynkir to praise Elisau Wyn (d.1568) during his lifetime and shortly following his death, whereas Pennant also addressed an assortment of *awdlau* and *cywyddau* to Elisau's heir, Robert Wyn Brynkir (d.1616) – who was also subject to a *cywydd marwnad* by Siôn Phylip and numerous poems by Richard Cynwal (d.1634). Cynwal, and to a lesser extent Phylip, continued to receive patronage at Brynkir from Robert Wyn Brynkir's successor, Ellis Brynkir (d.1628), alongside Cadwaladr Cesail (fl.c.1614 -26), Huw Machno (fl.c.1585-1637) and Siôn Cain (c.1575 -1649).[27] Cynwal was also invited to sing at the *neithior* – the marriage feast – of Robert Brynkir (d.1628) in 1626. After Ellis Brynkir's death in 1628, the family's patronage seems to have waned, until being resurrected through the patronage of Owen Gruffydd (c.1643-1730) of Llanystumdwy who sang to Ellis Brynkir (1643-1670) and his wife Jane (d.1691) and to their son and heir James Brynkir (1668-1740) in 1696.

The fervour of the family's patronage is implied by the content of the extant poems. Lewys Menai termed Elisau Wyn 'an orchard for the poets' (*'perllan beirdd'*), whereas Huw Pennant compared his relationship with Robert Wyn Brynkir to that which had existed between the legendary Dafydd ap Gwilym (fl.1330-50) and Ifor Hael (fl.c.1320– 1380).[28] Pennant boasted that he had travelled to Plas

[26]For the poems addressed to the Brynkir family, see references in Maldwyn: The Index to Welsh Poetry in Manuscript [Online: http://maldwyn.llgc.org.uk/]. I am most grateful to Dr. Sara Elin Roberts for her assistance with the poems employed in this piece.
[27]E.D. Jones, 'The Brogyntyn Welsh Manuscripts IV', pp. 9-13.
[28]GwaithLewysMenai, J.D. Davies (ed.), pp. 167-68, l. 80; The CefnCoch MSS., J. Fisher (ed.), (Liverpool, 1899), pp. 301-05, v. 19.

Brynkir a thousand times and that he would continue to sing the praises of his worthy hosts, every season:[29]

fil o weithiau ac y byddai'n parhâi i ganol ei westai haeddiannol pob tymor:[29]

Arr bedwar amser fy arfer fydd
Wau ych hynod glod vnbenn gwledydd
Gwannwyn haf nodaf fal iawn wawdydd
Kannhaeaf gwaeaf om gwiw awydd
Vwch dann gof i daf bob dydd yn wasdad
A cherdd iawn waead wych hardd newydd
Ych hardd rasawl fawl hyd fedd uch eiliaf

At four seasons my custom will be
to weave your noted praise, chieftain of countries
spring, summer, I note like a true poet
harvest, winter, from my fair inclination
to you, by memory, I come every day – continually
with a song properly woven, fine, beautiful, new.
Your beautiful gracious praise till the grave I will sing.

Similarly, in 1626 Richard Cynwal highlighted the close and enduring relationship which he had formed with Ellis Brynkir through years of patronage, stating that:[30]

Felly hefyd ym 1626, pwysleisiodd Richard Cynwal y berthynas agos a hirhoedlog oedd ganddo ef ag Ellis Brynkir drwy flynyddoedd o nawdd, gan ddweud bod:[30]

Ellis a roes le sy rhydd
I'm heinios a'm hawenydd
Rhoi'n ei lys, mawrhawn ei lu,
Amlwg iawn im le I ganu.

Ellis gave a place which is free
for my life and my muse,
giving me in his court, we praise his host,
a very prominent place to sing

Applauding a patron's affection towards Welsh culture was a common component of praise, partly inspired by a self-interest to encourage a perpetuation of the patronage. However, the extant poems addressed to the Brynkir family provide the clearest insight into cultural life at Plas Brynkir. The compositions were presented as live public performances; as a vibrant oral and aural mode of communication delivered to the host and his attending guests, either recited by the poet himself or by a professional declaimer, and usually with the musical accompaniment of a harp, *crwth* or other beat-keeper.[31]

Roedd canmol ymlyniad y noddwr tuag at ddiwylliant Cymru yn rhan gyffredin o'r moliant; roedd hyn yn rhannol er mwyn sicrhau dyfodol y nawdd i'r bardd. Mae'r cerddi sydd wedi goroesi yn darlunio'n glir bywyd diwylliannol Plas Bryncir. Cyflwynid y cerddi hyn ar lafar mewn perfformiadau cyhoeddus, oedd yn llwyfan llawn bywyd a hoen i gyfathrebu'r neges i'r gwestai a'i gyfeillion. Cyflwynid y rhain gan y bardd ei hun neu gan ddatgeinydd proffesiynol, a hynny fel arfer i gyfeiliant telyn, crwth neu offeryn taro.[31] Roedd rhan bwysig gan y

[29]GwaithHuw Pennant, R.L. Jones (ed.), (Aberystwyth: The University of Aberystwyth, 1976), pp. 30-33, ll. 105-111.
[30]E.D. Jones, 'The Brogyntyn Welsh Manuscripts, IV', pp. 12, 36.
[31]S. Harper, Music in Welsh Culture before 1650: A Study of the Principal Sources (Aldershot: Ashgate, 2007), pp. 14-20; P.K. Ford, 'Performance and Literacy in Medieval Welsh Poetry', The Modern Language Review 100, 4 (October, 2005), pp. 2-48.

beirdd yn y ddrama gymdeithasol gynhelid ym Mhlas Bryncir gan gyfuno adloniant a chanmol; a thrwy gyflwyno'r marwnadau, ofid, wylofain a choffadwriaeth. Thema gyson gan y beirdd oedd yr haelioni wrth weini bwyd a diod ym Mhlas Bryncir. Wrth ganmol yr haelioni a'r croeso a roddwyd gan Robert Wyn Brynkir a'i wraig Anne i'w gwesteion, canodd Huw Pennant:[32]

The poets and their performances contributed towards the social drama at Plas Brynkir, interacting with atmospheres of entertainment and celebration; and on the presentation of marwnadau, grief, lamentation and commemoration. The poets continually endorsed the lavish dispersal of food and drink at Plas Brynkir. Commenting on the generosity and hospitality afforded by Robert Wyn Brynkir and his wife Anne at their tables, Huw Pennant lauded that:[32]

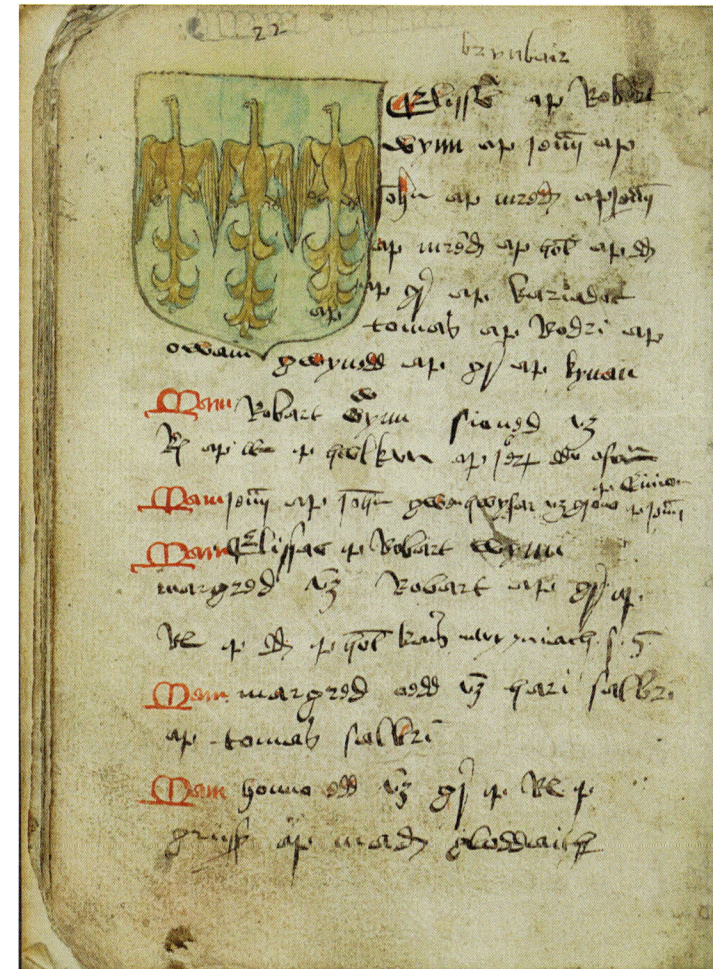

Mae yno yt tra mynnych
Wresog win a chroesaw gwych
Ag avr a bwyd ag arriann
Arr bert gost Robert ag Ann

There is there for you whilst you choose
warm wine and fine welcome
and gold and food and silver
at the handsome cost of Robert and Anne.

Disgrifir Plas Bryncir fel canol brwd y gymdeithas 'dy lys enaid y wlad' cyhoeddodd Huw Pennant.[33] Nid beirdd yn unig gafodd loches, cynhaliaeth, gwres a chroeso gan y gwesteion caredig ond ceraint, cymdogion, tenantiaid ac eraill oedd yn ddiymgeledd.[34]

Plas Brynkir was presented as a thriving centre of communality; 'your court, the soul of the county' (*'dy lys enaid y wlad'*) exclaimed Huw Pennant.[33] Here it was not only poets, but kinsmen, neighbours, tenants and other dependents who found sustenance, shelter, warmth and welcome at the hands of the generous hosts:[34]

Akw aer doeth Brynkyr deg
Ith lys deg ath liaws dir
Down ith gylch bob dyn ath gar
I gael heb pall deg elw pur
Arr dy gosd benn morda gwyr

The wise heir of fair Brynkir
to your fair court and your lands
we come around you, every man and your family
to have, endlessly, fair pure gain
at your cost, best chief of men.

Rhôl Achau Herodrol gan William Llyn, wedi eu darlunio gyda tarian herodol Owain Gwynedd. NLW Peniarth MS 141B, F. 32

Brynkir pedigree by William Llyn, illustrated with heraldic shield of Owain Gwynedd. NLW Peniarth MS 141B, F. 32

Cynrychiolai Plas Bryncir brif fynegiant cyhoeddus uchelwriaeth y teulu. Roedd yn sail i rym ac unoliaeth y teulu. Roedd bodolaeth gadarn y plas i'w weld yn arwydd

Plas Brynkir represented the primary public expression of the dynasty's *uchelwriaeth*. It formed the base of the family's power and identity. The physical existence of Plas

---

[32] GwaithHuw Pennant, R.L. Jones (ed.), pp. 203-05, ll. 37-40. See also The CefnCoch MSS., J. Fisher (ed.), pp. 301-05, v. 15.
[33] The CefnCoch MSS., J. Fisher (ed.), pp. 301-05, v.7.
[34] GwaithHuw Pennant, R.L. Jones (ed.), pp. 30-33, ll.1 2-16.

Brynkir as a strong and durable mainstay within the landscape of Eifionydd was seen as synonymous with the construction of the Brynkir dynasty into an equally prominent presence within the locality. The building or reconstruction of a house signified an important event in early-modern Wales and it was commonplace for poets to praise such architectural achievements.[35] Singing at Plas Brynkir in c.1594, Huw Pennant was in awe of his physical surroundings and the social drama being enacted at the place; 'a fine hall, newly built' (*'neuadd wych newydd waith'*) by Robert Wyn Brynkir and a 'regal fort' (*'kaer reiol'*) where his noble wife Anne was upholding its reputation as a site of lavish hospitality, communality and feasting:[36]

o fewn tirwedd Eifionydd oedd yn debyg i adeiladu teulu Brynkir i fan yr un mor gyhoeddus o fewn y gymdeithas. Roedd adeiladu neu atgyweirio tŷ pwysig yn ddigwyddiad pwysig yng Nghymru gynnar fodern ac roedd yn arferiad i'r beirdd ganmol y campweithiau pensaernïol.[35] Wrth iddo ganu ym Mhlas Bryncir tua 1594, gwelir bod Huw Pennant wedi'i syfrdanu gan yr adeilad a'r ddrama gymdeithasol oedd yn digwydd yno. Yn ôl a ddywedodd, 'neuadd wych newydd waith' gan Robert Wyn Brynkir a 'kaer reial' le cynhaliai ei wraig Anne enw da'r plas fel man o groeso, cyfeillgarwch a gwledda helaeth:[36]

Gwyr iawn fvn gv eirian fawl
Gynnal yn hardd ddigonawl
Yw newdd lys nevadd lawr
Vgain mil arr ginio mawr
Ag yn hafog win hefyd
Irr beirdd ag i bawb or byd
Irr gweiniaid ma ear gynnydd
Gann a rhosd ag Ann ai rhydd

She knows well, a dear women of splendid praise
how to maintain, in beautiful sufficiency
on the hall floor of her new court
twenty-thousand at high dinner
and in abundance, wine also
for the bards, and for all the world
for the weak ones there is increase
of white bread and roast, and Anne gives it

The following generation Ellis Brynkir was also commended on his architectural achievements (probably undertaken c.1620s). As Huw Machno put it, 'like his father, he was also a builder' (*'fal ei dad adeiladwr'*), who had erected 'extensive buildings' (*'tai helaeth'*) at 'great cost' (*'fawr gost'*).[37] To Richard Cynwal, Ellis Brynkir was a wonderful custodian of the lands and house of his ancestors:[38]

Canmolwyd Ellis Brynkir, ei fab, hefyd am ei orchestion pensaernïol. Roedd yntau, yn ôl Huw Machno 'fal ei dad adeiladwr' yn adeiladu 'tai helaeth' ar 'fawr gost'.[37] Yn ôl Richard Cynwal, roedd Ellis Brynkir yn geidwad rhagorol o diroedd a chartref ei hynafiaid:[38]

[35] R. Suggett, 'The Interpretation of Late Medieval Houses in Wales', in R.R. Davies and G.H. Jenkins (ed.), From Medieval to Early Modern Wales (Cardiff: University of Wales Press, 2004), pp. 81-183; R. Gwyndaf, 'Some References in Welsh Poetry to Sixteenth and early-Seventeenth Century New and Rebuilt Houses in North-East Wales', Denbighshire Historical Society Transactions 22 (1973), pp. 87-92.
[36] GwaithHuw Pennant, R.L. Jones (ed.), pp. 203-05, ll. 32, 83, 103-110.
[37] E.D. Jones, 'The Brogyntyn Welsh Manuscripts IV', pp. 13, 37.
[38] E.D. Jones, 'The Brogyntyn Welsh Manuscripts IV', pp. 12, 36.

A chwithau'n gwellhau'r holl waith
Â moliant yma eilwaith
Teg ydyw y tai gwedi
Waith a chost a wnaethoch chi

And you improving the entire work
with commendation here again
elegant are the buildings after
the work and charge which you have contracted

Ym Mhlas Bryncir, cynhaliai'r beirdd berfformiadau cyfareddol gyda'r noddwr a'r gwestai yn ganolbwynt i'r holl ddigwyddiadau. Portreadwyd penteulu Bryncir fel yr 'arglwydd', 'llywydd', 'meistr', 'rhagor', 'rheolwr' ac fel 'avr faner gwyr y Fionydd' (aur faner gwŷr Eifionydd).[39]

Roedd y cerddi mawl hyn yn canmol y derbynnydd ar goedd am ei barch a'i fawredd mewn dull mwyaf rhwysgfawr, gyda'r cyfansoddiadau yn llawn gogoneddu, gwenieithio a gor-ddweud. I'r penteulu roedd hi'n bwysig i'r rhai gafodd y gwahoddiad i Blas Bryncir gael rhannu a phrofi'r diddanwch oedd yn ei gydnabod fel gŵr o rym ac awdurdod. Yng nghymdeithas Eifionydd, roedd digon o barch tuag at y beirdd a ganai ym Mhlas Bryncir fel y cydnabuwyd maent hwy oedd bennaf gyfrifol am gyflwyno anrhydeddau ymhell i'r ail ganrif ar bymtheg.

Portreadwyd penteuluoedd Bryncir fel arweinwyr delfrydol gan y beirdd, a byddai hwythau yn eu tro yn ceisio cyrraedd yr uchelgais hwn.[40] Cyflwynwyd hyn mewn amrywiol ffyrdd gan gynnwys cyfeirio at 'gadwyn fawr bodolaeth' a darlunio'u noddwyr mewn dull metamorffaidd fel anifeiliaid bonheddig. Disgrifiwyd Robert Wyn fel 'paun wyth fil pen' (paun ag wyth mil o bennau) a'i ddisgynyddion fel llewod, hebogiaid, ychen

At Plas Brynkir, the bards administered enthralling performances, centred on the patron and the host of the proceedings. The Brynkir patriarch was paraded as the *'arglwydd', 'llywydd', 'meistr' 'rhagor', 'rheolwr'* and as *'avr faner gwyr y Fionydd'* – the 'lord', 'leader', 'master', 'chieftain', 'manager' and 'golden banner of the men of Eifionydd'.[39]

Praise poetry publicly bestowed honour and prestige upon the recipient in the most overtly exaggerated fashion imaginable, with the compositions excelling in glorification, flattery and hyperbole. For the patron it was essential that those guests he had invited to Plas Brynkir to share and witness the entertainment should acknowledge his status as a man of power and authority. In Eifionydd society, the poets who sang at Plas Brynkir were vested with sufficient standing, respectability and responsibility to be held as primary conferrers of honour, well into the seventeenth century.

The poets presented their Brynkir patrons with an idealised image, which they were encouraged to aspire to for the attainment of esteem.[40] This blueprint was presented in various ways, including by drawing upon understandings of 'the great chain of being' to metaphorically depict their patrons as noble primates. Thus Robert Wyn was esteemed as 'the peacock of eight-thousand heads' (*'paun wyth fil*

---

[39]GwaithHuw Pennant, R.L. Jones (ed.), pp. 203-05, 1.80
[40]This instructive role is clearly evidenced in a cywyddmoliant addressed by Huw Pennant to Robert Wyn Brynkir, which announces that the patron should follow the advice of his poet, proceeding to versify a long list of proverbs dictating how he should conduct himself: GwaithHuw Pennant, R.L. Jones (ed.), pp. 156-57, ll. 36-.

pen') and his descendants as lions, hawks, oxen and, linking to the family's heraldic displays, eagles. The poets also moulded the ancestors of patrons into the acclaimed role-model exemplars for them to emulate. As a living representative and successor to these forbearers, and in virtue of blood connections and inheritance, the patron was portrayed as someone who innately possessed the potential to replicate the traits and achievements of his predecessors. Thus, Robert Wyn was praised in ancestral terms – as Robert Wyn ab Ieuan ab John ap Maredudd ab Ieuan – with the roots of his attributes being portrayed as deeply embedded in the lineage, and in the locality:[41]

ac, i'w cysylltu ag arfbais y teulu, eryrod. Cymharwyd cyndadau'u noddwyr yn agos ag arwyr y gorffennol er mwyn iddynt hwythau hefyd eu hefelychu. Fel disgynnydd ei gyndeidiau a'u cynrychiolydd presennol, gan fod clymau gwaed ac etifeddiaeth yn bodoli rhyngddynt, disgrifiwyd y noddwr yn aml fel un a oedd yn ddiymwad â'r gallu i fod unwaith eto â'r un nodweddion a'r gorchestion â'i gyndeidiau. Canmolwyd Robert Wyn yn nhermau llinach fel Robert Wyn ab John ap Maredudd ab Ieuan, gan fynegi bod ei nodweddion wedi'u gosod yn ddwfn yn ei linach, ac yn yr ardal leol:[41]

Aer Ifan oedd arf ein iaeth
O ryw dilesc aur dalaith
Ag wyr Siôn dirion dewrwych
Amhredydd goed gwinwydd gwych
Adwych fu od aeth i fedd
Iawn gynyrch Owain Gwynedd

The heir of Ieuan was the weapon of our language
from a strong golden region
and the grandson of John, pleasant and brave
and Maredudd of marvellous vine tress
it has been a misfortune since he went to his grave
the true produce of Owain Gwynedd

Lewys Menai portrayed Robert Wyn in a similar fashion, exclaiming that 'there was not ever a man of truer lineage' (*'dyn ni aned unionach'*).[42] In his view, Robert Wyn was the worthy heir of Ieuan ab John, a fine custodian of his ancestors' lands and the living representative of an outstanding native lineage which had extended through the generations 'father to father' (*'dad i dad'*) since the time of Owain Gwynedd.[43] In the poems it was the *'henwaed', 'hil', 'llin', 'gwehelyth', 'rhyw', 'gwraidd', 'hynafiaid'* and 'stoc' – the 'old blood', 'lineage', 'pedigree', 'race', 'root', 'ancestry' and 'stock' – of the Brynkir patriarchs which provided them with a claim to ascendancy in Eifionydd society. The Brynkir lineage was possessed of virtues

Portreadwyd Robert Wyn mewn modd tebyg gan Lewis Menai, gan gyhoeddi 'dyn ni aned unionach'.[42] Yn ei farn ef, roedd Robert Wyn yn etifedd teilwng i Ieuan ab John, gan ei fod yn ofalwyr gwiw o diroedd ei gyndeidiau ac yn gynrychiolydd cyfoes o dras gynhenid arbennig oedd wedi ymestyn drwy'r cenedlaethau o 'dad i dad' ers cyfnod Owain Gwynedd.[43] Yn ei gerddi, yr 'henwaed', 'hil', 'llin', 'gwehelyth', 'rhyw', 'gwraidd', hynafiaid a 'stoc' penteuluoedd Bryncir oedd yn cyfiawnhau eu dyrchafu i frig cymdeithas Eifionydd. Yn nhras Bryncir

[41]GwaithHuw Pennant, R.L. Jones (ed.), pp. 128-29, ll. 9-14.
[42]GwaithLewysMenai, J.D. Davies (ed.), pp. 163-64, l. 30.
[43]GwaithLewysMenai, J.D. Davies (ed.), pp. 163-64, ll. 7-23.

oedd rhinweddau oedd yn amrywio o 'urddas', 'dewr', 'nerth' a 'gwrol' hyd at 'rasol', 'hael', 'ddoeth', 'parchus', 'dysg' a 'synnwyr'.[44] Defnyddiwyd y rhain gan Lewys Menai i ddisgrifio Robert Wyn, er mwyn darlunio sut yr oedd ef yn cynrychioli'r uchelwr perffaith:[45]

ranging from *'urddas', 'dewr', 'nerth' and 'gwrol'* – 'honour', 'bravery', 'strength' and 'courage' – through to *'rasol', 'hael', 'ddoeth', 'parchus', 'dysg'* and *'synnwyr'* – 'grace', 'generosity', 'wisdom', 'respectability', 'learning' and 'sense'.[44] Lewys Menai applied these inherited qualities to Robert Wyn, demonstrating how he represented the quintessential *uchelwr*:[45]

Ni roe un dreth ar wan draw
Ei smoneth ai ardreth oedd
Trwy lwyddiant a hir wleddoedd
Porthi pawb fal y perthyn
Yw bwriad teg Robert Wyn
Bir gwinoedd bob awr genym
Byw er gras bower a grym
Am ryw wledd a mawr elw i wyr
Am ryw ancwym ym Mryncyr
Urddas i Robert eirddoeth
O wraidd a dawn hardd i doeth

He did not put one tax on the weak;
his husbandry and his tax was
through success and long feasting.
Feeding everyone as appropriate
is the fair intention of Robert Wyn;
beers and wine every hour for us;
living for grace, power and authority.
For some, feast and great profit for men;
for some food and drink in Brynkir.
Honour to Robert, true, wise words –
he came from roots and for wisdom.

Dair cenhedlaeth yn ddiweddarach, disgrifiwyd Ellis Brynkir gan Huw Machno mewn ffordd yr un mor anrhydeddus fel 'gŵr a gad yn graig ydoedd; a gŵyr a meirch mewn grym oedd' (gŵr â milwyr a cheffylau oedd yn graig o nerth); y 'doethaf a haelaf a dewraf dyn' (y gŵr mwyaf hael a dewr) oedd yn 'llew a golud' (llew a'i olud).[46] Roedd y noddwr yn 'aer', 'had', 'epil', 'cyff', 'impyn' a 'cynnyrch' oedd wedi etifeddu rhinweddau bonheddig Owain Gwynedd, Gruffudd ap Cynan a Rhodri Mawr. Canmolwyd Robert Wyn gan Lewys Menai fel 'panaith ag wyr penaithiaid' (pen ac ŵyr arweinyddion),

Three generations later, Huw Machno depicted Ellis Brynkir in similarly honourable terms, as a 'man with men and horses who was a rock of strength' (*'gŵr a gâd yn graig ydoedd; a gwŷr a meirch mewn grym oedd'*); the 'wisest, most generous and bravest of men' (*'doethaf a haelaf a dewraf dyn'*) who was a 'lion with wealth' (*'llew a golud'*).[46] The patron was the *'aer', 'had', 'epil', 'cyff', 'impyn'* and *'cynnyrch'* – the 'heir', 'seed', 'progeny', 'posterity', 'descendant' and 'produce' –who had inherited the noble virtues of Owain Gwynedd, Gruffudd ap Cynan and Rhodri Mawr. Lewys Menai paraded Robert Wyn as

[44]See for example, GwaithHuw Pennant, R.L. Jones (ed.), pp. 129-30, ll. 34-38.
[45]GwaithLewysMenai, J.D. Davies (ed.), pp. 163-64, ll.50-60. The line 'living for grace, power and strength ('bywergras, bower a grym') which is used in the title for this chapter, is l. 56.
[46]E.D. Jones, 'The Brogyntyn Welsh Manuscripts IV', pp.13, 36-37.

'the head and grandson of leaders' (*'panaith ag wyr pe-naithiaid'*), whereas Huw Pennant reassured Robert Wyn Brynkir that he was the:[47]

Aer uchelwaed bonedd
Ior da wyd ith iawn dudwedd

Heir of the high blood of nobility;
you are a good lord to your proper land.

This stress on shared ancestral heritage was particularly poignant on the death of a family patriarch. The picture of despair, grief and disaster captured by the poets within the first half of their marwnadau reflected the painful rupture caused in the household, kinship and community groups through the loss of a great leader. When Robert Wyn Brynkir died in 1616, Siôn Phylip started his elegy by decrying it as 'the coldest single hour for Eifionydd' (*'oeraf unawr i 'Fionydd'*), whereas on Elisau Wyn's death in 1568, Lewys Menai had postulated that 'we will never again see a man like this from the lineage' (*'fyth or hil fath wr a hwn'*).[48] However, on both occasions the expressions of grief in the first half of the poem were counteracted with renewed hope in the second part, rejoicing that the deceased patriarch had left behind a worthy son and heir of the same blood and virtues to continue the dynasty's essential roles and responsibilities. Turning to Elisau Wyn in the marwnad composed in memory of his father in 1565, the poet Huw Pennant called him 'a true lord of true love'(*'ion gwiwrym o iawn gariad'*), who was 'dear after his father' (*'anwyl doeth yn ol ei dad'*) and an heir who would prove to be equally worthy of praise.[49]

The omnipresent focus on lineage and ancestry rendered many of the Brynkir poems into versified pedigrees. During the course of the sixteenth century, leading bardic practitioners such as Gruffudd Hiraethog (d.1564), Wiliam

tra sicrhawyd Robert Wyn gan Huw Pennant mai ef oedd:[47]

Roedd y pwyslais hwn ar gynhysgaeth yn arbennig o deimladwy ar farwolaeth penteulu. Adlewyrchwyd y darlun o anobaith, tristwch a thrychineb oedd yn hanner cyntaf y marwnadau, y rhwyg poenus a achoswyd yn y cartref, y teulu a grwpiau yn y gymuned drwy golli arweinydd o fri. Pan fu farw Robert Wyn Brynkir ym 1616, dechreuodd Siôn Phylip ar ei farwnad drwy ei ddisgrifio fel 'oeraf unawr i 'Fionydd' (yr oeraf awr i Eifionydd), tra pan fu farw Elisau Wyn ym 1568 ofnai Lewys Menai na welid 'fyth or hil fath ŵr a hwn' (ŵr tebyg o'r hil hwn).[48] Yn y ddau achos, cyferbynnir y galar yn hanner cyntaf y gerdd â gobaith newydd yn yr ail hanner bod y penteulu ymadawedig wedi gadael mab mor arbennig yn etifedd iddo, fyddai â'r un gwaed a'r un rhinweddau er mwyn parhad y teulu yn eu gwaith a'u cyfrifoldebau. Gan droi at Elisau Wyn yn y farwnad er cof am ei dad ym 1565, galwyd ef gan y bardd Huw Pennant yn 'ion gwiwrym o iawn gariad' (gwir arglwydd cariad cywir), a oedd yn 'anwyl doeth yn ôl ei dad' (yn un annwyl fel ei dad) ac a fyddai'n etifedd fyddai hefyd yn llawn haeddu ei ganmol.[49]

Roedd y pwyslais holl bresennol hwn ar dras yn golygu bod nifer o gerddi Bryncir yn siartiau achau ar gân. Yn ystod yr unfed ganrif ar bymtheg, sicrhaodd beirdd megis Gruffudd Hiraethog (m. 1564), Wiliam Cynwal (m. 1587). Wiliam Llŷn (tua 1534 - 80) a Simwnt Fychan

[47]GwaithLewysMenai, J.D. Davies (ed.), pp. 165-66, l.77; GwaithHuw Pennant, R.L. Jones (ed.), pp. 30-32, ll. 112-14.
[48]M. Jones, 'GwaithSiônPhylip i Noddwyr Sir Gaernarfon' (Unpublished Bangor University PhD Thesis, 2000), pp. 290-95, l.1; GwaithLewysMenai, J.D. Davies (ed.), pp. 169-70, ll.74-76.
[49]GwaithHuw Pennant, R.L. Jones (ed.), pp. 128-29, ll. 85-87.

(m. 1606) gysylltiad clos rhwng yr urdd y beirdd a gweithgareddau Coleg yr Arfau gan ymgorffori rôl yr arwyddfeirdd.[50]

Yn ogystal â'u cerddi roeddynt yn paratoi deunyddiau toreithiog ar achau a herodraeth; deunyddiau megis llyfrau ar achau, rholiau achau a llawlyfrau cofwyadau. Cynhwyswyd achau'r teulu Bryncir yn aml yn y llawysgrifau hyn gan gynnwys achau Elisau Wyn a luniwyd gan Wiliam Llŷn oedd ag arfbais Owain Gwynedd arno.[51] Pan ymwelodd yr arwyddfardd Lewys Dwnn â Phlas Bryncir ym mis Hydref 1588 i gasglu achau Robert Wyn Brynkir fel rhan o'i gofwyadau herodrol, nododd bod arfbais ei westai yn cynnwys arfbais Owain Gwynedd, Gruffudd ap Cynan, Collwyn ap Tangno a Rhirid Flaidd yn chwarterog.[52] Prin yw'r dystiolaeth i'r teulu arddangos eu harfbais yn ystod yr unfed ganrif ar bymtheg a'r ail ganrif ar bymtheg, er bod y gofeb yng Nghapel Sant Beuno, Clynnog, i Jane (m. 1669) merch Ellis Brynkir - a briododd William Glyn, Lleuar (m. 1660) - yn dwyn arfbais Bryncir, fel ei disgrifir gan Lewys Dwnn.[53] Felly hefyd, mae cofeb Jane Brynkir (m. 1691) sydd yn Llanbeblig yn cynnwys arfbais Owain Gwynedd.[54] Gwelir deunydd herodrol hefyd yn y cerddi i benteuluoedd Bryncir. Mewn cais arloesol i ddisgrifio Robert Wyn yn dwyn tarian herodrol a briodolwyd i Owain Gwynedd wedi iddo farw, dywed Lewys Menai:[55]

Cynwal (d.1587), Wiliam Llŷn (c.1534-80) and Simwnt Fychan (d.1606) cemented a link between the bardic order and the activities of the College of Arms, epitomising the role of the *arwyddfeird*d – the 'herald-bard'.[50]

In addition to their poetic outputs, they were prolific in the production of genealogical and heraldic material – such as pedigree books, pedigree rolls and visitation manuals. Pedigrees of the Brynkir family were regularly incorporated into these manuscripts, including a pedigree of Elisau Wyn drawn up by Wiliam Llŷn, illustrated with the arms of Owain Gwynedd.[51] Similarly, when the *arwyddfeirdd* Lewys Dwnn (c.1545-1616) visited Plas Brynkir in October 1588 to take the pedigree of Robert Wyn Brynkir as part of his heraldic visitation, he noted that his host's coat-of-arms featured quarterly, the arms of Owain Gwynedd, Gruffudd ap Cynan, Collwyn ap Tangno and Rhirid Flaidd.[52] Evidence of heraldic display by the family across the sixteenth and seventeenth centuries is scarce, though the memorial in St Beuno's Chapel, at the church in Clynnog, to Jane (d.1669), daughter of Ellis Brynkir – who married William Glyn of Lleuar (d.1660) – features the Brynkir coat-of-arms.[53] Likewise, Jane Brynkir's (d.1691) memorial at Llanbeblig consists of the heraldic shield of Owain Gwynedd.[54] Heraldic material was also incorporated into the poems addressed to the Brynkir patriarchs. In an innovative attempt to describe Robert Wyn's bearing of the heraldic shield posthumously attributed to Owain Gwynedd – *Vert, three eagles displayed in fess Or* – Lewys Menai stated:[55]

[50]M.P. Siddons, Welsh Pedigree Rolls (Aberystwyth: The National Library of Wales, 1996); P. Bartrum, 'Notes of Welsh Geneological Manuscripts', 3 Parts, Transactions of the Honourable Society of the Cymmrodorion (1968-69), pp. 63-69, (1976), pp. 102-18 and (1988), pp. 37-46. M.P. Siddons, The Development of Welsh Heraldry, Vol. I (Aberystwyth, 1991); E.D. Jones, 'An Introduction to the Heraldry of Powys', ArchaeologiaCambrensis111 (1963), pp. 2-12; F. Jones, 'An Approach to Welsh Genealogy', Transactions of the Honourable Society of the Cymmrodorion (1948), pp. 303-466.
[51]NLW Peniarth MSS. 134, f.453; 136, f. 128; 138, ff. 280, 295; 141B, f.32; 268D, f. 238.
[52]L. Dwnn, Heraldic Visitations of Wales, Vol. II, pp. 160-61. Owain Gwynedd's arms: Vert, three eagles displayed in fess Or; GruffuddapCynan's arms: Gules, three lions passant in pale Argent; CollwynapTangno's arms: Sable, a chevron between three fleur-de-lis Argent; RhiridFlaidd's arms: Vert, a chevron between three wolves' heads erased Argent.
[53]An Inventory of the Ancient Monuments in Caernarvonshire: Volume II: Central – The Cantref of Arfon and the Commote of Eifionydd (London: RCAHMW, 1960), p. 40.
[54]NLW Peniarth MS. 552C is a rubbing of the memorial.
[55]GwaithLewysMenai, J.D. Davies (ed.), pp. 163-64, ll.79-80.

Ewyllys a thestament olaf Margaret (d.1641), merch William Wyn Maurice o Glenennau, a phriododd Ellis Brynkir (d.1628) ac ar ôl hynny, William Glyn o Leuar. NLW B/1641/38(w).

Last will and testament of Margaret (d.1641), daughter of William Wyn Maurice of Clenennau, who married Ellis Brynkir (d.1628) and afterwards, William Glyn of Lleuar. NLW B/1641/38(w).

Y dewr eurai dri eryr
A maes gwyrdd ymysg ei wyr

The brave made golden, three eagles;
a green field amongst his men.

And in a marwndau produced on Robert Wyn's death, the same poet noted that:[56]

Ac mewn marwnad ar farwolaeth Robert Wyn, nododd yr un bardd:[56]

Arfau oedd hardd ar fedd hwn
Tri eryr aur trwy i rol
A gwrdd faes gwr oedd foesol

The coat-of-arms was beautiful on his grave,
three golden eagles, through his pedigree roll –
green field, the man was moral.

This material strongly implies that both Plas Brynkir and the church of Llanfihangel-y-Pennant – the family's local parish church and primary theatre of commemoration – were adorned with heraldry; a visual display of status which would have interacted with the rich dynastic imagery propagated by the performances of *canu mawl* at Plas Brynkir.

Mae hyn oll yn cynnig yn gryf bod Plas Bryncir ac Eglwys Llanfihangel-y-Pennant, eglwys y plwyf leol y teulu a phrif leoliad y cofio, wedi'u haddurno â baneri herodrol; arwyddion gweledol o statws a fyddai'n cyd-fynd â'r ddelwedd deuluol o ganu mawl ym Mhlas Bryncir.

Kinship also represented a prominent focus within the poems. In Huw Pennant's view, through her 'sublime noble lineage' (*'rowiog helaeth'*) Robert Wyn's wife, Margaret ferch Robert ap Gruffudd of Maesmor, had made a commendable contribution towards the eminence of the Brynkir dynasty.[57] The poets highlighted the family's connections to historic figures such as Collwyn ap Tangno, Rhirid Flaidd and Owain Glyndwr and to eminent dynasties such as Gloddaith, Conway, Puleston and Salusbury. Marriage was utilised as a poignant political weapon by successive Brynkir patriarchs with sons and daughters being used to create or bolster links with a host of north Welsh gentry families, especially in Caernarfonshire and Merioneth. The Brynkir patriarchs married into houses including Bodychen and Bodowyr in Anglesey, Maesmor in Denbighshire,

Roedd perthynas deuluol hefyd yn amlwg yn y cerddi. Ym marn Huw Pennant, roedd gwraig Robert Wyn, Margaret ferch Robert ap Gruffudd, Maesmor, wedi cyfrannu'n helaeth at enwogrwydd teulu Bryncir.[57] Tanlinellai'r beirdd hefyd gysylltiadau'r teulu at enwogion o'r gorffennol megis Collwyn ap Tangno, Rhirid Flaidd ac Owain Glyndŵr a hefyd i deuluoedd enwog eraill megis Gloddaith, Conway, Puleston a Salusbury. Defnyddid priodas yn aml fel arf gwleidyddol craff gan benteuluoedd Bryncir wrth iddynt ddefnyddio'u meibion a'u merched i greu neu i gryfhau cysylltiadau â llu o deuluoedd bonedd Gogledd Cymru, a hynny'n arbennig yn ardaloedd Caernarfon a Meirion. Priododd y penteuluoedd i sawl teulu gan gynnwys Bodychen a Bodowyr ym Môn, Maesmor yn Sir Ddinbych, Rhiwlas a

[56] GwaithLewysMenai, J.D. Davies (ed.), pp. 165-66, ll.68-70.
[57] GwaithHuw Pennant, R.L. Jones (ed.), pp. 128-29, l.49

Pharc ym Meirion a Chefnamlwch yn Llŷn, tra cryfhawyd cysylltiadau teuluol rhwng dau o'r teuluoedd pwysicaf yn Eifionydd pan briododd Elisau Wyn â Dorothy ferch Gruffudd, Talhenbont, Llanystumdwy. Er hynny, cryfhau'r cyswllt teuluol gyda theulu cyfagos Clenennau oedd rhan bwysicaf strategaeth priodi'r teulu. Erbyn diwedd yr unfed ganrif ar bymtheg, roedd Clenennau wedi rhagori mewn eiddo, statws a dylanwad ar ymron pob teulu yn Eifionydd a Llŷn.[58] Yn hytrach na cheisio cystadlu â'r grym dylanwadol cyfagos, penderfynodd teulu Bryncir geisio cyswllt rhyngddynt yn y gobaith o elwa o'u grym a'r dylanwad. Yn gyntaf, priododd Robert Wyn Brynkir ei chyfnither, Anne 'Wen' ferch Morus ab Elisau (m. 1623) ac yn y genhedlaeth nesaf, daeth Margaret ferch William Wyn Maurice yn ail wraig i Ellis Brynkir. Yn ystod diwedd yr unfed ganrif ar bymtheg a dechrau'r ail ganrif ar bymtheg cafodd brawd Anne, y Syr William Maurice (1542 - 1622) grymus ran ddylanwadol yn nyfodol ei deulu ym Mryncir. Yn aml, o Blas Bryncir y byddai'n trefnu gweinyddiad ac amddiffyniad Sir Gaernarfon, ac yn llythyru'n rheolaidd oddi yno â Syr John Wynn o Wydir, y Dirprwy Raglaw arall yn y 'ffin' ogleddol.[59] Hefyd, tra yn Llundain fel Aelod Seneddol Sir Gaernarfon, rheolwyd stad a materion busnes Maurice gan Anne ei chwaer graff a ddywedodd wrth ei brawd 'to take no care of any other matters here at home, for God willing, she will do what she is able, till death'.[60]

Ynghyd â Syr William Maurice dechreuodd Robert Wyn Brynkir ar gyfres o ymosodiadau ffyrnig ar John Wyn ap Humphrey, Gesail Gyfarch, yn y 1590au. Un tro, cyhuddwyd Brynkir o gyrraedd yn arfog at Gesail

Rhiwlas and Parc in Merioneth and Cefnamwlch in Llŷn, whereas Elisau Wyn's marriage to Dorothy ferch Gruffudd of Talhenbont, Llanystumdwy, played an important role in tightening up kinship ties between two of the most prominent houses in Eifionydd. However, it was reinforcing kinship ties with the neighbouring house of Clenennau which represented the most pervasive part of the family's marriage strategy. By the late-sixteenth century, Clenennau had surpassed in property, status and influence almost every house in Eifionydd and Llŷn.[58] Instead of trying to compete with this domineering neighbouring force, the house of Brynkir fixed itself to it in the hope of benefitting from its power and influence. First, Robert Wyn Brynkir married his cousin, Anne 'Wen' ferch Morus ab Elisau (d.1623) and in the next generation their heir, Ellis Brynkir took Margaret ferch William Wyn Maurice as his second wife. Across the late-sixteenth and early-seventeenth centuries, Anne's brother, the redoubtable Sir William Maurice (1542-1622), played a prevailing role in steering the fortunes of his Brynkir kinsmen. It was often from Plas Brynkir that he directed the administration and defence of Caernarfonshire, regularly corresponding from there with Sir John Wynn of Gwydir, his counterpart Deputy Lieutenant in the northern 'limit'.[59] Likewise, whilst away in London as the Member of Parliament for Caernarfonshire, the management of Maurice's estate and business affairs regularly fell to his astute sister Anne, who informed her brother 'to take no care of any other matters here at home, for God willing, she will do what she is able, till death'.[60]

It was in tandem with Sir William Maurice that Robert Wyn Brynkir initiated a series of aggressive attacks on John Wyn ap Humphrey of Gesail Gyfarch in the 1590s. On one

---

[58]T. Jones Pierce, 'The Clenennau Estate', pp. 229-249; C.A. Gresham, Eifionydd, pp. 34-37, 102-120.
[59]NLW ClenennauMSS. 69, 83, 129, 122, 189, App. I/105 (1590s-1603).
[60]NLW Clenennau MSS. 372, 385-86, 431, 452-53, 473. The importance of Sir William Maurice to the prosperity of the Brynkir dynasty is encapsulated by their actions during a time when he was facing extreme financial difficulties. The Brynkirs wrote of their 'infinite bond' with their kinsman, worked strenuously to secure money on his behalf and in order to procure a favourable loan, told Maurice that he could have 'as much of Brynkir land, except the house itself, as will save him harmless': NLW Clenennau MS. 453.

occasion, Brynkir was accused of arriving armed at Gesail Gyfarch with twenty-six of his retainers, where he was met by John Wyn ap Humphrey's wife, who he threatened to kill with his halberd if she did not move away from the door.[61] It was the ability to muster such demonstrations of manpower and assertiveness in local contexts which contributed towards Robert Wyn Brynkir's image of power.

The house of Brynkir certainly succeeded in establishing itself as an important and enduring force in Eifionydd. However, it is clear that in broader regional terms it was rarely able to perforate the influence, opulence and connections constructed by the more prominent Caernarfonshire houses of Gwydir in Nantconwy; Gloddaith in Creuddyn; Penrhyn, Cochwillan, Faenol, Glynllifon and Lleuar in Arfon; Bodwrda, Bodfel, Cefnamwlch and Madryn in Llŷn; and, bordering the Brynkir estate in Eifionydd, Clenennau.[62] The fortunes of these dynasties fluctuated over the course of the sixteenth and seventeenth centuries, but Brynkir never succeeded in challenging them for a slice of pre-eminence within county society; not in terms of territorial power, material wealth, office holding and public service, or favour and patronage. This comparative inferiority is reflected in the corpus of poetry addressed to the Brynkir patriarchs. They had a pedigree, native territorial foothold and regional kinship network to rival most Caernarfonshire families, but compared to figures such as Sir William Maurice, they were unable to provide their poets with much ammunition relating to their specific and personal lifetime achievements.

In reality, the sixteenth and seventeenth-century Brynkirs rarely lived up to the immaculate ancestral blueprints created for them by their poets.

Gyfarch gyda dau ddeg chwech o'i weision. Cawsant eu cyfarfod gan wraig John Wyn ap Humphrey, a bygythiodd Brynkir ei lladd hi os na symudai o flaen y drws.[61] Gallu Robert Wyn Brynkir i ddangos ei rym a'i nerth a gyfrannodd at ei enw fel dyn pwerus. Llwyddodd Brynkir yn sicr i sefydlu ei hun yn rym pwysig a pharhaol yn Eifionydd. Er hynny, mae'n glir mai anaml y llwyddodd i ymgyrraedd at y dylanwad, y cyfoeth a'r cysylltiadau oedd gan deuluoedd pwysicach Sir Gaernarfon megis Gwydir yn Nant Conwy; Gloddaith yng Nghreuddyn; Penrhyn, Cochwillan, Faenol, Glynllifon a Lleuar yn Arfon; Bodwrda, Bodfel, Cefnamlwch a Madryn yn Llŷn; a Chlenennau oedd yn ffinio â stad Bryncir yn Eifionydd.[62] Amrywio gwnaeth ffawd y teuluoedd hyn yn ystod yr unfed ganrif ar bymtheg a'r ail ganrif ar bymtheg, ond ni allodd Bryncir eu goresgyn nac ennill rhagor o fri o fewn y gymdeithas sirol, o ran grym tiriogaethol, golud materol, dal swyddi a gwasanaeth cyhoeddus, na ffafrau a nawdd. Adlewyrchir yr israddoldeb cymharol hwn yn y cerddi a gyflwynwyd i benteuluoedd y teulu. Roedd ganddynt eu tras, gafael ar diroedd lleol a rhwydwaith o deuluoedd cyfagos a oedd yn well nag oedd gan deuluoedd eraill ond o'u cymharu â phersonau megis Syr William Maurice, nid oedd gan eu beirdd uchafbwyntiau penodol na phersonol i ganu amdanynt.

Mewn gwirionedd, prin y gellir adrodd i deulu Bryncir yn yr unfed ganrif ar bymtheg a'r ail ganrif ar bymtheg fyw i foddhau'r patrwm purlan oesol a grëwyd iddynt gan eu beirdd.

[61]C.A. Gresham, Eifionydd, pp. 90-95.
[62] J.G. Jones, Law, Order and Government in Caernarfonshire, 1558-1640 (Cardiff: University of Wales Press, 1996).

Mae'r ymdrech am gydnabyddiaeth gyhoeddus a swyddogol i'w weld gliriaf wrth edrych ar fethiannau'r teulu i ddal swyddi cyhoeddus. Yn enwedig ar ôl y Setliad Tuduraidd (1534 - 1543) daeth rhoi gwasanaeth i'r Goron a chyfrannu at lywodraethu'r deyrnas drwy ennill safle gweinyddol Ynad Heddwch, Siryf, Dirprwy Raglaw, neu fod yn aelod o Gyngor Cymru a'r Gororau yn brif fodd i'r uchelwyr Cymreig geisio dangos a chadarnhau eu safle o fri, arweinyddiaeth ac awdurdod.[63] Ni lwyddodd Robert Wyn Brynkir tan tua 1592 ennill le i'w deulu ar fainc y sir (er ei gadw wedi hynny tan ei farw ym 1616).[64] Yn wahanol i'r teuluoedd eraill a lwyddodd i greu gafael gref ar swyddi o fewn Comisiwn yr Heddwch, ni lwyddodd Ellis Brynkir i olynu ei dad a bu'n rhaid iddo yntau aros tan 1619 i gael ei ethol; yn dilyn marwolaeth Ellis Brynkir ym 1628, nid oedd cynrychiolydd o'r teulu â phrif swydd mewn llywodraeth leol am weddill y ganrif.[65]

Prin yw'r dystiolaeth ynglŷn â'r effaith gafodd gweinyddiad Heddwch ar le'r teulu fel arweinwyr lleol. Ym mis Chwefror 1594, roedd Robert Wyn Brynkir yn un o'r Ustusiaid oedd yn gyfrifol am weinyddu comisiwn ynglŷn â reciwsantiaid pabyddol, ac ym mis Tachwedd 1597 cydweithiodd ag eraill yn Sir Gaernarfon i sicrhau bod hanner cant o ŵyr yn barod - ag arfau a harneisiau -i gynorthwyo Iarll Essex i hela'r llynges Sbaenaidd wedi iddi'i gweld ger arfordir Lloegr.[66] Ym mysg gweithgareddau swyddogol eraill Ellis Brynkir oedd cyhoeddi gwaranti gasglu arian er mwyn atgyweirio 'Pont Rhydlann', rhwng Penmachno a Llanrwst.[67] Fodd bynnag, nid oedd swydd gyda Chomisiwn yr Heddwch yn sicrhau statws yn lleol. Daeth gyrfa gwasanaeth cyhoeddus Ellis Brynkir yn aml i drafferthion â chystadlu lleol am

This struggle for public and official recognition is most clearly evidenced through the dynasty's unspectacular office-holding record. Especially following the Tudor Settlement (1534-1543), serving the Crown and contributing towards the governance of the realm through the regional administrative positions of Justice of the Peace, Sheriff, Deputy-Lieutenant and membership of the Council in the Marches of Wales emerged as a primary mechanism through which members of the Welsh gentry sought to publicly demonstrate and confirm their positions of prestige, leadership and authority.[63] However, it was not until c.1592 that Robert Wyn Brynkir secured a place for his dynasty on the county bench (thereafter retaining the position until his death in 1616).[64] But unlike other families which managed to manufacture firm dynastic strangleholds over positions within the Commission of the Peace, Ellis Brynkir did not immediately succeed his father, having to wait until 1619 to be selected; and following Ellis Brynkir's decease in 1628, the house of Brynkir remained excluded from the chief office of local government for the remainder of the century.[65]

There is limited evidence which indicates how the enactment of the role of Justice contributed towards the family's image of local leadership. In February 1594, Robert Wyn Brynkir was one of the Justices responsible for carrying out a commission relating to local popish recusants, whereas in November 1597 he worked with other Caernarfonshire office-holders to put fifty men in readiness – armed and harnessed – to assist the Earl of Essex in pursuit of the Spanish fleet which had been spotted off the coast of England.[66] Ellis Brynkir's office-holding activities included issuing a warrant to collect a subsidy for the repair of 'Pont Rhydlann', between Penmachno and Llanrwst.[67]

[63]J.G. Jones, Law, Order and Government in Caernarfonshire; J.G. Jones, Wales and the Tudor State: Government, Religious Change and the Social Order, 1534-1603 (Cardiff: University of Wales Press, 1989), pp. 1-78.
[64]The Justices of the Peace in Wales and Monmouthshire, 1541-1689, J.R.S. Phillips (ed.), (Cardiff: University of Wales Press, 1975), pp. 21-25.
[65]The Justices of the Peace in Wales, J.R.S. Phillips (ed.), pp. 26-28.
[66]NLW Clenennau MSS 68, App. I/30, App. I/97.
[67]NLW Clenennau MSS. 1074, App. I /119.

However, a position within the Commission of the Peace did not guarantee security of status. The public service career of Ellis Brynkir was regularly entangled in regional competitions for supremacy and in May 1620 he suffered major public affront, apparently at the hands of Sir Richard Wynn of Gwydir, by being left out of a commission to collect the subsidy.[68]

The family also suffered regular frustration in their attempts to secure the shrievalty of Caernarfonshire. In November 1592, Baron St. John of Bletso (d.1596) wrote to Sir William Maurice to update him on the influence he had been able to exert regarding the election of sheriffs. St. John informed Maurice that he hoped 'for Mr. Wynne Brynkir's preferment for Caernarfonshire, although the same nowe lately been crossed'.[69] The following month, Sir John Wynn of Gwydir received an update on proceedings, being informed that Robert Wyn Brynkir's bid had failed and that he had been 'put out'.[70] Wynn was informed that:

oruchafiaeth ac ym mis Mai 1620 dioddefodd siom gyhoeddus, ymddengys, drwy law Syr Richard Wynn o Wydir, wrth ei hepgor o'r comisiwn i godi'r arian.[68]

Dioddefodd y teulu rwystredigaethau cyson yn eu cais i fod yn Siryf Sir Gaernarfon. Ym mis Tachwedd 1592 ysgrifennodd y Barwn St. John Blesto (m. 1596) at Syr William Maurice i'w atgoffa am y dylanwad oedd ganddo ar ethol siryfion. Dywedodd St. John wrth Maurice ei fod yn gobeithio 'for Mr. Wynne Brynkir's preferment for Caernarfonshire, although the same nowe lately been crossed'.[69] Yn ystod y mis canlynol, derbyniodd Syr John Wynn o Wydir neges yn dweud bod cais Robert Wyn Brynkir wedi methu a'i fod wedi'i 'put out'.[70] Dywedwyd wrth Wynn:

£10 would have helped, but when men rely on words and use no better means, they must take things as they fall. Robert Wynn would have been pricked without question; it was the name of Brynkir which troubled my Lord Treasurer and others.

Robert Wyn Brynkir was eventually 'pricked' as sheriff in 1594-95.[71] In dynastic terms, this represented a momentous milestone and significant rite-of-passage, providing official recognition of his regional credentials and an opportunity for him to contribute towards the successful functioning of the realm. The poet Huw Pennant was commissioned to produce a tribute in commemoration of the achievement, whereas on Robert Wyn Brynkir's death, Siôn Phylip

Ymhen amser, cafodd Robert Wyn Brynkir ei ddewis fel siryf ym 1594 - 94.[71] Roedd hyn yn achlysur mawr i'r teulu ac yn ddigwyddiad newid byd gan roi cydnabyddiaeth swyddogol i'w statws lleol a chyfle iddo gyfrannu tuag at weinyddiaeth lwyddiannus y deyrnas. Ysgrifennodd y bardd Huw Pennant deyrnged i goffau'i lwyddiant, tra ar farwolaeth Robert Wyn Brynkir, tanlinellwyd ei gyfraniad cymdeithasol gan Siôn Phylip

[68]NLW Clenennau MS. 389. A further hint of this entanglement in local politics is provided by the proceedings of a dispute between the Lord Treasurer and Lord Keeper John Williams in November 1622, which led to an act of reprisal against one of the parties which included Ellis Brynkir being put into the return for Caernarfonshire: NLW MS. 9058E/1046.
[69]NLW Clenennau MS. 56.
[70]NLW MS. 9051E/135.
[71]Kalendars of Gwynedd, E. Breese (ed.), (London, 1873), pp. 52-58.

fel un o'r prif gyfraniadau at gadw amlygrwydd ei dras.[72] Ym mis Tachwedd 1623 etholwyd Ellis Brynkir yn siryf Caernarfon am y cyfnod 1624 - 25.[73] Canmolwyd y llwyddiant hwn eto gan yr urdd farddol Gymreig; lluniodd Richard Cynwal awdl i'r achlysur.[74] Eto, hyd yn oed wedi'r achlysur pwysig hwn, tanseiliwyd awdurdod Ellis Brynkir wrth i Syr John Wynn gwyno'n gyhoeddus am ei benderfyniad i ddewis cyfaill iddo'n ddirprwy.[75]

Ym mywydau penteuluoedd Bryncir yn ystod yr unfed ganrif ar bymtheg a'r ail ganrif ar bymtheg gwelir agweddau diwylliannol a gwleidyddol teulu o uchelwyr yn un o fannau mwyaf anghysbell teyrnas y Tuduriaid a'r Stiwardiaid. Yma roedd teulu oedd yn ymdrechu am enwogrwydd lleol oddi mewn i fframwaith geowleidyddol gymhleth a chystadleuol tu hwnt. Roedd eu rhagolygon yn bellgyrhaeddol. Mae portread a gomisiynodd James Brynkir ohono'i hun, mae'n debyg ar achlysur ei ethol yn Siryf Sir Gaernarfon ym 1695 - 96, yn dangos delwedd o'i statws, ei anrhydedd a'i awdurdod a fyddai wedi atseinio drwy'r deyrnas. Ar yr un achlysur comisiynodd rolyn herodrol o'i achau a chywydd moliant gan y bardd Owen Gruffydd oedd yn llawn cyfeiriadau at uchelwriaeth draddodiadol, yn canmol perthynas James Brynkir â'i dir, ei dras a'i ardal ac yn mawrygu ei dreftadaeth hynafol Gymreig a'i hawl i rym oedd wedi'i ganoli'n sicr ym Mryncir, Eifionydd.[76]

highlighted his public service record as being one of his primary contributions towards maintaining the eminence of the lineage.[72] In November 1623 Ellis Brynkir was elected sheriff of Caernarfon for 1624-25.[73] This success was again celebrated by the Welsh bardic order, Richard Cynwal producing an awdl on the occasion.[74] However, even on this instance of great prestige, Ellis Brynkir had his authority undermined by Sir John Wynn making a public complaint about his decision to select a friend as his deputy.[75]

The experience of the Brynkir patriarchs across the sixteenth and seventeenth centuries provides indications as to the cultural and political outlooks of an *uchelwyr* family in one of the remotest parts of the Tudor and Stuart realm. This was a family which struggled to assert regional pre-eminence in a geopolitical framework which was both complex and highly competitive. Their outlook was far-reaching. The portrait commissioned by James Brynkir, probably on the occasion of his election as Sheriff of Caernarfonshire in 1695-96, presented an image of his status, honour and authority which would have resonated throughout the realm. However, on the same occasion he also commissioned a heraldic pedigree roll and a *cywydd moliant* from the poet Owen Gruffydd which were conspicuous in their traditional portrayal of *uchelwriaeth*, hailing James Brynkir's links with his land, lineage and locality and glorifying his Welsh ancestral heritage and claim to power which remained firmly focused on his foothold in Brynkir, Eifionydd.[76]

Portread o James Brynkir (1668-1740), wedi ei beintio gan Randle Willcoke o Gaer yn c.1695, yn ôl pob tebyg i goffau ei apwyntiad fel Siryf Sir Gaernarfon ar gyfer y blynyddoedd 1695-96. Miles Wynn Cato.

Portrait of James Brynkir (1668-1740), painted by Randle Willcocke of Chester inc.1695, probably to commemorate his appointment as Sheriff of Caernarfonshire for 1695-96. Miles Wynn Cato.

[72]GwaithHuw Pennant, R.L. Jones (ed.), pp.203-05, ll.57-64; M. Jones, 'GwaithSiônPhylip', pp. 290-95, ll.45-46.
[73]NLW MS 9059E/1162.
[74]E.D. Jones, 'The Brogyntyn Welsh Manuscripts IV', p. 12.James Brynkir was elected as sheriff for 1641-2 and his grandson and namesake for 1695-96.
[75]NLW MS. 9059E/1170.
[76]NLW Peniarth MS. 124, ff.87-88, ll. 1-3.

DATBLYGIAD PENSAERNÏOL PLAS BRYNCIR RHAN UN

THE ARCHITECTURAL DEVELOPMENT OF PLAS BRYNKIR PART ONE

3

MARK BAKER

Mae Mark yn fyfyriwr PhD ym Mhrifysgol Caerdydd ac wedi derbyn Bwrsari Ymchwil Ymddiriedolaeth Ernest Cook gan Gymdeithas Haneswyr Pensaernïol Prydain Fawr. Mae ei thesis yn canolbwyntio ar bensaernïaeth tai bonedd yng Nghymru, gan edrych ar arferion a ddefnyddir gan deuluoedd Cymru i ddefnyddio pensaernïaeth fel modd o arddangos achyddiaeth, a sut mae eiddo teuluol wedi cadarnhau hunaniaeth, boed gwirioneddol neu ganfyddedig. Mae wedi ysgrifennu'n helaeth ar dai hanesyddol a'u teuluoedd, yn enwedig ar gyfer y Grŵp Sioraidd ac Ymddiriedolaeth Gerddi Hanesyddol Cymru, ac mae'n aelod o Fwrdd Cynghori Cymru'r Ymddiriedolaeth Genedlaethol.

Mark is a PhD student at Cardiff University and the recipient of the Society of Architectural Historians of Great Britain's Ernest Cook Trust Research Bursary. His thesis focuses on the architecture of gentry houses in Wales, exploring the customs and practices through which Welsh families employed architecture as a means of genealogical display, and how ancestral property cemented identity, whether actual or perceived. He has written extensively on historic houses and their families, particularly for the Georgian Group and Welsh Historic Gardens Trust, and is a member of the National Trust's Wales Advisory Board.

Prin yw'r safleoedd yng Nghymru lle gwelir y datblygiad fu ym mhlastai gwledig Cymru. Mae sawl nodwedd bwysig wedi'u nodi yn yr amrywiaeth o adeiladau, a ychwanegwyd neu a ddymchwelwyd dros gyfnod o sawl canrif. Yr adeilad a ganfuwyd gyntaf ar y safle yw'r Neuadd Fawr a godwyd yng nghyfnod y Tuduriaid, ond mae ymchwil diweddar yn dangos bod y safle wedi bod yn barc ceirw oedd yn rhan o lys Llewelyn Fawr (1172 - 1240) ar ddechrau'r drydedd ganrif ar ddeg. Hwn oedd wedi pennu ffiniau'r maenordy, yr ardd a'r parc ac roedd hefyd wedi llunio ac effeithio ar y dirwedd ehangach. Mae'n bosibl y bu caban hela rhywle ar dir y parc ond nid oes tystiolaeth ohono ar hyn o bryd.

Gwelir sawl math o adeilad Cymreig ym mysg y plastai modern cynnar ym Mryncir: y plastai uchaf ac isaf; y neuadd fawr Duduraidd; y tŷ Eryri; y porthdy, tŷ'r cowrt a'r system unedol. Roedd cefnu ar y plasty uchaf a symud i'r plasty isaf hefyd yn adlewyrchu'r datblygiadau a welir hefyd yn y plastai gwledig eraill yng Nghymru. Gadawyd hen gartrefi ar gyfer plastai mwy modern. Drwy dechnegau geoffisegol, mae'r cloddio rhannol a ymgymerwyd gan Brifysgol Caerdydd yn 2013 wedi datgelu cynllun y plasty uchaf, y cowrt a'i borthdy.

Cynigiwyd Bryncir fel adeilad system unedol gan Hemp a Gresham, ond ar wahân i arolwg gan y Comisiwn Brenhinol yn 1954, ni wnaethpwyd unrhyw ddadansoddiad archeolegol yno nes y dechreuwyd ar y cloddio yn 2012. Drwy'r cloddio hwn ac yna'r dadansoddiad beirniadol, profwyd bod Bryncir yn system unedol cystal â

There are a few sites in Wales that capture the development of the Welsh country house. Several key features have been identified in the complex of buildings, which were added to and subtracted from over a period of several hundred years. The earliest built structure on site is the great hall of the Tudor house. Recent research has shown that the origin of Brynkir lies in the form of an early thirteenth-century deer park, associated with the royal court or *llys* of Llywelyn the Great (1172-1240). This provided the boundaries for the later manor house, garden and park, and its creation modelled the wider landscape. It is possible that a hunting lodge may have existed somewhere in the vicinity of the deer park but no evidence for this has yet come to light.

Several forms of Welsh building type for the early modern house can be found at Brynkir: *uchaf* - upper and *isaf* - lower houses; the Tudor great hall; the Snowdonia planned house; the gatehouse; the courtyard house and the unit system. The abandonment of the upper house, in favour of the lower house, also mirrors the progress of other Welsh country houses, where earlier buildings were superseded. Geophysical techniques, employed as part of a 2013 partial excavation by Cardiff University, have revealed the layout of the upper house, with its courtyard entered via a gatehouse.

Brynkir was put forward as a unit-system property by Hemp and Gresham but other than a survey of the upper house by the Royal Commission in 1954, the site had been overlooked by archaeological analysis until excavations began in 2012. By excavation and critical analysis, Brynkir

Cyferbyn: Dangosir tŷ Eryri fel yr oedd yn yr 1950au pan ddaeth y Comisiwn Brenhinol iarolygu Bryncir. CBHC.

Opposite: This shows the Snowdonia house as it was in the 1950s when the RoyalCommission came to survey Brynkir. RCAHMW.

274

21

295

264

269

268

Brynkir

296

266

265

267

204

301

1518

292

294

300

Chlenennau[1] a'r Parc gerllaw[2], sy'n sicrhau pwysigrwydd adeiladau'r plastai yn hanes archeolegol Cymru. Mae felly yn cynnig cyfle unigryw i ymchwilio i agweddau o bensaernïaeth draddodiadol, ac yn benodol i'r berthynas rhwng y plasty uchaf a'r plasty isaf. Gallai astudiaeth fanylach daflu goleuni cliriach ar sut y cynlluniwyd ac yr adeiladwyd y plastai yn ogystal ag ar etifeddiaeth gyfrannol ac agweddau gofodol o'r trefniannau cymdeithasol. Yn nhermau ei archeoleg, palimpsest yw'r safle, gydag amrywiaeth o adeiladau domestig a adeiladwyd wedi 1500, rhai'n sefyll o hyd ac eraill â'u holion dan wyneb y ddaear, ar safle'r ddau blasty.[3] Gwaredwyd yr asedau yn llwyr tua 1945 ar gyfer defnyddiau adeiladu (coed a metel yn bennaf gan eu bod wedi'u dogni bryd hynny).[4]

O safbwynt lleol, mae Bryncir yn safle mawr domestig sy'n rhan o batrwm plastai ôl-ganoloesol yng Ngogledd-orllewin Cymru sydd â'u nodweddion pensaernïol yn adlewyrchu perthnasau rhyng-deuluol. Yn genedlaethol, mae hyn yn creu cyfanwaith o adeiladau sydd - yn nhermau cynllunio a darpariaeth deuluol - yn gwbl Gymreig ei naws ac yn unigryw. Roedd y rhannau gwahanol yn cynnwys anheddau unigol, wedi'i hadeiladu'n agos at ei gilydd ond ar wahân. Yn ôl rhai dogfenni mae tystiolaeth i ddwy genhedlaeth y teulu Wynn fyw ar y safle'r un pryd ond eto'n annibynnol.[5] Cofnodwyd yr enghraifft olaf o fyw mewn system unedig ger Cricieth, Gwynedd, ar ddiwedd y bedwaredd ganrif ar bymtheg.[6]

Adeiladwyd y plasty uchaf ar lethr y bryn fel bod talcen y plasty yn wynebu'r prif wyntoedd sy'n dod o Gwm Pennant neu o'r môr. Yn dilyn y topograffi, mae'r safle'n goleddu

has been proven to be unit-system, and is comparable to nearby Clenennau[1] and Parc[2], thus establishing the mansion complex as an important marker in Welsh architectural history. It has offered a unique opportunity for investigating aspects of traditional architecture, in particular the relationship between the upper and lower houses. A detailed study of these has the potential to shed important light on building design and construction, as well as on the provision made for partible inheritance and the spatial aspects of social organisation. In terms of its archaeology, the site is a palimpsest, with a variety of post-1500 domestic buildings, both standing and below ground, for the upper and lower houses.[3] These were completely asset stripped c. 1945 for their building materials (principally timbers and metals which were at the time rationed).[4]

From a regional perspective, Brynkir is a large, domestic site that fits into a pattern of post-Medieval houses in North West Wales whose architectural similarities are reflected through inter-familial relationships. Nationally, this provides a corpus of buildings which are - in terms of planning and family provision - identifiably Welsh in character. The components consisted of independent houses built in close proximity to each other, yet structurally separate. It appears, according to documentary evidence, that two generations of the Wynn family lived on the site simultaneously, yet autonomously.[5] The last noted case of unit-system existence was recorded in the late-nineteenth century, near Criccieth, Gwynedd.[6]

The upper house is set into the gentle slope of a hillside, running parallel to the valley, so that the gable ends were facing the prevailing winds - which come from Cwm

[1]RCAHMW, An Inventory of the Ancient Monuments in Caernarvonshire: Volume II, Central, (London, 1960), p.68.
[2]W. J. Hemp & C. Gresham, 'Park, Llanfrothen, and the Unit System', Archaeologia Cambrensis 97 (1942), pp.98-112.
[3]C. Gresham, 'Platform Houses in Northwest Wales', Archaeologia Cambrensis 53 (1954), p.48.
[4] Ibid.
[5]See R. Suggett, 'The Unit System Revisited: Dual Domestic Planning and the Development Cycle of the Family', Vernacular Architecture 38 (2007).
[6]W. J. Hemp & C. Gresham, 'Park, Llanfrothen, and the Unit System', Archaeologia Cambrensis 97 (1942), p. .

Cyfnod 1 yn dangos adeilad y neuadd fawr ym Mryncir. Ceri Leeder.

Phase one showing the building of the great hall at Brynkir. Ceri Leeder.

Pennant or from the sea. Due to topography, the site slopes in two directions: down towards the valley floor and to the beginning of the valley itself. It was noted from historic photographs, when the site had been clear felled, that the upper house would have had strategic views over great distances, yet it was sheltered enough by the rising hills behind to be afforded the necessary protection from the elements.

Etymologically, Brynkir is derived from *Bryn Ceirw* or 'hill of the deer', appearing in documents and poetry in the following forms: Bryncir; Brynker; Bryncyr and Brynceirw. The *rhandir* of Brynkir, based upon evidence from the Clenennau deeds, was divided up into parcels of lands and smallholdings, in a manner similar to the subdivisions of English townships into hamlets.[7] One of the earliest documents which records the region in detail is a late-fifteenth century rental made for Maredudd ap Ieuan ap Robert of Gwydir, referring to locations such as Bryncir Isa (lower Bryncir) and Ynys y Gwreichion (sparkling island).[8]

PHASE 1: THE MEDIEVAL HALL HOUSE

John ap Maredudd was born during the first decade of the fifteenth century at his father's home of Ystumcegid and was vividly portrayed by Colin Gresham as 'a true Welsh *priodor*, a local chieftain, the product of centuries of the moulding influence of the gwely system on a race bound to their own stern mountainsides.'[9] John was apparently presented by Owain Tudur to his wife, Katherine of Valois, widow of Henry V, who was a distant relation. He set up his own home on ancestral lands in the *rhandir* of Y Clenennau with his wife Gwenhwyfar, daughter of Goronwy ab Ieuan ab Einion of Gwynfryn. They had five sons: Moris; Ieuan;

mewn dau gyfeiriad: at lawr y cwm ac at geg y dyffryn. Wrth edrych ar ffotograffau hanesyddol, wedi i'r safle ei glirio, mae'n amlwg bod golygfeydd eang a strategol i'w gweld o'r plasty er ei fod mewn man cysgodol a'r bryniau yn gefn iddo ac yn ei amddiffyn rhag y tywydd garw.

Yn ôl gweithredoedd Clenennau, mae tystiolaeth bod rhandir Bryncir wedi'i rannu'n lleiniau tir a mân ddaliadau oedd yn debyg i'r arfer o rannu trefgorddau Lloegr yn bentrefannau.[7] Yn un o'r dogfennau cynharaf sy'n manylu ar yr ardal, a baratowyd ar gyfer Maredudd ap Ifan ap Robert o Wydir yn niwedd y bedwaredd ganrif ar bymtheg, mae'n cyfeirio at fannau megis Bryncir Isa ac Ynys y Gwreichion. Tarddiad yr enw Bryncir yw Bryn Ceirw, ac ymddengys mewn dogfennau a cherddi fel: Bryncir; Brynker; Bryncyr a Brynceirw.[8]

CYFNOD 1: Y NEUADD GANOLOESOL

Ganwyd John ap Maredudd yn ystod degawd cyntaf y bymthegfed ganrif yng nghartref ei dad yn Ystumcegid, a cheir disgrifiad byw ohono gan Colin Gresham fel 'a true Welsh priodor, a local chieftain, the product of centuries of the moulding influence of the gwely system on a race bound to their own stern mountainsides.'[9] Mae'n debyg i Owain Tudur gyflwyno John i'w wraig Katherine de Valois, gweddw Harri V, oedd yn berthynas iddo o bell. Sefydlodd ei gartref ar diroedd ei gyndadau yn rhandir Y Clenennau gyda'i wraig Gwenhwyfar, ferch Goronwy ab Ieuan ab Einion o Wynfryn. Cawsant bum mab: Moris, Evan, Robert, Gruffydd ac Owen. Yn ystod Rhyfel y Rhosynnau cefnogodd John achos Owain Tudur, a chafod ei glwyfo yn ei wyneb mewn yn ymrafael. O'r herwydd, cafodd yr enw Ysgwier y Graith.

[7]Gresham, Eifionydd: A Study in Landownership from the Medieval Period to the Present Day (Cardiff: University of Wales Press, 1973), p.28.
[8]NLW (Wynne of Gwydir Papers) 210, quoted by C. Gresham, Eifionydd: A Study in Landownership from the Medieval Period to the Present Day (Cardiff, 1973), p.28.
[9]Gresham, Eifionydd: A Study in Landownership from the Medieval Period to the Present Day (Cardiff, 1973), p.19.

Tua 1485, rhoddwyd tir ger Bryncir i Evan ap John, trydydd mab John ap Maredudd, ac mae'n debygol mai Evan adeiladodd y plasty cyntaf ar safle Bryncir. Cyfnewidiwyd lleiniau tir rhwng y brodyr i ehangu eu heiddo eu hunain, a bu hyn yn gymorth i atgyfnerthu prif ran y stad yn hanner isaf Cwm Pennant. Priododd Evan ddwywaith, y tro cyntaf i Jonet, ferch Rhys ap Llewellyn ap Hwlcyn, Bodychen, Sir Fôn, a chawsant bedwar ar ddeg o blant, chwe bachgen ac wyth merch. Yna, priododd Margaret, ferch Maredudd ap Ifan ap Robert o Wydir a chawsant naw plentyn arall, un mab ac wyth merch. Yn ôl eu hachau, ymddengys i Evan, drwy ei blant, berthyn i deuluoedd pwysicaf Gogledd Cymru.

Adeiladwyd plinth o dri chwrs o leiaf, â chorneli wedi'u siapio, yn llwyfan i adeiladu'r neuadd arno. Roedd hwn wedi'i raddio, gyda'r cerrig oedd uwchben wyneb y pridd yn cefnogi'r farn bod blaen yr adeilad oedd yn wynebu'r gerddi, yn wreiddiol wedi'i rendro. Mae'r cerddi canoloesol yn disgrifio plastai'r ardal hon fel lanternau ar lethrau'r bryniau. Adeiladwyd rhannau cynharaf y plasty uchaf o glogfeini dolerit, a gasglwyd, mae'n debyg o'r gwasgariad cerrig wedi'r rhewlifau a'u torri'n fras. Prin yw'r olion naddu ar y clogfeini hyn ac mae'n debygol iddynt gael eu dewis yn benodol am eu maint: y rhai mwyaf yn y cyrsiau isaf ac yn lleihau wrth i uchder y waliau gynyddu. Datgelwyd grisiau tro yn lle tân y neuadd gan y cloddio fu yn 2014.

Robert; Gruffydd and Owen. During the War of the Roses, John supported Owain Tudor's cause, and was wounded on the face in battle, receiving the name *Ysgweir y Graith*, or Squire of the Scar.

Ieuan ap John, third son of John ap Maredudd was given land at Brynkir around 1485, and it is probable that Ieuan erected the first house on the site of Brynkir. Lands were exchanged between the brothers to bolster their own properties, helping to consolidate the main portion of the estate in the lower half of the Pennant Valley. Ieuan married twice, firstly to Jonet, daughter of Rhys ap Llewellyn ap Hwlkin of Bodychen, Anglesey, with whom he had fourteen children: six boys and eight girls. Secondly, he was married to Margaret, daughter of Maredudd ap Ifan ap Robert of Gwydir, with whom he had a further nine children: one son and eight daughters. According to the pedigrees, it appears that, through his children, Ieuan became related to most of the important families in North Wales.

A plinth of at least three courses, with shaped corners, was constructed to create a platform onto which the hall was erected. This was graduated, and the stones which were above ground level, and visible, support the argument that the front elevations, overlooking the gardens, were originally rendered. Medieval Welsh poetry refers to the houses in this area looking like lanterns in the hillsides. The earliest sections of the upper house are constructed out of dolerite boulders gathered from post-glacial scatter and roughly hewn to shape. There appeared to be very little evidence of tooling marks, and it is likely that stones were chosen specifically due to their dimensions: larger boulders on the lower courses, decreasing in size as the wall height increases. A winder stair was built into the hall fireplace, and was revealed by excavation in 2014.

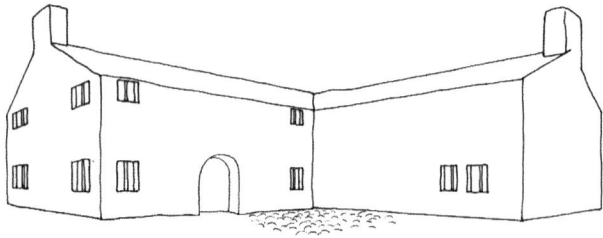

Dangoasai Cyfnod 2 ychwanegiad tŷ a gynlluniwyd yn ganolog o gwmpas yr Wyddfa, at y neuadd fawr. Ceri Leeder.

Phase two showing the addition of the Snowdonia centrally planned house, added to the great hall. Ceri Leeder.

At roughly two metres from ground height, a ledge was observed internally, onto which a wooden roof or floor may have been supported. It was noted that all of the phase one building material stopped at this level. There was little evidence, if any, of external render on the rear elevations.

PHASE TWO: THE SNOWDONIA CROSS RANGE AND THE CREATION OF A UNIT-SYSTEM HOUSE

Ieuan's eldest son and heir took the additional surname of Wyn, possibly due to kinship with the Wynns of Gwydir, becoming known as Robert Wyn ap Ieuan. He married Margaret, daughter of Robert Gruffydd ap Rhys of Maesmor, and was party to a deed dated 1525. They had eight children: six boys and two girls. The eldest son, Elise ap Robert (-1563) married Dorothy, daughter of Gruffydd ap Robert Vaughan of Talhenbont, who had four children: two boys and two girls. Robert Wyn Brynkir (-1616) was the first of the family to adopt the name of their ancestral home as a surname. He was High Sheriff of Caernarfonshire in 1594. Robert married Ann Wen, daughter of Morris ap Elise of Clenennau. Ann Wen's letters to her brother Sir William Maurice MP survive in the National Library of Wales; one sent in 1604 advises him on how to intervene in the debate about union via spiritual testimonies orally performed before independent congregations, to retrospective autobiographical narratives.[10] Singing at Plas Brynkir in c.1594, Huw Pennant described it as 'a fine hall, newly built' by Robert Wyn Brynkir and a 'regal fort', a term that was often used to describe Gwydir, Llanrwst.[11]

Ar uchder o ryw 2 fetr uwchben y llawr mae ysgafell a oedd efallai yn cynnal to neu lawr pren. Nodwyd bod holl ddefnyddiau adeiladu cyfnod 1 yn dod i ben ar y lefel hon. Nid oedd fawr dystiolaeth, os o gwbl, o render wedi'i osod ar y waliau cefn.

CYFNOD 2: RHES GROES ERYRI A CHREU PLASTY SYSTEM UNEDOL

Mabwysiadodd mab hynaf Evan, oedd hefyd yn etifedd iddo, y cyfenw ychwanegol Wynn, mae'n debyg oherwydd ei berthynas deuluol â Wynniaid Gwydir, ac fe'i hadweinid fel Robert Wynn ap Ifan. Priododd Margaret, merch Robert Gruffydd ap Rhys, Maesmor, ac roedd yn dyst i weithred oedd yn ddyddiedig 1525. Cawsant wyth o blant: chwe bachgen a dwy ferch. Priododd y mab hynaf, Elise ap Robert (- 1563) â Dorothy, merch Gruffydd ap Robert Vaughan o Dalhenbont. Cawsant hwy bedwar o blant: dau fachgen a dwy ferch. Robert Wyn Brynker (- 1616) oedd y cyntaf o'i deulu i ddefnyddio enw cartref y teulu yn gyfenw. Bu ef yn Uchel Siryf Sir Gaernarfon yn 1594. Priododd Robert ag Ann Wen, merch Morris ap Elise, Clenennau. Mae llythyrau Ann Wen at ei brawd Syr William Maurice AS i'w gweld yn y Llyfrgell Genedlaethol. Yn un llythyr a anfonwyd ganddi ym 1604 mae hi'n ei gynghori sut i ymyrryd yn y ddadl dros uno drwy ddyfynnu tystiolaethau ysbrydol a straeon hunangofiannol ger bron cynulleidfaoedd annibynnol.[10] Wrth ganu ym Mhlas Bryncir tua'r flwyddyn 1594 roedd Huw Pennant yn llawn edmygedd o'r plas a'r gweithgareddau cymdeithasol gynhelid yno. Disgrifiodd y Plas fel 'a fine hall, newly built' gan Robert Wyn Brynkir ac yn 'regal fort', term a ddefnyddid yn aml i ddisgrifio Gwydir, Llanrwst.[11]

[10]NLW (Clenennau) 204, quoted in Kate Chedgzoy, Women's Writing in the British Atlantic World: Memory, Place and History 1550-1700 (Cambridge, 2007), p.63.
[11]Gwaith Huw Pennant, R.L. Jones (ed.), pp. 203-05 quoted by S. Evans, 'Byw er gras, bower a grym - Living for grace, power and strength: The House of Brynkir, c.1500-1700', in M. Baker (ed.), Plas Brynkir (Cardiff, 2014).

KITCHEN
(VAULT BELOW)

SITE OF
FIREPLACE STAIR

GREAT HALL

DINING
ROOM

STAIR
TOWER

HALLWAY

COURTYARD

PARLOUR

SITE OF
GATE HOUSE

SITE OF DEMOLISHED WING

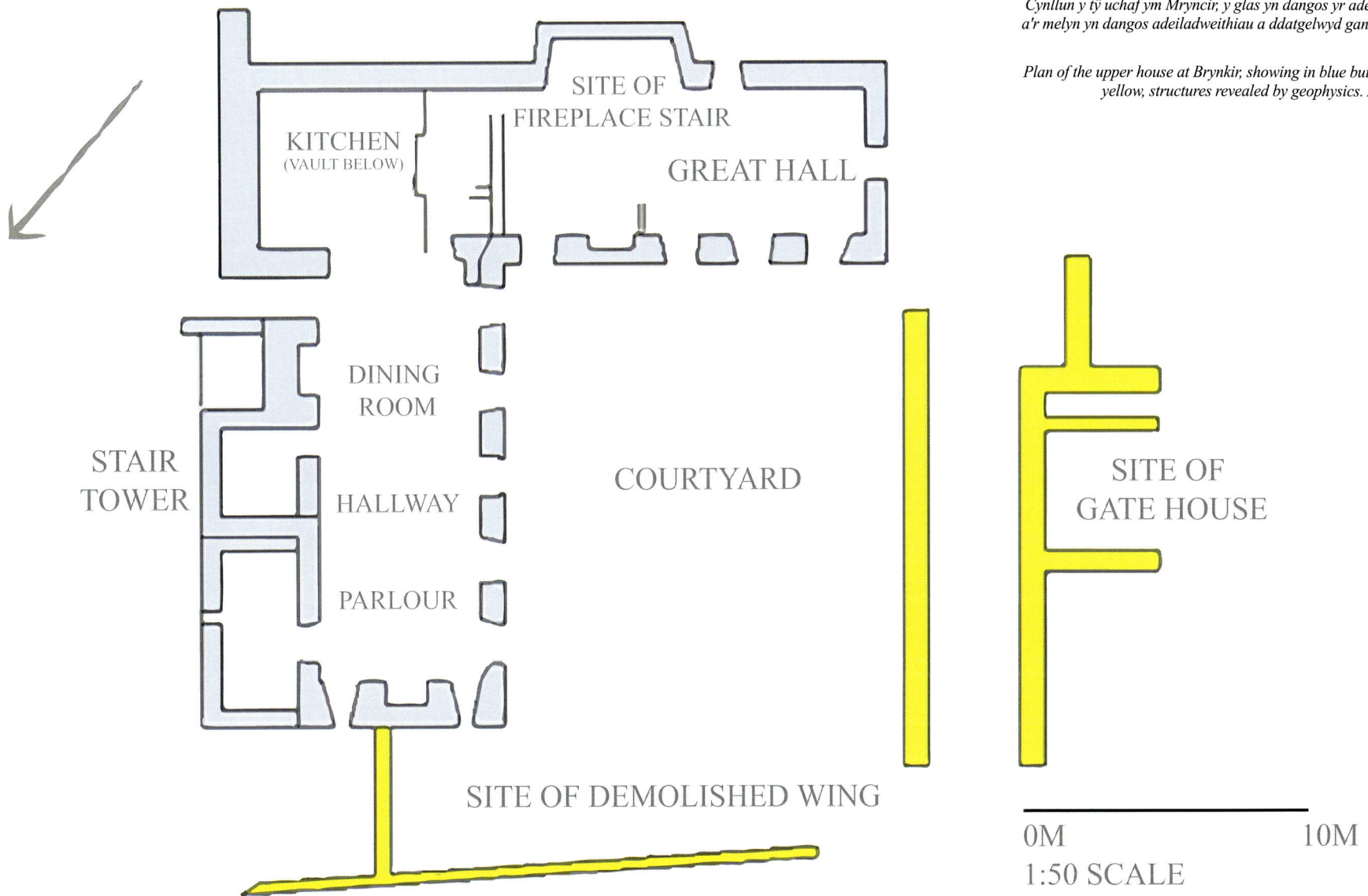

Cynllun y tŷ uchaf ym Mryncir, y glas yn dangos yr adeiladau sy'n goroesi, a'r melyn yn dangos adeiladweithiau a ddatgelwyd gan geoffiseg. Casgliad yr awdur.

Plan of the upper house at Brynkir, showing in blue buildings extant and in yellow, structures revealed by geophysics. Author's Collection.

0M   10M
1:50 SCALE

At right angles to the hall house a large two-storey building was constructed with a central doorway: internally there was a parlour to the left and a dining room to the right. On the garden gable-end, four small windows survive in their original size, and overlook the terrace gardens. The building of this 'Snowdonia' type house is likely to have taken place during the last quarter of the sixteenth century. The walls were constructed out of mudstone, as identified by the Geology Department, Amgueddfa Cymru - National Museum Wales, as being from the quarry site in Bryn Brain. The mudstone used cleaves naturally when quarried into rectangular blocks, easily moveable and usable for constructing walls of great height. Diagonal tooling marks

Codwyd adeilad mawr deulawr â drws yn ei ganol ar ongl sgwâr i'r neuadd: oddi mewn iddo roedd parlwr ar y chwith ac ystafell fwyta ar y dde. Mae pedair ffenestr fechan ar y talcen oedd yn wynebu'r gerddi teras wedi goroesi hyd heddiw heb eu newid. Mae hi'n debygol bod yr adeilad hwn o fath Eryri wedi'i godi yn ystod chwarter olaf yr unfed ganrif ar bymtheg. Carreg laid yw'r waliau a gloddiwyd, yn ôl Adran Ddaeareg yr Amgueddfa Genedlaethol, o chwarel Bryn Brain. Mae holltau naturiol mewn carreg laid sy'n hwyluso ei dorri yn flociau petryal. Mae felly'n rhwyddach i'w gludo o un lle i'r llall ac yn ddefnyddiol wrth adeiladu waliau uchel. Mae marciau offeru diagonal i'w gweld ar wynebau allanol y garreg laid. Gall y marciau hyn fod yn rhan o broses gorffen y garreg ar ôl ei chwarelu neu fod yno i greu arwyneb fyddai'n dal rendr neu wyngalch. Defnyddiwyd rhai clogfeini dolerit yn ystod y cyfnod hwn ond roeddynt yn llai na'r rhai ddefnyddiwyd yng nghyfnod 1. Ymddengys i'r rhan fwyaf gael eu dewis oherwydd eu maint, er bod rhai wedi'u hollti'n gerrig llai. Er ei bod hi'n bosibl bod y marciau hyn wedi'i naddu gan rewlif, mae'n debygol hefyd eu bod wedi'u torri'n ddyfnach er mwyn i'r wal ddal y rendr.

Efallai mai hwn yw'r cyfnod pan yr ychwanegwyd ail lawr i'i neuadd ganoloesol hwyr. Os oedd to ffrâm nenfforch yn wreiddiol i'r neuadd, mae'n debyg i hwn ei orchuddio yn ystod adeiladu'r cyfnod nesaf. Gan fod yr adeilad wedi'i ddymchwel hyd at y gwaith carreg canoloesol pan ysbeiliwyd y defnyddiau adeiladu mae'n bosibl bod y to wedi'i symud yn ei grynswth.

CYFNOD 3: Y TŶ COWRT

Priododd Ellis Brynker (- 1628) yn gyntaf â Grissel, ferch John Griffiths, Cefnamlwch - plasty pwysig yn Sir Gaernarfon oedd â phorthdy a thystiolaeth o gynllunio system unedol yno.[12] Yna priododd â Margaret, oedd yn ferch i William Morris, Clenennau ac yn gyd-etifedd iddo. Bu tri mab ac un ferch i'r ail briodas. Canmolwyd Ellis Brynker hefyd am ei orchestion pensaernïol (a wnaethpwyd, mae'n debyg, tua chanol y 1620au). Yng ngeiriau Huw Machno, 'like his father, he was also a builder' oedd wedi codi 'extensive buildings' ar 'great cost'.[13] I Richard Cynwal (ob. 1634) roedd Ellis Brynker yn noddwr pensaernïol o fri:[14]

were visible on all of the external mudstone. These marks may be part of the finishing process post-quarrying, or were used to create a surface onto which render/limewash could adhere. Some dolerite boulders were included in this building phase, but none were as large as those found in phase one. Most appear to have been chosen specifically for their size, possibly being split. However, while the markings found may merely be glacial marks, it is likely that these were further defined, so that the render could adhere more securely.

It may have been at this point that the second storey of the late-medieval hall was added. If the hall had originally had a cruck-frame roof, then it is likely this was enclosed within the later phase. The collapse of the building to the late-medieval stonework may indicate that, when the building was asset-stripped, the roof was removed in its entirety.

PHASE THREE: A COURTYARD HOUSE

Ellis Brynkir (-1628) first married Grissel, daughter of John Griffiths of Cefnamwlch - an important Caernarfonshire house, with a gatehouse and evidence of unit-system planning.[12] He then married Margaret, daughter of William Morris of Clenennau, and it was by this second marriage that he had three sons and one daughter. Ellis Brynkir was also commended on his architectural achievements (probably undertaken in the mid-1620s). As Huw Machno put it, 'like his father, he was also a builder', who had erected 'extensive buildings' at 'great cost'.[13] To Richard Cynwal (ob.1634), Ellis Brynkir was a noted architectural patron:[14]

[12]The main portion of the house, which included a late-Medieval first floor hall, was demolished in 1814, leaving behind a seventeenth-century domestic wing and gatehouse.
[13]E.D. Jones, 'The Brogyntyn Welsh Manuscripts IV', p. 13, quoted by quoted by S. Evans, 'Byw er gras, bower a grym - Living for grace, power and strength: The House of Brynkir, c.1500-1700', in M. Baker (ed.), Plas Brynkir (Cardiff, 2014).
[14]Ibid., p. 12 quoted by S. Evans, 'Byw er gras, bower a grym - Living for grace, power and strength: The House of Brynkir, c.1500-1700', in M. Baker (ed.), Plas Brynkir (Cardiff, 2014).

A chwithau'n gwellhau'r holl waith
Â moliant yma eilwaith
Teg ydyw y tai gwedi
Waith a chost a wnaethoch chi

And you improving the entire work
with commendation here again
elegant are the buildings after
the work and charge which you have contracted

The estate was inherited by Ellis' second son, James Brynkir (1600-1644). A rental of 1631 records 'De Jacobo Brynkir pro terris suis vocatis/ Brynkir et mur y ty hir tenura sua propria// James Brynkir calls his own lands// Brynkir and the long house are under his tenure.'[15]

At some point after the Snowdonia house had been built, a rear projecting stair-tower was added onto the northeast exterior wall, positioned directly opposite the main door. Peter Smith suggests that these staircase towers allowed interiors to be more spacious and convenient for circulation around the house. It was also a conscious display of wealth and sophistication, particularly when carried above the roof line of the house – such as at Plas Mawr, Conwy (1580); Plas Berw, Llanidan, Angelsey (1615) and Bodysgallen, Llandudno (1620).[16] The expansion of fireplaces in the parlour and dining room may also date from this period, as the arching is similar to stonework found in the tower. In 1662, the Hearth Tax records Ellis Brynkir, gent, listed under Llanfihangel-y-Pennant parish, as having three hearths, which probably ties in with the three ground floor hearths in the upper house. It raises the question as to whether hearths sharing a chimney stack were taxed separately. This seems improbable, as it would be unlikely that there were no upstairs fireplaces at Brynkir in 1662, a theory supported by the alternative name of 'chimney tax'. The tax had been introduced the same year in order to cover the deficit resulting from supporting the recently restored monarchy.

Ymddengys hefyd i Robert farw cyn ei dad, ac etifeddwyd y stad gan yr ail fab James Brynker (1600 - 1644). Mewn cofnod o 1631 gwelir 'De Jacobo Brynkir pro terris suis vocatis/ Brynkir et mur y ty hir tenura sua propria// James Brynkir calls his own lands// Brynkir and the long house are under his tenure.'[15]

Rhyw bryd wedi codi'r tŷ Eryri, ychwanegwyd twˆr grisiau y tu allan i'r wal ogledd-ddwyrain, yn union gyferbyn â'r prif ddrws. Mae Peter Smith yn cynnig y byddai hynny'n creu rhagor o le yn y tŷ ac yn ei gwneud hi'n haws symud o'i amgylch. Roedd hefyd yn arwydd o olud a soffistigeiddrwydd, un arbennig felly pan oedd y twˆr yn cyrraedd uwchben llinell to'r plasty - fel y gwelir ym Mhlas Mawr, Conwy (1580), Plas Berw, Llanidan, Ynys Môn a Bodysgallen, Llandudno (1620).[16] Mae'n bosibl i'r llefydd tân yn y parlwr a'r ystafell fwyta gael eu hehangu'r un pryd gan fod y gwaith bwa arnynt yn debyg i'r gwaith carreg yn y twˆr. Ym 1662, yn ôl cofnodion y Dreth Aelwyd roedd gan Ellis Brynker, bonheddwr, a restrir dan blwyf Llanfihangel-y-Pennant dair aelwyd. Byddai hyn yn cyd-fynd â chael tair aelwyd ar lawr gwaelod y plasty isaf. Gellir gofyn a fyddai aelwydydd oedd yn defnyddio'r un simnai yn cael eu trethu ar wahân. Mae hyn yn annhebygol gan ei bod hi'n weddol sicr y byddai aelwydydd ar y llawr cyntaf ym Mryncir ym 1662. Cefnogir y syniad hwn gan yr enw arall ar y dreth sef 'treth simnai'. Daeth y dreth hon i rym y flwyddyn honno er mwyn cynnal y frenhiniaeth oedd newydd ei hadfer.

[15]PRO/SC/11/594.
[16]P. Smith, Houses of the Welsh Countryside: A Study in Historical Geography (London, 1988), p.231.

CYFNOD 4: Y BONEDD A'R PLASTY SYSTEM UNEDOL

Priododd James â Lowry, merch William Lewis Anwyl, y Parc. Magwyd Lowry yn un o blastai pwysicaf y system unedol yng Ngogledd Cymru. Roedd William Lewis Anwyl (ob. 1642) yn ŵr cyfoethog a diwylliedig oedd wedi derbyn addysg dda ac oedd â syniadau cryf am deulu. Roedd cysylltiadau ganddo yn Llundain a mannau eraill oedd yn ei ddiwallu â llyfrau a gwybodaeth. Efallai iddo geisio creu gardd ar gynllun Eidalaidd ar y llethr gwlyb anodd oedd ganddo. Er mai 1671 yw'r dyddiad ar yr adeilad diweddaraf, mae hi'n bosibl mai William Lewis gododd hwn hefyd gan i'w ewyllys gyfeirio at dŷ oedd newydd ei adeiladu. Mewn cywydd a ysgrifennwyd ar ei farwolaeth mae cyfeiriad at ei 'New House of immense construction' yn ogystal â gerddi, perllannau, parciau a 'fair towers'.[17]

Un plentyn yn unig oedd ganddynt: Ellis Brynker (1643 - 1670). Bu farw James ym 1644 ac ar ei fedd yn Llanfihangel-y-Pennant mae arysgrif sy'n dweud ei fod yn 'great sufferer for his Royal Master'. Gwasanaethodd ei ddau frawd, Capten William Brynker a Chapten John Brynker, yng nghatrawd eu cefnder, Syr John Owen, Clenennau. Daliwyd John yng Nghonwy ym 1646 gan ei elynion, ond cafodd ei gyfnewid a'i ryddhau. Fe'i daliwyd yr eildro, ond dihangodd o Y Dalar Hir ym 1648. Nid oedd William mor ffodus gan iddo gael ei ladd ym mrwydr Newbury ym 1644. Etifeddodd Ellis y stad tra roedd dan oed, ond yn ôl y dogfennau a oroesodd nid yw hi'n glir pan ddigwyddodd pan briododd ei fam Lowry ei hail ŵr Richard Jones, Dôl-y-Moch, Maentwrog sydd ryw un filltir ar bymtheg o Fryncir. Ymddengys i Jones ehangu'i dŷ ym 1645, mae'n debyg i ddathlu ei briodas. Mae tebygrwydd trawiadol rhwng bloc deulawr y plasty isaf a'r bloc canol yn Nôl-y-Moch. Priododd Ellis â Jane (1643 - 1691), merch

PHASE FOUR: GENTRIFICATION OF THE UNIT-SYSTEM HOUSE

James married Lowry, daughter of William Lewis Anwyl of Parc. Lowry had been brought up at one of the most important unit houses in North Wales. William Lewis Anwyl (ob. 1642) was a prominent, wealthy, cultured and well-educated man with a strong sense of family, who had contacts in London and elsewhere - they kept him supplied with books and information. He may well have tried to create a garden based on Italian ideas on the rather unpromising, steep, wet site of Parc. Despite the date of 1671 on the latest house, it is possible that William Lewis built this too, as his will refers to a recently constructed house. And a cywydd (panegyric) on his death mentions his 'New House of immense construction', as well as gardens, orchards, parks and 'fair towers'.[17]

James and Lowri only had one child: Ellis Brynkir (1643-1670). James died in 1644, and his tomb at Llanfihangel-y-Pennant states that he was a 'great sufferer for his Royal Master'. His two brothers, Captain William Brynkir and Captain John Brynkir, both served in the regiment of their cousin, Sir John Owen of ClenennauJohn was captured at Conway in 1646, but exchanged. He was then captured again, but escaped from Y Dalar Hir in 1648. William was not as fortunate, and was killed at the battle of Newbury in 1644. Ellis inherited the estate as a minor, but it is not clear from surviving documents as to what the circumstances were when his mother, Lowry took a second husband, Richard Jones of Dol-y-Moch, Maentwrog, some sixteen miles from Brynkir. Jones appears to have extended his family home in 1645, probably to celebrate his marriage. There is a marked similarity between Brynkir's lower house's storeyed block and the central block of

Roedd Cyfnod 4 yn cynnwys ail-ffenestriad Brynkir, a mewnosodiad y llawr cyntaf i'r neuadd fawr. Ceri Leeder.

Phase four included the re-fenestration of Brynkir and the insertion of a first floor into the great hall. Ceri Leeder.

[17]ICOMOS Park and Garden Register 'Parc'. URL: http://coflein.gov.uk/pdf/CPG035/ [accessed 15.10.14].

Dol-y-Moch. Ellis married Jane (1643-1691), daughter of Robert Wyn of Glyn Cywarch, near Talsarnau (about twelve miles southeast of Brynkir). Glyn Cywarch is another storeyed unit-system house, with a gatehouse in front and terraced formal gardens, and is dated to 1616.

The staircase tower at Brynkir was reconfigured and the entry blocked, indicating that it may have been an open-well stair, which was either filled in or was replaced with a dog-leg staircase to fit into the altered space. Unfortunately, due to collapse, there is no evidence of window openings. In the rest of the house windows were added or enlarged to take casements, which appear to have been glazed with diamond paned glass. It may have been at this time that the house was (awkwardly) divided, so that the hall was partitioned off from the rest of the building. Historic photographs of the Snowdonia house gable-end show that all of the sixteenth-century windows were in-filled and that the exterior was rendered. It is likely that the window seats either side of the parlour fireplace were converted to cupboards.

PHASE FIVE: CONTRACTION AND ADAPTATION

Again, the estate was inherited by a minor, James Brynkir (1668-1740), and it appears that it was administered by his mother, Jane, whose will survives and is dated 1691.[18] James married Catherine (1661/62-1727), daughter of Colonel William Price of Rhiwlas. They had five children: four boys and one girl: Ellis who died young; William; Robert Brynkir (c.1691-1761), Fellow of Jesus College, Oxford and Rector of Braunston, Northhampton; James Brynkir (c.1696-), Fellow of Jesus College, Oxford; and Jane Brynkir (c.1706-1761). James Brynkir continued in the tradition of his forebears by promoting his personal and

Robert Wynn, Glyn Cywarch, ger Talsarnau (rhyw ddeuddeg milltir i'r de-ddwyrain o Fryncir). Mae Glyn Cywarch hefyd yn blasty deulawr system unedol, â phorthdy o'i flaen a gerddi teras ffurfiol. Mae'n dwyn y dyddiad 1616.

Aildrefnwyd y tŵr grisiau ym Mryncir a chaewyd y mynediad iddo. Efallai ei fod wedi bod yn risiau agored, a fyddai wedi'i lenwi neu ei newid am risiau tro cam fyddai â lle iddo yn y gofod newydd. Yn anffodus, gan fod y wal wedi cwympo, nid oes olion o'r ffenestri. Ychwanegwyd ffenestri newydd a gwnaethpwyd eraill yn fwy er mwyn creu ffenestri adeiniog y credir iddynt eu gwydro â chwarelau siâp diemwnt. Efallai mai dyma'r cyfnod y rhannwyd y plasty (yn drwsgl) fel bod y neuadd ar wahân i weddill yr adeilad. Mae'n debyg mai dyma'r dystiolaeth o'r system unedol y sylwodd Colin Gresham arno ac y cyfeiriodd at yn ei erthygl ar y Parc, Llanfrothen ym 1942. Mae ffotograffau hanesyddol o dalcen y Tŷ Eryri yn dangos bod ffenestri'r unfed ganrif ar bymtheg oll wedi'u llenwi a bod y tu allan wedi'i rendro. Mae hi'n debygol bod y seddi ffenestr naill ochr i'r lle tân yn y parlwr wedi'u troi'n gypyrddau.

CYFNOD 5: LLEIHAU AC ADDASU

Unwaith eto, etifeddwyd y stad gan blentyn dan oed, James Brynker (1668 - 1740) ac ymddengys mai ei fam, Jane, oedd yn gweinyddu'r stad. Mae ei hewyllys hi sy'n ddyddiedig 1691 wedi goroesi.[18] Priododd James â Catherine (1661/1662 - 1727), merch Cyrnol William Price, Rhiwlas. Cawsant bump o blant: pedwar bachgen ac un ferch: Ellis, fu farw'n blentyn; William; Robert Brynker (tua 1691 - 1761), Cymrawd yng Ngholeg yr Iesu, Rhydychen a Rheithor Braunston, Northampton; James

[18] URL: http://hdl.handle.net/10107/415601 [accessed 14.10.14]

Brynker (tua 1696 -), cymrawd yng Ngholeg yr Iesu, Rhydychen; Jane Brynker (tua 1706 - 1761). Dilynodd James Brynkir draddodiad ei gyndadau drwy gomisiynu darlun ohoni'i hun a rholyn tras herodrol hirfaith.[19] Canmolwyd ei benodi'n Uchel Siryf ar gân gan y bardd Owen Gruffydd, gan ddynwared y portread traddodiadol o'i uchelwriaeth a'i gysylltu â'i gyndadau. Roedd hefyd yn canmol cysylltiadau James â Sir Gaernarfon mewn ffordd fawreddog ac yn clodfori ei hawl ar rym a dylanwad gan ei fod yn berchennog Bryncir.[20] Bu farw James ym 1740 ac aeth y stad at ei fab hynaf, William Brynker (1690 - 1759). Fodd bynnag, cafodd ei entaelio ar dri mab William, ei frodyr oedd dal yn fyw a'i chwaer.[21] Drwy gydol hanes Bryncir, bu sawl enghraifft o ddau deulu'n byw yno'r un pryd. Ymddengys i William a Jane Brynker fyw bywydau ar wahân er bod y ddau'n byw ym Mhlas Bryncir, a'r ddau'n cyfrannu'n annibynnol i lyfrau yn y Gymraeg.[22] Arhosodd yr Arglwydd Lyttleton ym Mryncir tra roedd ar daith drwy Ogledd Cymru ym 1755. Ar 6 Gorffennaf, eisteddodd i gofnodi'i brofiadau. Wrth ddisgrifio Bala, ysgrifennodd ei bod hi'n enwog am ei merched prydferth '[…] but such is my Virtue, I have kissed none since I came into Wales except an old maiden Lady the sister of Mr Brynker at whose I now lodge and who is the ugliest woman of her Quality in great Britain, but I know a Dutchess [sic] or two whom I should be still more afraid of kissing than her.'[23]

Caewyd nifer o ffenestri'r neuadd ar y ddau lawr oedd yn arwydd bod naill ai'r ystafelloedd yn cael eu defnyddio i bwrpas gwahanol neu efallai yn ymateb i'r Dreth Ffenestri. Cyflwynwyd y dreth hon ym 1696 dan y brenin Gwilym III, ac fe'i disgrifir fel 'An Act for making good the

dynastic status by commissioning a portrait of himself and a lengthy heraldic pedigree roll.[19] Bardic poetry by Owen Gruffydd praises his appointment as High Sherriff of Caernarfonshire, imitating the traditional portrayal of *uchelwriaeth* that linked him back to his ancestors, lauding James's links to Caernarfonshire in elaborate terms and glorifying his claim to power as owner of Brynkir.[20] James died in 1740 and the estate was passed onto his eldest son, William Brynkir (1690-1759). It was, however, entailed on William's three sons and also his surviving brothers and sister.[21] Throughout the history of Brynkir, there are several instances of two households co-existing simultaneously on site. William and Jane Brynkir appear to have lived separately, yet both at Brynkir, independently subscribing to books in Welsh.[22] Lord Lyttleton famously stayed at Brynkir during his tour of North Wales in 1755. On 6th July, he sat down to write a record of his travels. When he came to describe Bala, he noted that it was famed for the beauty of its women '[…] but such is my Virtue, I have kissed none since I came into Wales except an old maiden Lady the sister of Mr Brynkir at whose I now lodge and who is the ugliest woman of her Quality in great Britain, but I know a Dutchess [sic] or two whom I should be still more afraid of kissing than her.'[23]

Many of the windows in the hall-range were blocked up at both ground and first floor levels, indicating either a change of use or possibly a response to the Window Tax. This tax was introduced in 1696, under William III, described as 'An Act for making good the Deficiencies of several Funds therein mentioned and for enlarging the Capital Stock of the

[19]NLW (Peniarth) MS/476G.
[20]NLW (Peniarth) MS/124.
[21]NLW Last Will and Testament of James Brynkir, dated 1740. URL: http://hdl.handle.net/10107/122311 [accessed 23.4.12]
[22]For example, William Wynne, Prif addysc y Cristion (Shrewsbury, 1755), p. 193.
[23]NLW MS/2123B

Mae marciau ar y garreg yn deud wrthym sut roedd y seiri maen yn gweithio'r garreg. Antonia Dewhurst.

Markings on the stone tell us how the masons worked the stone. Antonia Dewhurst.

*Tu mewn y tŷ uchaf y cyfnod modern, sy'n dangos dirywiad a chwalfa.
Antonia Dewhurst.*

*Modern day interior of the upper house showing decay and collapse.
Antonia Dewhurst.*

Deficiencies of several Funds therein mentioned and for enlarging the Capital Stock of the Bank of England and for raising the Publick Credit'.[24] Yn anffodus nid yw cofnodion y Dreth Ffenestri yr ardal hon o Sir Gaernarfon wedi goroesi. Diddymwyd y dreth ym 1851. Roedd yr holl ffenestri gafodd eu cau yn ffenestri adeiniog mawrion (yn ôl tystiolaeth y plwm a'r darnau gwydr ar siâp diemwnt a ddarganfuwyd ger llaw). Addaswyd y prif ddrws hefyd gan ei wneud yn gulach. Dan gwrs isaf y mewnlenwi daethpwyd o hyd i ddarn o grochenwaith slip Buckley sydd wedi'i ddyddio tua 1700. Rhwng diwedd yr ail ganrif ar bymtheg a diwedd y ddeunawfed ganrif roedd crochenwaith Buckley yn boblogaidd iawn. Fe'i nodweddwyd gan lestri storio mawrion a daflwyd ac a ddefnyddiwyd ar gyfer tai a beudai, a llestri pobi a wasgwyd mewn mowld ac a addurnwyd â chynlluniau slip trawiadol.[25]

Bu farw William Brynker heb adael ewyllys ac roedd rhaid i'w gredydwyr godi bondiau i adennill yr arian oedd yn ddyledus iddynt.[26] Wedi marwolaeth ei brawd, aeth Jane Brynker (- 1761) i fyw i Aberdunant, tŷ ar stad Brynkir lle'r ysgrifennodd ei hewyllys.[27] Gwerthodd Robert Brynker y stad ym 1761 ond gan iddo farw mor sydyn, cwblhawyd y gwerthiant gan ei wraig Mary Brynker. Fe'i prynwyd gan William Wynne, y Wern (1708 - 1766) a'i fab William Wynne yr ieuaf (1745 - 1796). Gwerthodd Syr George Warren (1735 - 1801) y stad ym 1800 i Gwyllym Lloyd Wardle (tua 1761 - 1833) a'i gwerthodd yn ei dro i Gapten Joseph Huddart (1741 - 1816) ym 1809.

Bank of England and for raising the Publick Credit'.[24] Unfortunately, Window Taxation records do not survive for this area of Caernarfonshire. The tax was repealed in 1851.

The main doorway was altered so that it was made narrower. Under the lowest course of this infill, in an undisturbed context, a shard of Buckley slipware was found, dated c.1700. Between the late seventeenth and late eighteenth centuries, Buckley Ware was very popular and characterised by large thrown storage vessels for household and dairy use, along with press moulded baking dishes with bold slip decoration.[25]

William Brynkir died intestate and his creditors had to obtain bonds to reclaim monies owed.[26] After her brother's death, Jane Brynkir (-1761), retired to Aberdunant, a house on the Brynkir estate, where she drew up her will.[27] Robert Brynkir sold the estate in 1761 but the sale was completed by his wife, Mary Brynkir, due to his sudden death, to William Wynne of Wern (1708-1766) and his son, William Wynne the younger (1745-1796). Sir George Warren (1735-1801) sold the estate in 1800 to Gwyllym Lloyd Wardle (c.1761-1833), who in turn sold it, to Captain Joseph Huddart (1741-1816) in 1809.

[24]British History Online, Statutes of the Realm: volume 7: 1695-1701, 'William III, 1696-7: An Act for making good the Deficiencies of several Funds therein mentioned and for enlargeing the Capital Stock of the Bank of England and for raising the Public Credit. [Chapter XX. Rot. Parl. 8 & 9 Gul. III. p. 5. nu.1.', Statutes of the Realm: volume 7: 1695-1701 (1820), pp. 218-238. URL: http://www.british-history.ac.uk/report.aspx?compid=46868 [accessed: 12.4.2012]

[25]URL: http://www.ceramics-aberystwyth.com/buckley.html [accessed 15.9.12]

[26]NLW Bond for Creditors for William Brynkir, dated 1759. URL: http://dams.llgc.org.uk/object/llgc-id:961090 [accessed 23.4.12].

[27]NLW Last Will and Testament of Jane Brynkir, dated 1761. URL: http://hdl.handle.net/10107/415601 [accessed 23.4.12].

TEULUOEDD BRYNCIR A'R WERN

Yn ei waith arloesol Eifionydd: *A Study in Landownership from the Medieval Period to the Present Day* (Caerdydd, GPC,1973) mae Colin Gresham yn olrhain hanes stadau Bryncir a'r Wern yn ôl at eu perchennog cyffredin, Evan ap John o Fryncir, trydydd mab John ap Maredudd, Ystumcegid, Ysgwier y Graith. Roedd nifer o berchnogion stadau Eifionydd yn olrhain eu tras yn ôl at John ap Maredudd. Roedd eu tiroedd wedi dod iddynt trwy drefn cyfran, sef y dull etifeddu canoloesol Cymreig o rannu tiroedd yn gyfartal rhwng y meibion, neu'r merched os nad oedd mab yn y teulu. Gan y gallai'r drefn hon, dros nifer o genedlaethau, greu unedau bychain, aneconomaidd, defnyddid amrywiol ddulliau i osgoi hyn cyn i'r drefn gael ei dileu drwy statud ym 1541.[1]

Etifeddodd Morris ab Ieuan (m. 1563), ail neu drydydd mab Ieuen Ap John o Fryncir, stad y Wern, tra'r etifeddwyd Bryncir ei hun gan ei fab hynaf, Robert Wynn. Ym 1761 cyfunwyd y ddwy stad, a oedd erbyn hynny yn llawer mwy, pan brynodd William Wynne, y Wern, stad Bryncir oddi wrth weddw un o aelodau olaf yr hen deulu Bryncir. Wedyn, er newid perchnogaeth a gwerthu darnau o'r tiroedd, bu hanes y ddwy stad yn cydredeg law yn llaw i raddau helaeth tan 1930.

THE FAMILIES OF WERN AND BRYNKIR

Colin Gresham in his pioneering work *Eifionydd: A Study in Landownership from the Medieval Period to the Present Day* (Cardiff, UWP, 1973) traces the descent of both the Brynkir and Wern estates from a common late-fifteenth to early sixteenth century ancestor, Ieuan ap John of Brynkir, the third son of John ap Maredudd of Ystumcegid, *Ysgwier y Graith*. The latter was progenitor of a number of other landed families in Eifionydd, from whom the nucleus of their varied estates had descended through the medieval Welsh inheritance system of *cyfran*, namely equal inheritance between all sons, or between all daughters in the absence of sons. Due to the possibility of small uneconomic units being thus created over a number of generations, ways and means had been adopted to circumvent this custom before it was finally abolished by statute in 1541.[1]

Wern, in the parish of Penmorfa, went to Morris ab Ieuan (d.1563), second or third son of Ieuan ap John of Brynkir, while Brynkir itself, in the parish of Llanfihangel-y-Pennant, was inherited by his eldest son, Robert Wyn. In 1761 much enlarged versions of both estates were subsequently reunited when William Wynne of Wern purchased the Brynkir estate from the widow of one of the last surviving members of the old Brynkir family and, despite changes in ownership and sections being sold off, the history of both estates, in essence, then ran concurrently until the 1930s.

4

JOHN DILWYN WILLIAMS

Graddiodd Dilwyn ym Mangor ac mae wedi ei gymhwyso yn archifydd ac yn athro. Erbyn hyn mae'n gweithio fel swyddog addysg rhan-amser gyda Gwasanaeth Archifau Gwynedd ac fel hanesydd a darlithydd llawrydd, gan arbenigo ar hanes stadau Llŷn ac Eifionydd. Mae'n Gadeirydd Cymdeithas Hanes Sir Gaernarfon, Cyfeillion Llyfrgell Genedlaethol Cymru a Chyfeillion Oriel Plas Glyn-y-weddw.

Dilwyn, having graduated from Bangor, is a qualified archivist and teacher. He now works as part-time education officer for the Gwynedd Archives Service and as a free-lance historian and lecturer, specialising in the history of the landed estates of Llŷn and Eifionydd. He is the Chairman of the Caernarfonshire Historical Society, the Friends of the National Library of Wales and the Friends of Oriel Plas Glyn-y-weddw.

Cyferbyn: North East prospect of Wern - darlun o arolwg stad 1747 sy'n dangos y tŷ Jacobeaidd gwreiddiol. LlGC

Opposite: An image from the 1747 survey entitled North East prospect of Wern showing the original Jacobean house. NLW

[1] Colin Gresham, Eifionydd: A Study in Landownership from the Medieval Period to the Present Day (Cardiff: University of Wales Press, 1973), p.397

The purpose of this chapter is to trace that history thus enabling the reader to put the changing features of the main houses associated with both estates within the context of the fortunes and movements of the families connected with them.

William Brynkir , after whose death the estate was sold in 1761, was the eldest of his father's four surviving children – William, born in 1690, Robert born in 1691, James born in 1696 and Jane born ten years later in 1706[2]. The three boys attended Jesus College, Oxford, as had their father James Brynkir (1668-1740) before them. William entered in 1706, Robert in 1708 and James in 1713 but it appears that only the two youngest graduated, both of them going on to gain an M.A. and a B.D.[3] Both Robert and James entered the church, as was customary for many of the younger sons of landed families, and lived out the rest of their lives in England.

William married an heiress, Catherine, daughter of the late Thomas Fletcher of Treborth Isaf, Bangor, where the couple lived initially with her widowed mother. Catherine's mother, Gwen Fletcher of Treborth, died in 1717 and Catherine Brynkir herself died in 1723, aged twenty-seven, leaving two young boys, William and Thomas.[4] William Brynkir later moved to Chester and in 1730 remarried with the recently widowed Lady Barbara Holte. She was the widow of Sir Clobery Holte (1681-1729) of Aston Hall, near Birmingham, and daughter and heiress of Thomas Lister of Whitfield, Northamptonshire[5]. Her first marriage may not have been a happy one, on her part at least, as is hinted at in a letter written by Bishop John Hough of Winchester, a family friend, shortly before Sir Clobery Holte's death in July 1729 :"his Lady (whom I am told he passionately loves)

Pwrpas y bennod hon yw olrhain yr hanes hwnnw fel bod modd gweld yr amrywiol newidiadau yn nodweddion plastai'r ddwy stad yng nghyd-destun hynt a helynt y teuluoedd a oedd yn gysylltiedig â hwy.

Gwerthwyd y stad ym 1761 wedi marwolaeth William Brynkir . Ef oedd yr hynaf o bedwar plentyn ei dad a oedd yn fyw ar y pryd – ganed William ym 1690, Robert ym 1691, James ym 1696 a Jane ddeng mlynedd yn ddiweddarach ym 1706[2]. Bu'r tri bachgen yng Ngholeg yr Iesu, Rhydychen, fel y bu eu tad James Brynkir (1668 - 1740) o'u blaenau. Aeth William yno ym 1706, Robert ym 1708 a James ym 1713, ond ymddengys mai dim ond y ddau ieuengaf a raddiodd, gan fynd ymlaen wedyn i ennill graddau M.A. a B.D.[3] Aethant ill dau i'r Eglwys, yn ôl trefn y cyfnod i lawer o feibion iau'r teuluoedd bonheddig, gan dreulio gweddill eu hoes yn Lloegr.

Priododd William â Catherine, merch y diweddar Thomas Fletcher o Dreborth Isaf, Bangor, lle bu'r ddau yn byw am gyfnod gyda mam weddw Catherine, Gwen Fletcher a fu farw ym 1717. Bu Catherine farw ym 1723 yn 27 oed gan adael dau fab ifanc, William a Thomas.[4] Yn ddiweddarach symudodd William Brynkir i Gaer ac ym 1730 ailbriododd â'r Fonesig Barbara Holte a oedd newydd golli'i gŵr. Roedd hi'n weddw i Syr Clobery Holte (1681 – 1729) o Aston Hall ger Birmingham ac yn ferch ac etifedd i Thomas Lister, Whitfield, Swydd Northampton[5]. Mae'n bosibl nad oedd ei phriodas gyntaf yn un hapus, o'i thu hi beth bynnag, gan i'r Esgob John Hough o Gaer-wynt, a oedd yn gyfaill i'r teulu, ysgrifennu mewn llythyr yn fuan cyn marwolaeth Syr Clobery Holte ym mis Mehefin 1729: *'his Lady (whom I am told he passionately loves) seldom is at home or*

[2]J. E. Griffith, *Pedigrees of Anglesey and Carnarvonshire Families* (Horncastle, 1914), pp. 251
[3]*Alumni Oxonienses*
[4]Will of Gwen Fletcher, NLW Probate Records B1717/51; Catherine Brynkir 's gravestone, Bangor Cathedral.
[5]Alfred Davidson, *A History of the Holtes of Aston, Baronets; with a Descrption of the Family Mansion, Aston Hall, Warwickshire* (Birmingham, 1854)

satisfied when she is there'.[6] Mae tystiolaeth bellach o'r anfodlonrwydd hwn i'w weld yn ewyllys Syr Clobery. Roedd dau fab i'w priodas ac yn ei ewyllys rhannodd y tad ei fuddiannau personol yn gyfartal rhwng y ddau, oedd bryd hynny yn 9 a 10 mlwydd oed, gan adael dim ond £10 i'w weddw y Fonesig Barbara Holte. Ei fam yntau, y Fonesig Anne Holte a benodwyd ganddo i fod yn gyfrifol am y bechgyn.[7]

Erbyn 1731 roedd William Brynkir mewn trybini ariannol dybryd a ffodd i Ffrainc i osgoi ei garcharu am ei ddyledion. Arhosodd yno am ddwy flynedd.[8] Wedi dychwelyd, gorfododd achosion cyfreithiol ei gredydwyr iddo werthu tiroedd yr oedd wedi'u prynu'n gynharach. Mae hi'n ansicr ym mhle roedd y teulu'n byw bryd hynny. Roedd ei dad gweddw yn byw ym Mryncir gyda'i ferch ddibriod, Jane Brynkir. Fyddai dim croeso i William a Barbara Brynkir ym mhlasty Aston Hall; byddai ei chyn fam yng nghyfraith yn sicrhau hynny. Ym mis Gorffennaf 1735 trosglwyddodd y Fonesig Anne Holte diroedd i ddwylo ymddiriedolwyr, fel bod y rhenti i'w rhoi i'w hŵyr Syr Lister Holte, oedd bryd hynny'n 15 oed, ar yr amod *that the said Lister Holte should not permit the said Barbara, wife of the said William Brynker , to reside more than seven days successively, or for a longer time than fourteen days within 365 days in the mansion house called Aston Hall, or in any other house whereof the said Sir Lister Holte then was or thereafter should be seized or possessed, nor with the said Sir Lister Holte at any other place.* [9] Efallai na chawsai fyw yno, ond erbyn heddiw mae paentiad o'r Fonesig Barbara Holte yn crogi ar fur Aston Hall, tŷ Jacobeaidd mawreddog sydd bellach dan ofal Ymddiriedolaeth Amgueddfeydd Birmingham.[10]

seldom is at home or satisfied when she is there."[6] This disaffection is further implied by Sir Clobery's will. There were two young sons by this marriage and in his will their father bequeathed his personal estate equally between the two boys, then aged nine and ten, apart from £10 left to his wife, Lady Barbara Holte. He made his own mother, Dame Anne Holte, the boys' grandmother, their guardian.[7]

By 1731 William Brynkir was in serious financial trouble and escaped to France to avoid imprisonment for debt, remaining there for two years.[8] On his return, the pressure of lawsuits by his creditors forced him to sell lands that he had previously purchased. It is uncertain where the family lived at this time. His widowed father lived at Brynkir, with his unmarried daughter, Jane Brynkir . William and Barbara Brynkir would not have been welcome for long at Aston Hall; her former mother in law made certain of that. In July 1735 Dame Anne Holte conveyed certain lands to trustees, with the rents to be received by her grandson Sir Lister Holte, the eldest of the two boys, then aged fifteen, on condition that 'the said Lister Holte should not permit the said Barbara, wife of the said William Brynker , to reside more than seven days successively, or for a longer time than fourteen days within 365 days in the mansion house called Aston Hall, or in any other house whereof the said Sir Lister Holte then was or thereafter should be seized or possessed, nor with the said Sir Lister Holte at any other place.'[9] She may not have been allowed to live there, but there is today a painting of Lady Barbara Holt hanging in Aston Hall, a fine Jacobean mansion, now in the care of the Birmingham Museums' Trust.[10]

[6]Ibid.
[7]Will of Sir Clobery Holte, The National Archives (TNA), PROB11/631
[8]Colin Gresham, op.cit., pp.32-33
[9]Alfred Davidson, op.cit.
[10]http://www.schoolsliaison.org.uk/kids/aston/ks1/portraits/barbara.htm

Following the death of his father, James Brynkir , in July 1740, William Brynkir inherited the whole estate and the family were able to settle at Brynkir. However, the following January, William Brynkir sadly lost his wife also. On January 23rd, 1740/1 *"The Hon. Lady Barbara Holt wife of Wm. Brynker Esq."* was buried at Llanfihangel-y-Pennant church. Further losses occurred in 1744 when he tragically lost both of his sons within six months of each other. William, the heir, died in July and Thomas in December. He lived on at Brynkir for a further fourteen years, with his sister Jane to keep him company. They are both listed in 1755 as being "of Brynker" when they subscribed to Edward Wynne's *Prif addysc y Cristion*.[11]

William Brynkir died in December 1758 and was buried with his second wife, Dame Barbara, and his ancestors in Llanfihangel-y-Pennant church. He had not written a will but administration of his estate was granted on January 12th, 1759 to his heir-at-law, his "Eldest & lawfull brother", 'Robert Brynker of the Parish of St Briack, in the County of Cornwall, clerk.'[12]

Their sister, Jane, may have continued to live at Brynkir, but in her will, written in March 1760, three weeks before her death, aged fifty-three, although she refers to herself as "Jane Brynker of Brynker" she also mentions her "Househould stuff in that part I occupie of Aberdunant". Whether this had been a long-term arrangement or had come about during her final illness is difficult to ascertain. She refers to herself in her will as "being weak of body" yet she was still able to contemplate the possibility of dying outside the county and puts in the proviso that "if I dye in

Wedi marw'i dad, James Brynkir, ym mis Gorffennaf 1740, etifeddodd William Brynkir yr holl stad ac aeth y teulu i fyw i Fryncir. Yn anffodus, cafodd William golled drist pan fu farw'i wraig y mis Ionawr canlynol. Ar 23 Ionawr 1740[/1] claddwyd *'The Hon. Lady Barbara Holt wife of Wm. Brynker Esq.'* yn eglwys Llanfihangel-y-Pennant. Bu colledion dybryd eraill ym 1744 pan fu farw ei ddau fab o fewn chwe mis i'w gilydd. Bu farw William, yr etifedd, ym mis Gorffennaf a Thomas ym mis Rhagfyr. Bu William y tad fyw am bedair blynedd ar ddeg arall ym Mryncir, gyda'i chwaer Jane yn gwmni iddo. Ym 1755 rhestrir y ddau *'of Brynker'* yn rhestr tanysgrifwyr Prif addysc y Cristion gan Edward Wynne.[11]

Bu farw William Brynkir ym mis Rhagfyr 1758 a chladdwyd ef gyda'i ail wraig, y Fonesig Barbara, a'i gyndeidiau yn eglwys Llanfihangel-y-Pennant. Nid oedd wedi gadael ewyllys ar ei ôl ond ar 12 Ionawr 1759 caniatawyd i'w etifedd cyfreithlon, ei *'Eldest & lawfull brother, Robert Bynker of the Parish of St Briack, in the County of Corwall, clerk'* weinyddu ei stad.[12]

Efallai i'w chwaer, Jane, barhau i fyw ym Mryncir, ond yn ei hewyllys hi, a ysgrifennwyd ym mis Mawrth1760, dair wythnos cyn ei marwolaeth yn hanner cant a thair, er iddi gyfeirio ati ei hun fel *'Jane Brynkir of Brynkir'* mae hi hefyd yn sôn am ei *'Househould stuff in that part I occupie of Aberdunant'*. Mae'n anodd dirnad a oedd hyn yn drefniant hir dymor neu a ddigwyddodd yn ystod ei gwaeledd olaf. Yn ei hewyllys mae hi'n cyfeirio ati'i hun *'being weak of body'*, ac eto yn ystyried efallai y byddai hi'n marw y tu allan i'r sir gan ddweud 'if I dye in

[11]Prif addysc y Cristion : ... Ac o gyfieithiad Edward Wynne, curad Llanaber ... gyda hymneu acharoleu duwiol, o waith Mr. Elis Wynne, o Lasynys. Mwythig [Shrewsbury], 1755.
[12]Administration bond of William Brynker , NLW Probate Records B1759-90

Carnarvonshire' ei bod am i'w chorff gael ei gladdu yn eglwys Llanfihangel *'as near the remains of my brother William as will be convenient'*. Gadawodd £40 *'towards erecting a monument in memory of the said William, Dame Barbara his wife and myself'*. Wedi nifer o gymynroddion mae hi'n gadael gweddill ei stad bersonol i William Wynne, Maes-y-neuadd, *'my Brothers being used to reside at a distance'* ac yn ei benodi ef yn ysgutor i'r ewyllys.[13] Roedd ei nain ef yn un o deulu Brynkir a'i dad yn gefnder i Jane.[14] Y *'Brothers being used to reside at a distance'* oedd y Parchedigion Robert Brynkir , St. Breock, Cernyw, a James Brynkir , Braunston, Swydd Northampton.[15]

Ysgrifennodd y Parchedig Robert Brynkir ei ewyllys ar 19 Rhagfyr 1759. Ynddi gadawodd ei holl eiddo, gan gynnwys stad Bryncir a etifeddwyd ganddo fel etifedd cyfreithlon ei ddiweddar frawd William, i'w wraig Mary Brynkir . Profwyd yr ewyllys ar 14 Gorffennaf 1761.[16] Roedd Robert Brynkir eisoes wedi dechrau gwerthu'r stad ond cwblhawyd y gwerthiant gan ei weddw. Prynwyd y rhan helaethaf ohoni gan William Wynne, y Wern, ym 1761.[17] Bu farw Mary Brynkir ychydig dros ddwy flynedd ar ôl ei gŵr; profwyd ei hewyllys a ysgrifennwyd ganddi ar 3 Mai 1763 ar 29 Hydref yr un flwyddyn. Roedd Mary Brynkir yn byw yn Egloshayle, ar draws yr afon Camel o St. Breock, cyn blwyf ei diweddar ŵr. Yn ei hewyllys gadawodd flwydd-dal o £40 i'w brawd yng nghyfraith, y Parchedig James Brynkir . Dyna'r hanes olaf sy'n wybyddus am aelod olaf y teulu Brynkir yn y llinach wrywol. Gadawodd Mary Brynkir nifer o gymynroddion a gadael gweddill ei heiddo i'w

Carnarvonshire" she wanted to be buried in the church of Llanfihangel "as near the remains of my Brother William as will be convenient". She bequeaths £40 "towards erecting a monument in memory of the said William, Dame Barbara his wife and myself". Following a number of other bequests she leaves the remainder of her personal estate to William Wynne of Maes-y-neuadd, "my Brothers being used to reside at a distance", and appoints him as her executor.[13] His grandmother had been a Brynkir and his father, Jane's first cousin.[14] The "brothers being used to reside at a distance" were the Revs. Robert Brynkir of St. Breock, Cornwall, and James Brynkir of Braunston, Northamptonshire.[15]

The Rev. Robert Brynkir wrote his will on 19 December, 1759 and in it he bequeathed all his property, which included the Brynkir estate inherited by him as his late brother William's heir-at-law, to his wife Mary Brynkir . His will was proven on 14 July, 1761.[16] Robert Brynkir had begun the process of selling off the estate but it was completed by his widow, the major part being purchased by William Wynne of Wern in 1761.[17] Mary Brynkir outlived her husband by a little over two years; her will, written on 3 May, 1763 was proven on 29 October of the same year. Mary Brynkir was living at Egloshayle, on the other side of the river Camel from her late husband's former parish of St.Breock. In her will she left an annuity of £40 to her brother-in-law, the Rev. James Brynkir . This is the last that is known of the final member of the Brynkir family in the direct male line. Mary Brynkir left a number of other monetary bequests before giving the remainder of her property to her sister, Arabella Mico. The largest monetary

Cofeb i Jane Brynker, yr olaf o'r teulu i fyw ym Mryncir. Bu farw'n ddibriod yn 1760. Mark Baker.

Memorial to Jane Brynker, the last of the family to live at Brynkir. She died unmarried in 1760. Mark Baker.

[13]Will of Jane Brynker, NLW Probate Records B1761/115
[14]J.E. Griffith, op.cit., p.283.
[15]NLW, James Coleman Collection, DD 1046
[16]Will of Robert Brynker, clerk, TNA PROB11/867/158
[17]NLW Henry Rumsey Williams 846-7; Colin Gresham, op.cit.

bequest, which was to be paid following her sister's death, was £3000 to "Evan Evans, the son of Richard Evans, late of Porthelly [Pwllheli] in the county of Carnarvon, deceased." She also left £500 between Evan's five sisters.[18] The "romantic history" of Evan Evans, as Colin Gresham refers to it, can be found in his Eifionydd, but he had taken the benefactress, "Mrs Brynker ", to have been Jane Brynkir , whereas the will shows it to have been her sister-in-law, Mary.[19] It would be interesting to know what had compelled her kindness. By mere coincidence, Evan Evans would appear yet again in the Brynkir and Wern story.

Before looking at the combined history of both estates, it is necessary to give the background history of the separate Wern estate, with its nucleus in the parish of Penmorfa. It should be noted, however, that the Wern estate in its final format had its origins as recently as the 1880s with the house, although incorporating parts of an earlier structure, being built in 1892.

As mentioned at the beginning, the original Wern estate was first established in the early sixteenth century by Morris ab Ieuan, second or third son of Ieuen Ap John of Brynkir. He died in 1563 and according to his elegy he had served as a soldier in both France and Ireland. His son, Siôn ap Morys Ieuan, born 1537, also served as a soldier and was one of a band of 100 men sent by Elizabeth I to Le Havre in 1562. The following year, on his father's death, he inherited Wern. Siôn ap Morys Ieuan was married to Ales daughter of Gwynfryn in Llanystumdwy and it was their son Morris who was the first to adopt the surname Johns, or Jones, and this remained the family surname for the next four

chwaer, Arabella Mico. Y gymynrodd ariannol fwyaf, a oedd i'w thalu ar farwolaeth ei chwaer, oedd £3000 i 'Evan Evans, son of Richard Evans, late of Porthelly [Pwllheli] in the county of Carnarvon, deceased'. Gadawodd hefyd £500 i'w rannu rhwng pum chwaer Evan.[18] Gellir darllen rhagor o 'romantic history' Evan Evans, chwedl Colin Gresham, yn ei gyfrol Eifionydd, ond roedd ef wedi credu mai Jane Brynkir oedd y gymwynaswraig 'Mrs Brynker ', ond yn ôl yr ewyllys gwelir mai ei chwaer yng nghyfraith, Mary, oedd hi.[19] Byddai'n ddifyr gwybod beth oedd ei chymhelliant. Trwy gyd-ddigwyddiad byddai gan Evan Evans ran bellach yn hanes Bryncir a'r Wern.

Cyn edrych ar hanes y ddwy stad gyda'i gilydd, rhaid egluro peth ar hanes stad y Wern, oedd â'i gwreiddiau ym mhlwyf Penmorfa. Dylid nodi hefyd bod stad y Wern yn ei ffurf derfynol wedi dechrau mor ddiweddar â'r 1880au a bod y tŷ presennol wedi'i adeiladu yn 1892, er ei fod yn cynnwys rhannau oedd tipyn yn hŷn.

Fel y crybwyllwyd eisoes, sefydlwyd stad y Wern ym mlynyddoedd cynnar yr unfed ganrif ar bymtheg gan Morris ab Ieuan, ail neu drydydd mab Ieuen Ap John, Bryncir. Bu farw yn 1563 ac yn ôl ei farwnad bu'n filwr yn Ffrainc ac Iwerddon. Ganwyd ei fab, Siôn ap Morris, yn 1537. Roedd yntau hefyd yn filwr ac roedd yn un o'r gatrawd o gant o wŷr a anfonwyd gan Elizabeth I i Le Havre ym 1562. Y flwyddyn ganlynol, wedi marw'i dad, etifeddodd stad y Wern. Priododd Siôn ap Morys Ieuan ag Ales merch Gwynfryn, Llanystumdwy a'u mab hwythau oedd y cyntaf i arddel y cyfenw Johns neu Jones. Hwn oedd y cyfenw teuluol am y pedair cenhedlaeth nesaf hyd

[18]Will of Mary Brynker , TNA PROB11/892/603
[19]Colin Gresham, op.cit.

nes i'r etifedd bryd hynny briodi. Hi oedd Elizabeth, merch Morris Jones a Frances ei wraig, a oedd yn ferch i William Wynne, Glyn Cywarch ger Talsarnau.[20]

Ym 1680 priododd Elizabeth ei chefnder William Wynne, un o feibion ieuengaf Glyn Cywarch, a thrwy etifeddiaeth ei wraig daeth yn berchennog ar y Wern ar farwolaeth ei thad ym 1684, a'r cyntaf o bum cenhedlaeth yn y Wern i ddwyn yr un enw. Y flwyddyn ganlynol, 1685 - 86, gwnaethpwyd William Wynne, y Wern, yn Uchel Siryf Sir Gaernarfon. Roedd ef ac Elizabeth yn byw gyda'i mam weddw hi yn y Wern. Nid yw'r tŷ hwnnw wedi goroesi ond yn ôl dogfen treth aelwyd 1662 gwelir iddo gael ei drethu am bedair aelwyd, tŷ cymharol fawr yn y plwyf bryd hynny.[21] Mae arolwg o stad y Wern a baratowyd ym 1747 yn cynnwys lluniad mewn inc sy'n dwyn yr enw 'North East Prospect of Wern' ac sy'n darlunio tŷ mawr Jacobeaidd gyda phedwar corn simnai.[22]

Bu farw William Wynne (I) a'i fam yng nghyfraith Frances Jones ill dau ym 1700. Mae marwnadau i'r ddau wedi goroesi. Fe'u hysgrifennwyd gan Owen Griffith o Lanystumdwy a hyn mewn cyfnod pan oedd yr arfer o foli noddwyr bonheddig bron â dod i ben. Yn y marwnadau hyn gwelir y rhinweddau oedd yn parhau i fod yn nodweddion gweledol bywyd bonheddig. Mae marwnad Frances yn cyfeirio at y galaru eang fu drwy Eifionydd wedi'i marwolaeth. Mae'r bardd yn cyfeirio at ei gwyleidd-dra - 'Difalchaidd fwynaidd a fu' - ei haelioni a'i Christnogaeth ymarferol. Claddwyd Frances ym Mhenmorfa ar 24 Mawrth 1700. Ym marwnad William Wynne, cyfeirir at ei anian garedig a hael. Mae ffeithiau

generations until the marriage of the eventual heiress. That heiress was Elizabeth, daughter of Morris Jones and Frances his wife, who was a daughter of William Wynne of Glyn Cywarch, near Talsarnau.[20]

In 1680 Elizabeth married her cousin, William Wynne, a younger son of Glyn Cywarch, and through his wife's inheritance he became owner of the Wern estate on her father's death in 1684, and the first of five generations to carry the same name at Wern. The following year, 1685-86, William Wynne of Wern was High Sheriff of Caernarfonshire. He and Elizabeth lived with her widowed mother at Wern. The house that they lived in has not survived, but the hearth tax return of 1662 shows it to have been taxed for four hearths, which was a fairly substantial house in comparison with other houses in the parish.[21] A survey of the Wern estate produced in 1747 has an ink drawing entitled the 'North East Prospect of Wern' which shows a large Jacobean house with four chimney-stacks.[22]

Both William Wynne (I) and his mother-in-law, Frances Jones, died in the same year, 1700. Elegies have survived to both, written by Owen Griffith of Llanystumdwy, and this at a time when the traditional custom of singing the praises of a noble patron had all but died out amongst the gentry. In these elegies can be seen the virtues still deemed to be the outward signs of gentility. Frances' elegy refers to the great mourning throughout Eifionydd after her death. The poet praises her humility – 'Difalchaidd fwynaidd a fu' – and her generosity and practical Christianity. Frances was buried at Penmorfa on March 24, 1700. The elegy to William Wynne refers to his kind and

[20]Colin Gresham, op.cit.
[21]Gwynedd Archives Service (GAS), XQS/Hearth Tax
[22]NLW, Peniarth Vol.I

generous nature. These poems can also provide basic factual knowledge, such as his burial in the soil of Beuno – 'ym mhridd Beuno'. This refers to Penmorfa church which is dedicated to St Beuno. The poem mentions the heir, William Wynne (II), who was now his mother's comfort – 'cysur ei fam' – and also a daughter, Catrin. They were both dressed in black - 'duon eu gwisg' - grieving after a godly father - 'ar ôl duwiol dad'.[23]

This second William Wynne was only fifteen when his father died. In 1706, having then come of age, he married Catherine Goodman of Beaumaris. This marriage would eventually bring a large addition to the Wern estate, but not during her husband's lifetime.

Elisabeth Wynn, his mother, died in 1715, on October 21, and the date is worked into the poetry of her elegy, again by Owen Griffith. He refers to the fact that she was the heiress of Wern, the daughter of Morys John. He refers also to her heir, William Wynn and his faith in William's ability to continue the prosperity of the house – 'i gadw'r annedd . . ./ ar ei gynnydd'.

He lists her virtues - kindness to the tenants, her straight talking and lack of hypocrisy – 'diragrith' – and her dislike of those who were liars and two-faced:

sylfaenol hefyd yn y cerddi hyn, megis iddo gael ei gladdu 'ym mhridd Beuno', sy'n cyfeirio at eglwys Penmorfa a gysegrwyd i Beuno Sant. Yn y gerdd hefyd mae sôn am yr etifedd, William Wynne (II) 'cysur ei fam', a merch, Catrin. Roedd y ddau yn 'dduon eu gwisg' yn galaru 'ar ôl duwiol dad'.[23]

Prin bymtheg oed oedd yr ail William Wynne ar farwolaeth ei dad. Wedi iddo ddod i oed ym 1706 priododd â Catherine Goodman o Fiwmares. Byddai'r uniad hwn yn dod â chynnydd mawr i stad y Wern, ond nid yng nghyfnod ei gŵr.

Bu farw ei fam Elisabeth Wynne ar 21 Hydref 1715, ac mae'r dyddiad hwn wedi'i nodi ym marddoniaeth ei marwnad, eto gan Owen Griffith. Mae'n cyfeirio ati fel etifedd y Wern, merch Morys John. Mae hefyd yn cyfeirio at ei hetifedd hithau, William Wynne a'i ffydd yng ngallu William 'i gadw'r annedd . . ./ ar ei gynnydd'.

Mae'n rhestru ei rhinweddau - ei charedigrwydd tuag at ei thenantiaid, ei dull di-flewyn-ar-dafod, y ffaith ei bod yn 'ddiragrith' a'i chasineb at rai celwyddog a dauwynebog:

Ni charai chwaith, yn iaith neb,
Y du anwir dau wyneb

[21]Iwan Llwyd Williams, 'Noddwyr y Beirdd yn Sir Gaernarfon', (Unpublished M.A. thesis, University of Wales, 1986).

Mae'n canmol ei haelioni tuag at yr henoed ac am ddilladu'r dall:

He praised her for her generosity to the aged and for giving clothing to the blind.

Heb gynnig ffoi rhag rhoi rhan
Ar hynt draw i'r hen truan;
Rhoi dillad i'r rhai deillion
Oedd bur fuchedd, haeledd hon[24]

Ym 1717-18 roedd William Wynne (II) yn Uchel Siryf Sir Gaernarfon, ond bu farw ym1721 ac yntau ond yn 35 mlwydd oed. Mae ei farwnad a gyfansoddwyd gan Owen Griffith, Llanystumdwy, ar gael o hyd. Mae'r gerdd yn sôn am Catrin, ei weddw, ei fab a'i etifedd, y trydydd William Wynne, a dwy ferch Catrin ac Elizabeth. Bu i'w weddw fyw am ddwy flynedd ar hugain arall ac ym 1731 etifeddodd cryn eiddo ym mhlwyfi Llanaelhaearn, Clynnog a Llanllyfni - hen stad Elernion - a ddaeth trwy hynny yn rhan o stad y Wern.

In 1717-18 William Wynn (II) was High Sheriff of Caernarfonshire, but he died in 1721, aged only 35. His elegy also survives, composed by Owen Griffith of Llanystumdwy. The poem mentions his widow, Catrin, his son and heir, the third William Wynn, and two daughters, Catrin and Elizabeth. His widow survived him by a further twenty-two years and in 1731 she inherited substantial property in the parishes of Llanaelhaearn, Clynnog and Llanllyfni – the old Elernion estate – which then became part of the Wern estate.

Roedd Richard Glynne, Elernion, Llanaelhaearn wedi marw yn fuan ar ôl ysgrifennu ei ewyllys ym 1702. Gadawodd ei stad i'w chwaer Ellin Glynne am gyfnod ei hoes, ac yna i'w disgynyddion. Yn achos diffyg unrhyw ddisgynyddion i Ellin, âi'r stad i'w modryb Ann Jones, Clenennau a'i disgynyddion. Yn achos diffyg pellach, âi i'w gyfnither Ellin Glynne, Glynllifon a'i disgynyddion. Gyda diffyg pellach fyth, dim ond wedyn yr âi'r stad i'w gyfnither Catherine Goodman, merch ei fodryb Elizabeth Goodman, a'i disgynyddion. Fel y digwyddodd, bu fyw ei chwaer tan 1731 ond yn ddibriod a heb blant. Erbyn hynny roedd Ann Jones, Clenennau, wedi marw heb blant

Richard Glynne of Elernion, Llanaelhaearn had died soon after he had written his will in 1702. He left his estate to his sister Ellin Glynne for her life, and then to her descendants. In default of any descendants to Ellin, the estate would go to their Aunt Ann Jones of Clenennau and her descendants. In default, it would then go to his cousin Ellin Glynne of Glynllifon and her descendants. In default, only then would it go to his cousin Catherine Goodman, daughter of his aunt Elizabeth Goodman and her descendants. As it transpired his sister lived until 1731 but was unmarried and childless. By then both Ann Jones of Clenennau had died childless in 1705 and Ellin Glynne of Glynllifon had died unmarried

[24]Iwan Llwyd Williams, op.cit.

aged 34 in 1711. It was therefore Catherine Goodman, or Wynne as she then was, who inherited in 1731.[25]

She may have subsequently moved to Elernion for it was there that she died in 1743 and was buried at Penmorfa. It was the following year that her son, William Wynn (III), married. He was aged thirty-six by then while his wife was only twenty. She was Ellin Williams, the daughter of the late Rev. Griffith Williams of Plas Llandegwnning, not far from Botwnnog in Llyn, and destined to be yet another heiress.[26]

Following her brother's death in 1745 Ellin Wynne inherited both the Llandegwnning estate, her father's patrimony – which by then included the Tanrallt estate in Pwllheli and the Plas Bowman estate in and around Caernarfon – and also the Abercin estate in Llanystumdwy and Cricieth which had come through her mother.[27] Their son and heir and only surviving child, William Wynne (IV) was born the following year in 1745 and christened at Penmorfa church.

Two years later, in 1747, William Wynne (III) had the estate survey referred to earlier drawn up, 'A Compleat Survey / of the several Properties of Wern, Landigwnny, Elernion &c / An estate belonging to / William Wynne Esq.r, / map'd & measur'd in ye Year/ 1747 / By R. Parry Price / Surveyor'. The estate contained about 4,700 acres at the time.

He also further enlarged the estate through purchase. As noted, it was in 1761 that he bought the Brynkir estate in Eifionydd from the widow of the Rev. Robert Brynkir .

ac roedd Ellin Glynne, Glynllifon wedi marw'n ddibriod yn 34 mlwydd oed ym 1711. Fel y digwyddodd felly, Catherine Goodman, neu Wynne erbyn hynny, a'i hetifeddodd ym 1731.[25]

Efallai iddi symud i fyw i Elernion gan mai yno y bu farw ym 1743 a'i chladdu ym Mhenmorfa. Y flwyddyn ganlynol, priododd ei mab, William Wynne (III). Roedd yn 36 mlwydd oed a'i wraig yn brin ugain oed. Ellin Williams ydoedd hi, merch y diweddar Barchedig Griffith Williams, Plas Llandegwnning, ger Botwnnog yn Llŷn, a'i ffawd hithau fyddai bod yn etifedd arall.[26]

Yn dilyn marwolaeth ei brawd ym 1745, etifeddodd Ellin Wynne stad Llandegwnning - cynhysgaeth ei thad - oedd erbyn hynny yn cynnwys stad Tanrallt ym Mhwllheli a stad Plas Bowman yn ardal Caernarfon - a hefyd stad Abercin yn Llanystumdwy a Chricieth a ddaeth iddi drwy ei mam.[27] Y flwyddyn ganlynol, ym 1745, ganwyd William Wynne (IV) yn fab ac etifedd iddynt, yr unig blentyn i oroesi, ac fe'i bedyddiwyd yn eglwys Penmorfa.

Ddwy flynedd yn ddiweddarach, comisiynodd William Wynne (III) yr arolwg o'r stad y soniwyd amdano eisoes, 'A Compleat Survey / of the several Properties of Wern, Landigwnny, Elernion &c / An estate belonging to / William Wynne Esq.r, / map'd and measur'd in ye Year / 1747 / By R. Parry Price / Surveyor'. Roedd rhyw 4,700 erw o dir yn perthyn i'r stad bryd hynny.

Ehangodd ef y stad yn bellach. Fel y nodwyd, ym 1761 prynodd stad Bryncir yn Eifionydd oddi wrth weddw'r Parchedig Robert Brynkir .

[25]NLW Probate Records B1732/96
[26]Colin Gresham, op.cit., p.122
[27]Ibid.; deeds amongst Wern Estate: Deeds, (NLW Peniarth DC1-265)

Talodd £15,000 amdani ac er bod hyn wedi ychwanegu cryn dipyn at ei stad, mae'n rhaid bod hynny wedi bod yn ymarfer costus i William Wynne (III) gan iddo, pan fu farw ym 1766, adael stad enfawr ar ei ôl ond hefyd lwyth o ddyledion. Ei fab, oedd bryd hynny yn 21 mlwydd oed, oedd i etifeddu'r stad, ond yn ôl cytundeb priodasol ei rieni cadwodd ei fam ei hetifeddiaeth hi yn Llandegwnning. Y flwyddyn wedi iddo'i etifeddu, dechreuodd William Wynne (IV) godi arian ar y stad drwy forgeisi sylweddol, swm a ddaeth yn y pen draw i fod dros £48,000.

Ym 1768 dechreuodd ymhél â gwleidyddiaeth. Gwnaeth gynnig yn erbyn Thomas Wynne, mab Syr John Wynne, Glynllifon, am sedd Sir Gaernarfon. Hwn yw'r Thomas Wynne a ddeuai ymhen y rhawd yn Arglwydd Newborough cyntaf. Y teulu Wynne oedd yn rheoli gwleidyddiaeth Sir Gaernarfon ar y pryd. Ym mysg llawer o lythyrau a anfonwyd at Howell Harris y diwygiwr efengylaidd, ac sydd ar gael o hyd, mae un llythyr a ysgrifennwyd yn ystod yr ymgyrch etholiadol hon, rhyw bythefnos cyn diwrnod yr etholiad. Awdur y llythyr oedd Rowland Jones, brodor o Lŷn a wnaeth ei ffortiwn yn Llundain - drwy fod yn gyfreithiwr a thrwy briodi aeres yno. Roedd am i Howell Harris ysgrifennu at rai o'i gyfeillion dylanwadol yn Llŷn a dweud wrthynt am beidio â phleidleisio dros Syr John Wynne na'i fab i fod yn Aelodau Seneddol yn yr etholiad oedd ar ddod. Dywed ers i'r teulu fod mewn grym eu bod wedi *exerted themselves in your subversion'*, hynny yw, yn tanseilio'r mudiad Methodistaidd. Honnai Rowland Jones i nifer o gyfeillion Harris ofyn iddo am gymorth - cymorth cyfreithiol, mae'n debyg - wedi iddynt gael eu gormesu felly. Ni ddylent bleidleisio dros y fath bobl ddiwerth,

This cost him £15,000 and, although it greatly enhanced the estate, it must have proved an expensive exercise, for when William Wynne (III) died in 1766 he left a large estate but also a mass of debts. The estate was entailed on his son, than aged 21, but according to his parents' marriage settlement his mother held on to her own inheritance of Llandegwnning. The year after he inherited, William Wynn (IV) began to raise money on the estate through quite substantial mortgages which eventually amounted to over £48,000.

In 1768 he dabbled in politics. He challenged Thomas Wynne, the son of Sir John Wynne of Glynllifon, for the Caernarvonshire seat. This Thomas Wynne would eventually become the first Lord Newborough. The Wynnes of Glynllifon were very much in control of Caernarfonshire politics at the time. Amongst the many surviving letters sent to the evangelical revivalist, Howell Harris, there is one letter written at the time of this election campaign, about a fortnight before polling day. Its author was Rowland Jones, a native of Llyn who had made his fortune in London – both as an attorney and by marrying a London heiress. He wanted Howell Harris to write to some of his influential acquaintances in Llyn, telling them not to vote for Sir John Wynn or his son as MPs at the forthcoming election. He says that ever since that family had been in power they had 'exerted themselves in your subversion', that is, the subversion of the Methodist movement. Rowland Jones claims that many of Harris's friends sought his help – presumably legal help – when they were thus oppressed. They should not vote for such 'worthless' persons, he says. If they should be so 'virtuously disposed', Harris could advise them to vote for William Wynne of Wern, 'a worthy gentleman'.[28] The Glynllifon influence and hold on power proved too powerful, however, and William Wynne lost the election by 250 votes to 130.[29] Eighteenth century elections could prove to be riotous affairs but the 1768 Caernarfonshire poll however was considered both orderly and courteous. The two candidates started by voting for each other, and then polled their supporters in alternate groups of ten.[30]

In 1771 William Wynne (IV), then aged twenty-six, married Jane Williams, the thirty-one year old heiress of Peniarth near Tywyn in Meirionnydd. Peniarth had come to her through her mother, who had died in 1765.

William Wynne's mother, Ellin, widowed at 42, may have taken Brynkir as a dower house following her son's marriage, for the Land Tax Assessments of 1771 show Brynkir as being held by 'Madam Wine'.[31] However, she remarried when she was about 50 and may have taken her old family seat at Llandegwnning as her main home. Her first husband had been sixteen years older than her but her second husband was twenty-six years her junior, and even seven years younger than her own son. This new husband was Evan Evans, heir of the small estate of Penbryn, near Pencoed, in Eifionydd.

His story is told in Colin Gresham's *Eifionydd*. Evan Evan's father had been a spendthrift. He had died young in 1756 leaving a wife and young son.

meddai. Os oeddynt yn *'virtuously disposed'*, gallai Harris eu cynghori i bleidleisio dros William Wynne, y Wern, *'a worthy gentleman'*.[28] Roedd dylanwad a grym Glynllifon yn rhy gryf, fodd bynnag, ac fe gollodd William Wynne yr etholiad trwy 250 pleidlais yn erbyn 130.[29] Gallai etholiadau'r ddeunawfed ganrif fod yn ddigwyddiadau gwyllt ac afreolus ond ystyrid y pleidleisio oedd yn Sir Gaernarfon ym 1768 i fod yn drefnus a chwrtais. Yn gyntaf, pleidleisiodd y naill ymgeisydd dros y llall ac yna galw ar eu cefnogwyr eu hunain i bleidleisio mewn grwpiau o ddeg, bob yn ail.[30]

Ym 1771, a William Wynne (IV) yn 26 oed, priododd â Jane Williams, etifedd Peniarth ger Towyn, Meirionnydd oedd yn 31 mlwydd oed. Roedd hi wedi etifeddu Peniarth drwy ei mam oedd wedi marw ym 1765.

Efallai i Ellin, mam William Wynne, oedd yn weddw yn 42 mlwydd oed, symud i Fryncir fel tŷ agweddi wedi priodas ei mab, gan fod Asesiadau Treth Tir 1771 yn dangos fod Bryncir dan ofalaeth 'Madam Wine'.[31] Fodd bynnag, ailbriododd pan oedd hi tua 50 mlwydd oed ac efallai iddi ddychwelyd i'w hen gartref yn Llandegwnning. Roedd ei gŵr cyntaf un mlynedd ar bymtheg yn hŷn na hi ond roedd ei hail ŵr chwe blynedd ar hugain yn iau na hi, ac yn saith mlynedd yn iau na'i mab. Enw'r gŵr newydd hwn oedd Evan Evans, etifedd stad fechan Penbryn, ger Pencoed yn Eifionydd.

Mae ei hanes yntau yn Eifionydd, cyfrol Colin Gresham. Roedd tad Evan Evans yn afradlon gyda'i arian. Bu farw'n ifanc ym 1756 gan adael gwraig a mab ifanc.

[28]Boyd Stanley Schlenther and Eryn Mant White, *Calendar of the Trevecka Letters* (NLW, 2003)
[29]NLW Llanfair & Brynodol MS. 4
[30]Peter D.G. Thomas, *'The Parliamentary Representation of Caernarvonshire in the Eighteenth Century: Part II, 1749-1784'*, (Transactions Caernarvonshire Historical Society, Vol. 20, 1959)
[31]GAS, XQA/LT/7/5

Roeddynt yn byw ym Mhwllheli ac roedd rhaid i'w weddw ymdrechu i ddod drwyddi'n ariannol gan fod rhenti'r stad yn mynd i'w chwaer yng nghyfraith nes i Evan Evans ddod i oed. Yna ym mis Awst 1763 derbyniodd Elizabeth Evans lythyr gan gyfreithiwr o Bodmin yn dweud wrthi fod £3000 wedi'i adael i Evan, y bachgen saith mlwydd oed, yn ewyllys 'Mistress Brynker '. Fel y gwelsom, Mary, gweddw'r Parchedig Robert Brynkir oedd hon. Anfonwyd Evan i Ysgol Friars Bangor er mwyn iddo dderbyn addysg yn y clasuron.

Yna ym 1774, ac yntau'n 24 oed, priododd Ellin Wynne, y wraig weddw hanner can mlwydd oed o'r Wern. Yn ddigon trist, byr fu'r briodas gan i Evan Evans farw yn 25 oed ar Noswyl Nadolig y flwyddyn ganlynol. Cafodd ei gladdu yn Llandegwnning, lle efallai y bwriadai'r ddau fyw gyda'i gilydd, ond ar ei garreg fedd caiff ei enwi fel 'Evan Evans of Penbryn, in the county of Carnarvon, Esq.' tra yn ei ewyllys cyfeirir ato fel 'Evan Evans late of Penbryn but now of the city of Bath'. Bu ei wraig fyw am 30 mlynedd eto, a marw ym 1804 yn wraig weddw 80 oed a chafodd ei chladdu gydag ef ym mynwent Llandegwnnig.[32] Mae plac er cof amdani yn yr eglwys.

Bu i Ellin Evans, fel yr oedd hi erbyn hynny, oroesi ei mab hefyd. Roedd ef wedi marw yn hanner cant ac un ym 1796. Ymddengys bod bwriad gan William Wynne (IV) adeiladu tŷ newydd yn y Wern. Yn arolwg 1747 mae lluniad pensil o dŷ heb do iddo, sy'n dwyn y geiriau *'Wern in the county of Carnarvon, rebuilt but never completed by Wm. Wynne, Esqre., who died in 1796. This is from my recollection of it about the year 1817, without windows or roof.'*

They were living in Pwllheli and the widow, Elizabeth Evans, struggled financially as the rents of the estate were going to the widow's sisters-in-law until Evan Evans came of age. Then in August 1763 Elizabeth Evans received a letter from a Bodmin solicitor informing her that £3000 had been left to seven year old Evan in the will of 'Mistress Brynker'. This, as we have seen, was Mary, widow of the Rev. Robert Brynkir. Evan Evans was sent off to be educated in the classics at Friars' School Bangor.

Then in 1774, aged twenty-four, he married Ellin Wynne, the fifty year old widow of Wern. Sadly the marriage was not to be a long one, for Evan Evans died aged only twenty-five on Christmas Eve of the following year. He was buried in Llandegwnning, where the couple may have intended to reside but on his gravestone he is described as "Evan Evans of Penbryn, in the county of Carnarvon, Esq." while his will refers to him as "Evan Evans late of Penbryn but now of the city of Bath." His wife outlived him by almost 30 years, dying in 1804 aged eighty and she is buried with him in Llandegwnning churchyard.[32] There is a plaque to her memory inside the church.

Ellin Evans, as she then was, also outlived her son. He had died in 1796 aged fifty one. It appears that William Wynne (IV) had intended to build a new house at Wern. Enclosed within the 1747 survey there is a pencil drawing of a roofless house, labelled 'Wern in the county of Carnarvon, rebuilt but never completed by Wm. Wynne, Esqre., who died in 1796. This is from my recollection of it about the year 1817, without windows or roof.'

[32]The inscription on their gravestone is too weathered to be read now but it is recorded in NLW Peniarth Ms 451.

William Wynne's widow lived until 1811 but may have retired to Bath, for Mrs Jane Wynne of Peniarth was buried on 13 April 1811 at Woolley, a village on the northern outskirts of Bath.

By then, however, the Wern and Brynkir estates had been sold off. Much of the Elernion inheritance in Llanaelhaearn and Clynnog had gone under the auctioneer's hammer at Caernarfon on 8 Nov 1777 and raised £11,688.7.6. This, however, had not been enough to cover the debts and therefore, in return for his taking upon himself all William Wynne's mortgages, the Wern estate had been conveyed to Sir George Warren of Poynton, who had family connections with the Bulkeleys of Baron Hill, Beaumaris, and it is his name that appears as owner of the various Wern estate properties in the surviving Land Tax Assessments from 1782 onwards, until 1800.[33]

However, "the Wern and Brynkir Estates" were put up for sale by auction at the Hotel in Caernarfon on 8 February, 1799.[34] They were bought by Gwyllym Lloyd Wardle.

The son of Hartsheath near Mold, Gwyllym Lloyd Wardle had married in 1790 with Ellen Elizabeth Parry of Gresford Lodge, co-heiress of the Madryn estate. They had lived initially at Mold and Wardle had served with the 'Ancient British Fencible Cavalry', the private regiment of Sir Watkin Williams Wynn of Wynnstay, during the Irish rebellion of 1798. Although the mansion house at Wern was advertised in 1799 as being 'capable, at a small Expense, of

Bu gweddw William Wynne (IV) fyw tan 1811. Mae'n bosibl ei bod wedi ymddeol i Gaerfaddon, gan y claddwyd Mrs Jane Wynne, Peniarth, ar 13 Ebrill 1811 yn Woolley, pentref ar gyrion gogleddol Caerfaddon.

Erbyn hyn, roedd stadau'r Wern a Bryncir wedi'u gwerthu. Gwerthwyd llawer o etifeddiaeth Elernion yn Llanaelhaearn a Chlynnog mewn arwerthiant yng Nghaernarfon ar 8 Tachwedd 1777 gan godi £11,688.7.6. Nid oedd hyn yn ddigon i dalu'r dyledion, ac felly gan iddo dderbyn hefyd forgeisi William Wynne, trosglwyddwyd stad y Wern i Syr George Warren, Poynton, oedd â chysylltiadau teuluol â Bulkeleyod, Baron Hill, Biwmares, a'i enw ef sydd i'w weld fel perchennog sawl eiddo a oedd yn perthyn i stad y Wern yn yr Asesiadau Treth Tir o 1782 hyd at 1800.[33]

Er hynny, cynigiwyd 'the Wern and Brynkir Estates' mewn arwerthiant yn yr Hotel yng Nghaernarfon ar 8 Chwefror, 1799.[34] Fe'u prynwyd gan Gwyllym Lloyd Wardle.

Yn fab Hersedd ger yr Wyddgrug, roedd Gwyllym Lloyd Wardle wedi priodi ym 1790 ag Ellen Elizabeth Parry, cyd-etifedd stad Madryn. Ar ôl priodi roeddent wedi byw yn yr Wyddgrug a bu Wardle yn aelod o'r 'Ancient British Fencible Cavalry', catrawd breifat Syr Watkin Williams Wynne, Wynnstay, yn ystod y gwrthryfel yn Iwerddon ym 1798. Er y disgrifd plasty'r Wern ym 1799 fel man 'capable, at a small Expense, of being made fit for the accommodation of a genteel family',

[33]GAS, XQA/LT/7/8
[34]St. James's Chronicle, January 12, 1799

Wern fel y cafodd ei ailadeiladu yn 1892, gan gadw un o dyrau'r tŷ anorffenedig o ddiwedd y 18fed ganrif a oedd wedi ei gynnwys yn y tŷ a godwyd tua 1829. Casgliad yr awdu

Wern as rebuilt in 1892. It retained the turret from the late 18th century uncompleted house which had been incorporated into the house built c.1829. Author's collection

Memo. In 1892 The foundations of the left hand round portion were found exactly where they are shewn by R M Greaves Esq when adding + altering the ho[use]

Part of the house, the entrance front, & right hand bow, has been converted into a modern house, but the walls have been lowered 1878. WHEN.

Wern, in the county of Carnarvon, rebuilt; but never completed; by Wm Wynn Esqr., who died in 1796. This is from my recollection of it about the year 1817, without windows or roof.

penderfynodd Wardle fyw ar y stad a etifeddodd ei wraig yn Llanbedrog ac adeiladu The Cottage yno. Roedd y Cyrnol Wardle yn flaenllaw mewn gwelliannau amaethyddol a chyda'i frawd yng nghyfraith, Thomas Parry Jones, Madryn, a William Alexander Madocks, Tanrallt, sylfaenodd y Porthdinllaen Turnpike Trust a'r Porthdinllaen Harbour Company gan hybu'r harbwr fel man i hwylio i'r Iwerddon ohono yn hytrach nag o Gaergybi. Ymhen ychydig flynyddoedd, symudodd y teulu i Gaerfaddon. Ym 1807 etholwyd Wardle yn Aelod Seneddol dros Okehampton, Dyfnaint; yna symudodd ei deulu i Lundain. Radical oedd y Cyrnol Wardle, er nad

being made fit for the accommodation of a genteel family' Wardle chose to settle on his wife's inherited estate and set up home at Llanbedrog by building The Cottage there. Col. Wardle was a prominent agricultural improver and, alongside his fellow brother-in-law, Thomas Parry Jones of Madryn and William Alexander Madocks of Tanrallt, was a founder member of both the Porthdin-llaen Turnpike Trust and Harbour Company when that harbour was being promoted as an alternative 'packet-station' to Ireland as opposed to Holyhead. Within a few years, however, the family moved to Bath. In 1807 Wardle was elected Member for Okehampton in Devon and the family subsequently moved to London. Col. Wardle was a radical, despite his not being a member of any political party, and for a few months in 1809 he was much revered for his part in securing a parliamentary investigation into the part played by the Duke of York, the Commander-in-chief of the Army, in selling army commissions through his former mistress, Mrs Mary Anne Clarke. Wardle was given the freedom of numerous boroughs and a medal was struck in his honour. The adulation was short-lived, however. Mrs Clarke alleged that Col. Wardle had bought her testimony with a promise to pay the cost of furnishing her new house and a case of non-payment was brought against him, which he lost. He had to sell most of his Caernarfonshire property.[35]

It seems that nothing had been done to the house at Wern during his ownership, for when Edmund Hyde Hall visited the county between 1809 and 1811 he wrote about Wern that 'the house seems to have been intended for one of some pretension but from causes unknown to me its progress has been arrested and it is a ruin before it was a residence.'[36]

Wardle sold the Brynkir estate initially, in November 1811, and the Wern estate in August 1813, but both estates were sold to the same buyer, Captain Joseph Huddart FRS (1741-1816) of Highbury Terrace, Islington, hydrographer, chartmaker, inventor and entrepreneur. His invention of steam-driven machinery for laying up and binding rope proved extremely lucrative. The rope manufactory he established, Huddart & Co, provided him with a substantial fortune that was used to purchase landed estates.[37] Brynkir was chosen as the main residence and, as was noted above, Wern was still a roofless ruin in 1817. Captain Huddart

oedd yn aelod o unrhyw blaid wleidyddol, a chafodd gryn barch am rai misoedd ym 1809 am ei ran yn sicrhau ymchwiliad seneddol i ymddygiad Dug Efrog, Pencadfridog y Fyddin, yn yr achos o werthu penodiadau i'r fyddin drwy law ei gynfeistres, Mrs Mary Anne Clarke. Rhoddwyd rhyddfraint sawl bwrdeistref i Wardle a bathwyd medal er anrhydedd iddo. Byrhoedlog oedd ei fri, gan i Mrs Clarke honni bod y Cyrnol Wardle wedi prynu ei thystiolaeth gan addo talu am ddodrefnu ei thŷ newydd, a dygwyd achos o fethdaliad yn ei erbyn. Collodd yr achos a bu'n rhaid iddo werthu'r rhan fwyaf o'i eiddo yn Sir Gaernarfon.[35]

Mae'n debyg na wnaeth unrhyw welliant i'r tŷ yn y Wern tra roedd yn berchennog arno, oherwydd pan ymwelodd Edmund Hyde Hall â'r Sir rhwng 1809 a 1811 ysgrifennodd fel hyn am y Wern: 'the house seems to have been intended for one of some pretension but for causes unknown to me its progress has been arrested and it is a ruin before it was a residence'.[36]

Gwerthodd Wardle stad Bryncir ym mis Tachwedd 1811 a stad y Wern ym mis Awst 1813. Fe'u gwerthwyd i'r un prynwr, y Capten Joseph Huddart FRS (1741 - 1816), Highbury Terrace, Islington, a oedd yn fapiwr moroedd, lluniwr siartiau, dyfeisiwr ac entrepreneur. Daeth llwyddiant ariannol i'w ran wedi iddo ddyfeisio peiriannau stêm i wneud rhaffau. Drwy ei gwmni rhaffau, Huddart & Co, cafodd ddigon o arian i fuddsoddi mewn stadau tir.[37] Dewisodd Bryncir yn brif gartref ac, fel y nodwyd eisoes, ym 1817 roedd y Wern yn dal mewn cyflwr gwael, heb do iddo. Treuliai Capten Huddart y rhan fwyaf o'i amser yn Highbury Terrace a chyflogai

[35]Dictionary of National Biography
[36]Edmund Hyde Hall, *A Description of Caernarvonshire (1809-1811)*, ed. Emyr Gwynne Jones (Caernarfon, 1952)
[37]GAS XD8/4/473; Vide. William Huddart, *Unpathed Waters - The Life and Times of Captain Joseph Huddart FRS 1741-1816* (Quiller Press, London 1989)

asiant, John Norton, i fyw ym Mryncir ac i edrych ar ôl ei fuddiannau yno. Mae adroddiadau ar gael i waith adeiladau ddigwydd yno ym 1812.[38]

Wedi i'r Capten Huddart farw yn 1816, gadawyd ei stadau mewn ymddiriedolaeth i'w fab hynaf Joseph Huddart a'i ddisgynyddion.[39] Dechreuodd yr ail Joseph Huddart adeiladu plasty newydd ym Mryncir a datblygu'r tir o'i amgylch. Ym 1821 ef oedd uchel Siryf Sir Gaernarfon ac fe'i hurddwyd yn farchog gan Siôr IV ym Mhlas Newydd, Sir Fôn, tra roedd hwnnw ar ei ffordd i'r Iwerddon.[40] Yn ystod y flwyddyn honno, adeiladodd Syr Joseph y tŵr chwe llawr sydd ym Mryncir. Roedd tŷ arall gan y teulu yn Norfolk Crescent, Caerfaddon. Ailadeiladodd hefyd y Wern. Ym 1829 gwnaethpwyd taliadau gan Robert Lloyd, a oedd yr asiant yno erbyn hynny, at atgyweirio adeiladau'r Wern. Mae biliau ar gael gan seiri maen, ac am lechi, teils crib, adeiladu waliau, toi, plastro, plastr Paris, gwydro ffenestri, papur papuro a borderi, peintio a gosod ffordd newydd - yr oll am £227.1.5.[41] Gosodwyd y tŷ ar rent i Nathaniel Mathew a oedd yn berchennog chwarel lechi. Wedi hynny, bu mab hwnnw yn denant yno gan aros yn y tŷ hyd yr 1870au.[42]

Bu farw Syr Joseph Huddart ar 31 Mawrth 1841 yn 74 mlwydd oed.[43] Ei etifedd oedd ei unig fab, George Augustus ac ar 5 Hydref y flwyddyn honno priododd hwnnw yng Nghaerfaddon ag Elinor Sophia, merch Lane Magniac, Esq, aelod o wasanaeth Sifil Bengal.[44] Ar wahân i'w plentyn hynaf, dengys adroddiadau'r cyfrifiadau i'w naw plentyn arall gael eu geni ym mhlwyf Llanfihangel-y-Pennant a bod y teulu'n trigo ym Mryncir ar noson y cyfrifiad ym 1851 a 1861.

lived most of his time at Highbury Terrace and appointed an agent, John Norton, to reside at Brynkir and look after his affairs there. There are references to building works being carried out in 1812.[38]

Following Captain Huddart's death in 1816 his estates were left in trust for his eldest son Joseph Huddart and his heirs in tail.[39] The second Joseph Huddart proceeded to build a new mansion at Brynkir and to develop the surrounding park. In 1821 he was High Sheriff of Caernarfonshire and was knighted by George IV at Plas Newydd, Anglesey whilst en route to Ireland.[40] During the same year Sir Joseph built the six-storey tower at Brynkir (see Chapter 7, this volume). The family also had a house at Norfolk- Crescent, Bath. Wern was also rebuilt during his ownership of the estate. Payments and disbursements were made by Robert Lloyd, the then agent, towards repairing the buildings at Wern in 1829. There are bills for stonemasons, slates, ridge tiles, building walls, roofing, plastering, plaster of paris, glazing, papers and borders, paint and a new road, totalling £227.1.5.[41] This house was let to Nathaniel Mathew, a slate quarry proprietor. His son followed him as tenant and remained there until the 1870s.[42]

Sir Joseph Huddart died aged 74 on March 31, 1841.[43] His heir was his only surviving son, George Augustus, and on October 5 of the same year he was married at Bath to Elinor Sophia, eldest daughter of Lane Magniac Esq. of the Bengal Civil Service.[44] Apart from their eldest child, the census returns show that all their remaining nine children were born in Llanfihangel-y-Pennant parish and the family were resident at Brynkir on census night in 1851 and 1861.

[38]Bangor University Archives, Porth-yr-aur 16,893 and 16,990, referred to in Colin Gresham, op.cit
[39]Will of Captain Joseph Huddart, TNA, PROB 11/1583/493
[40]North Wales Gazette, August 23, 1821
[41]Bangor University Archives, Bangor Ms 809, no 27
[42]Penmorfa Census Returns, 1841-1871; Thomas Nicholas, Annals and Antiquities of the Counties and County Families of Wales (1872)
[43]The Gentleman's Magazine, July 1841
[44]The Gentleman's Magazine, December 1841

However, by census night 1871 the family seem have been dispersed. Brynkir itself was occupied by the gamekeeper and his wife, while George Augustus Huddart was resident at Fenton Hotel, St.James' Street, Pall Mall, London. In the notice to creditors published following his death on February 1, 1885, Fenton's Hotel is given as one of his three addresses. The other two were Bryn[k]ir and Uplands, Fareham, Hampshire.[45]

Uplands House was where his wife and five of their children were living on census night in 1881. It appears that by 1871 Brynkir was no longer occupied by the Huddart family. By the 1891 census the house was empty. Its last occupants were German prisoners of war during the First World War.

Following George Augustus Huddart's death in 1885, his estates were sold off, mainly by public auctions over the next two decades.

It was in 1886 that Wern was sold to Richard Methuen Graves, Managing Director of the Llechwedd Quarries at Blaenau Ffestiniog, established by his late father, John Whitehead Greaves. He had held the house on lease since 1884 but purchased the freehold at auction in 1886. He also bought some of the surrounding properties as well, which were to become the nucleus of a new Wern estate. A new house, incorporating one section of the house begun by William Wynne (IV), was built at Wern in 1892.

Fodd bynnag, erbyn noson cyfrifiad 1871 ymddengys bod y teulu wedi chwalu. Y cipar a'i wraig oedd ym Mryncir, tra roedd George Augustus Huddart yng Ngwesty Fenton, St. James' Street, Pall Mall, Llundain. Mewn hysbyseb i'w gredydwyr a gyhoeddwyd flwyddyn wedi'i farwolaeth ar 1 Chwefror 1885, nodir Gwesty Fenton fel un o'i dri chyfeiriad. Y ddau arall oedd Bryn[k]ir ac Uplands, Fareham, Hampshire.[45]

Yn Uplands House yr oedd ei wraig a phump o'i blant ar noson y cyfrifiad ym 1881. Mae'n ymddangos nad oedd y teulu Huddart yn byw ym Mryncir erbyn 1871. Erbyn cyfrifiad 1891 roedd y tŷ'n wag. Y trigolion olaf oedd carcharorion rhyfel o'r Almaen yn ystod y Rhyfel Byd Cyntaf.

Wedi marwolaeth George Augustus Huddart ym 1885, gwerthwyd y stadau, y rhan fwyaf mewn arwerthiannau dros y ddau ddegawd dilynol.

Ym 1886, gwerthwyd y Wern i Richard Methuen Graves, Rheolwr Gyfarwyddwr Chwarel Llechwedd ym Mlaenau Ffestiniog a sefydlwyd gan ei dad, John Whitehead Greaves. Roedd y tŷ ganddo ar brydles ers 1884 ond prynodd ryddfraint y tŷ mewn arwerthiant ym 1886. Prynodd ragor o eiddo cyfagos a daeth hyn i fod yn graidd i stad newydd y Wern. Ym 1892 adeiladwyd tŷ newydd yn y Wern ond gan gynnwys rhan a adeiladwyd eisoes gan William Wynne (IV).

[45]*The London Gazette*, May 8, 1885

Yn ddiweddarach prynodd Richard Methuen Greaves stad Bryncir hefyd, yn bennaf er mwyn y saethu. Tuag at ddiwedd y Rhyfel Byd Cyntaf bu'r lle'n gartref i garcharorion rhyfel o'r Almaen. Wedi hynny câi'r tŷ a'r tir ei ddefnyddio ar gyfer partïon saethu gan y teulu Greaves[46]. Ar 25 Ebrill 1930, fodd bynnag, gwerthodd R. M. Greaves stad Bryncir mewn ocsiwn yng ngwesty'r Sportsman ym Mhorthmadog.[47] Bu'n byw yn y Wern hyd ei farw ym 1942. Parhaodd stad y Wern i fodoli, ym meddiant ei nai, Martyn Williams-Ellis, ond trist yw nodi bod plasty Bryncir, ar y llaw arall, wedi dadfeilio'n gyson yn ystod y degawdau canlynol.

Richard Methuen Greaves later purchased Brynkir as well, mostly for the shooting it provided. Towards the end of the First World War Brynkir was used to accommodate German prisoners of War. The house and its grounds were frequently used for shooting parties by the Greaves family. On 25 April, 1930, however, the Brynkir estate was sold off by auction at the Sportsman Hotel, Porthmadog, under the directions of R. M. Greaves[46]. He lived on at Wern until his death in 1942. Wern estate continued under the ownership of his nephew Martyn Williams-Ellis but Brynkir, on the other hand, was sadly asset-stripped and became increasingly ruinous throughout the ensuing decades.

[46]Colin Gresham, op.cit., p.55

ELINOR HUDDART A BRYNCIR, 1841-1905

Yn y bennod hon ceir hanes stad Bryncir a'r teulu Huddart rhwng 1840 a degawd cyntaf yr ugeinfed ganrif. Daw'r hanes gan fwyaf drwy eiriau Elinor Huddart ei hun (1853 - 1902), nofelydd oedd yn anadnabyddus yn ystod ei hoes ond sydd bron yn angof erbyn hyn, er ei bod hi'n un oedd yn llythyru'n gyson â George Bernard Shaw rhwng 1878 a 1894.[1] Cedwir llythyrau Elinor at Shaw yn y Llyfrgell Brydeinig.[2] Ni wyddys ddim am fodolaeth na lleoliad llythyrau Shaw yn ôl ati hi. Pan ddechreuodd y ddau lythyru, roedd Elinor a nifer o'i brodyr a'i chwiorydd yn byw gyda'u mam, oedd wedi gwahanu oddi wrth ei gŵr, yn Uplands, tŷ mawr yn Fareham, Hampshire.

Ysgrifennwyd dwy erthygl ar ohebiaeth Elinor a Shaw. Mae darn Betty Hugo ym 1990 yn dibrisio Elinor. Mae Hugo yn dweud yn bendant bod Elinor *more than a little bit 'in love' with Shaw'*, er na welsom ni fawr dystiolaeth o hyn yn ei llythyrau. Caiff ei phortreadu gan Hugo fel hen ferch sentimental, oedd i'w gweld, yn anesboniadwy bron, yn parhau i gyfathrebu â'r awdur ifanc gan iddi dybio'n anghywir bod Elinor yn llawer hŷn na Shaw.[3] Mae J. Percy Smith yn ei erthygl yntau, a gyhoeddwyd ym 1970, â mwy o gydymdeimlad tuag at Elinor. Mae Smith yn ei disgrifio hi fel 'beirniad cyntaf' y Bernard Shaw ifanc, ac mae'n pwysleisio'i chymeriad sy'n disgleirio drwy ei llythyrau gan nodi bod Elinor yn mynegi *the mind of sensitive woman caught, without fully understanding her plight, in the dilemma of many Victorian women'* ac a addysgwyd yn

ELINOR HUDDART AND BRYNKIR, 1841-1905

The focus of this chapter is the history of the Brynkir estate and the Huddart family between the 1840s and the first decade of the twentieth century. This history is told largely through the words of Elinor Huddart (1853-1902), a novelist who was obscure in her lifetime and is almost totally forgotten today but who corresponded with George Bernard Shaw between 1878 and 1894.[1] Elinor's letters to Shaw are preserved in the British Library.[2] The existence or whereabouts of Shaw's replies are unknown. When their correspondence began, Elinor was living with her mother Elinor Sophia Huddart, who was estranged from her husband George Augustus Huddart, and an assortment of her siblings, at Uplands, a large house in Fareham, Hampshire.

Two articles discuss Elinor's correspondence with Shaw. Betty Hugo's 1990 piece is somewhat dismissive of Elinor. Hugo states unequivocally that Elinor "was more than a little bit 'in love' with Shaw", a state of affairs of which there is no clear proof in her letters. Based partly on an incorrect assumption that Elinor was much more than three years older than Shaw (who was born in 1856), Hugo portrays her as a sentimental spinster novelist who, apparently almost inexplicably, sustained a correspondence with the young male author.[3] J. Percy Smith's article, published in 1970, is more sympathetic to Elinor. Smith depicts her as the young Bernard Shaw's "first critic", highlighting the character that shines through from her

5

MARK BAKER & MARY CHADWICK

Enillodd Mary ei PhD yn 2012 ac mae hi yn gweithio fel Cymrawd Dysgu yn yr Adran Saesneg ac Ysgrifennu Creadigol ym Mhrifysgol Aberystwyth. Mae hi'n ymchwilio i arferion darllen ac ysgrifennu'r bonedd Cymreig gan ganolbwyntio'n arbennig ar ddiwylliant llawysgrif, mynegiant o hunaniaeth genedlaethol ac ysgrifennu gan ac am fenywod. Ar hyn o bryd mae Mary yn ymchwilio i hanes llyfrgelloedd y teulu Mostyn ac yn gweithio gydag archifau'r Mostyniaid, y teulu Williams-Wynn a'r teulu Griffiths o Garn.

Mary gained her PhD in 2012 and works as a Teaching Fellow in the Department of English and Creative Writing at Aberystwyth University. She researches the reading and writing habits of the Welsh gentry focusing particularly on manuscript culture, expressions of national identity and writing by and about women. Mary is currently investigating the history of the Mostyn family libraries and working with the archives of the Mostyns, the Williams-Wynns and the Griffiths of Garn.

Cyferbyn: Y tŷ isaf wedi ei ail-greu, fel byddai Elinor Huddart wedi'i 'nabod yng nghanol y bedwaredd ganrif ar bymtheg.
Ceri Leeder.

Opposite: A reconstruction of the lower house as Elinor Huddart would have known it in the mid nineteenth century.
Ceri Leeder.

---

[1] Elinor published six novels, the first three of which appeared under pseudonyms: *Cheer or Kill* (1878) as Elinor Aitch; *Via Crucis* (1882) as Louisa Ronile (changed to Rouile); *My Heart and I* (1883) as Elinor Hume. Her other works are *A Commonplace Sinner* (1885); *Leslie* (1891); and *A Modern Milkmaid* (1892).
[2] BL Add. MS 50535-50537.
[3] Betty Hugo, "'Very innocent epistles': The Letters of ElinorHuddart to Shaw", *Shaw* 10 (1990), p. 2

Fe brynodd Capten Joseph Huddart stad Bryncir c.1800. Adeiladodd Capten Joseph Huddart y tŷ isaf, ond yn anffodus buodd e farw cyn iddo fedru ymgartrefu. Harry Huddart.

Captain Joseph Huddart bought the Brynkir estate c.1800. Captain Joseph Huddart built the lower house, unfortunately he died before he could take residence. Harry Huddart.

letters and noting that she appears to "express the mind of a sensitive woman caught, without fully understanding her plight, in the dilemma of many Victorian women" who were educated to be only "socially acceptable" rather than independent.[4] Smith points out that Elinor's "letters are full of interest for the light that they throw" on Shaw, but continues "They are almost equally interesting for what they tell about their author."[5] The aim of this piece is to tell the tale of the Brynkir estate and consider the ways that Elinor's experiences, of her childhood at Brynkir and of being a part of the Huddart family, shaped her character, her writing and her life.

Sir Joseph Huddart, Elinor's grandfather, had his main residence in Bath. According to his will his wife, Lady Elizabeth, inherited both the Bath and Brynkir houses. George Augustus Huddart, Joseph's heir and Elinor's father, inherited the rest of the estate. George Augustus married Elinor Sophia Magniac in 1841, when he was nineteen and his wife was also underage. The witnesses at the wedding were their respective mothers. Two years later, the local newspaper reported the "Coming of age: Of Mr Huddart, Brynker":

unig i fod yn *'socially acceptable'* yn hytrach nag yn annibynnol.[4] Mae Smith yn adrodd bod llythyrau Elinor yn *'full of interest for the light they throw'* ar Shaw, ond mae'n ychwanegu *'They are almost equally interesting for what they tell about the author.'*[5] Bwriad y bennod hon yw adrodd hanes stad Bryncir ac ystyried sut y dylanwadodd y profiadau gafodd Elinor yn ystod ei phlentyndod ym Mryncir ac wrth fod yn rhan o'r teulu Huddart, ar ei chymeriad, ei nofelau a'i bywyd.

Yng Nghaerfaddon oedd prif gartref taid Elinor, Syr John Huddart. Yn ôl ei ewyllys, ei wraig, y Fonesig Elizabeth, oedd i etifeddu'r tŷ yng Nghaerfaddon a phlas Bryncir. George Augustus Huddart, tad Elinor ac etifedd Joseph, a etifeddodd weddill y stad. Priododd George Augustus ag Elinor Sophia Magniac ym 1841 pan oedd ef yn bedair ar bymtheg a hithau hefyd dan oed. Y tystion i'r briodas oedd y ddwy fam. Ddwy flynedd yn ddiweddarach roedd adroddiad yn y papur newydd lleol: *'Coming of age: Of Mr Huddart, Brynker'*:

On Sunday last, Mr Huddart, son of G.A.Huddart esq Brynker, attained his majority and in consequence there were festive rejoicings in Criccieth, the village of Dolbenmaen, the hamlet of Pencaenewedd, and in other places on Monday last. Mr Huddart is the owner of Muria farm and other property in and around Criccieth, and in consequence the inhabitants decided as soon as they knew of the auspicious event to celebrate it in a suitable manner, and thus render "honor to whom honor is due." In the early morning flags were placed on top of the old Castle, and on the Dinar Hill; and flags, streamers, etc, were likewise hoisted from nearly every house in the town, which presented quite a gala-day appearance. A large bonfire was lit on the summit of the castle, composed of tar and wood, the former being supplied by Mr W. Watkins, who is the agent of the Brynker estate.[6]

[4] J. Percy Smith,"Bernard Shaw's First Critic", *University of Toronto Quarterly* 40.4 (Summer, 1971), pp. 300, 302.
[5] "Bernard Shaw's First Critic", p. 301
[6] *North Wales Chronicle*, 13th February, 1864.

Ymddengys bod George Augustus yn ystyried ei hun yn ddyfeisiwr, mae ganddo res o batentau i'w enw, un ohonynt yn ymwneud â pheiriant gwneud sigarau. Roedd yn gyfarwyddwr rheilffordd Ffestiniog o 1847 – 1876 ac yn gadeirydd yno ym 1855.

Cafodd ef a'i wraig wyth o blant, a dechreuodd pob un ar ei addysg ym Mryncir. Prin y cyfeiriodd Elinor at Fryncir na Gogledd Cymru yn ei llythyrau ond mae'r hanesion am ei phlentyndod yn ddadlennol. Gall edrych yn ôl gyda pheth hiraeth. Un tro, rhoddodd ddisgrifiad hyfryd o gefn gwlad Cymru, wrth iddi gymharu rhinweddau tirlun Cymru â'r Iwerddon:

George Augustus was a director of the Ffestiniog railway from 1847-1876 and chairman in 1855. He and his wife produced eight children, all of whom began their education at Brynkir.

Elinor rarely mentions Brynkir and North Wales specifically in her letters but the stories she tells of her childhood are fairly illuminating. She looks back with a degree of nostalgia, giving at one point a rather beautiful description of the Welsh countryside, apparently in an exchange regarding the respective merits of the Welsh and Irish landscapes:

I spent my early childhood in North Wales, among scenery as wild & barren as any in Ireland. Where the hues of the mountains rivalled those of the changing sky, echoed its tints, indeed, in softer, deeper colours, and mocked its clouds by shadows mysterious as destiny, tender as love.[7]

Fodd bynnag, cafodd y prydferthwch hwn ei ddifetha iddi, am resymau sy'n aneglur:

This beauty was spoilt for her, however, for reasons which are not made clear:

"When I was very young, I am very young still, but when I was very, very young a good deal under forty I used to roam about the hills and dales of said estates, the lofty mountains, the Snowdon range, the nearer hills leaning towards and hemming in the house are to me a nightmare now. A scenery to be forgotten with all oppressive thoughts. In my childhood they were a delight. They were "friends with me". They have turned somehow into my enemies with many another old love."[8]

Addysgwyd Elinor gartref i ddechrau cyn iddi adael a mynd i'r ysgol. *'I was at school, and underwent an examination, but took a prize only in composition which gave me no*

Elinor received her early education at home before leaving to go to school: "I was at school, and underwent an examination, but took a prize only in composition which

[7]29th May, 1881.
[8]2nd September, 1883

gave me no trouble at all… My lessons were always a trouble to me." [9] As an adult, Elinor reflected on the limitations of her education particularly compared to that of her youngest sister: "I do not think [she] will dwindle in the course of vegetating here. She paints flowers from nature … and she is moreover free to pursue any course of study she chooses, freer that I have ever been." [10]

The Huddart girls were introduced to the world of books and music, particularly singing and dancing, taught to play tennis and to be socially acceptable. [11] Their education took place under the auspices of a "severe aunt" whose "cane and scowl", Elinor writes, "sickened me of womanly discipline." [12] Looking back on her childhood, Elinor paints herself as having an early awareness of the differences between girls' and boys' social roles, an awareness which manifests itself regularly in her adult correspondence.

trouble at all… My lessons were always a trouble to me.' [9] Wedi iddi dyfu'n oedolyn, bu'n ystyried pa mor gul fu ei haddysg yn enwedig o'i gymharu ag addysg ei chwaer iau: *'I do not think [she] will dwindle in the course of vegetating here. She paints flowers from nature … and she is moreover free to pursue any course of study she chooses, freer that I have ever been.'* [10]

Cyflwynwyd merched y teulu Huddart i fyd llyfrau a cherddoriaeth, canu a dawns yn benodol, a chawsant eu dysgu i chwarae tennis a sut i ymddwyn mewn cymdeithas. [11] Yn gyfrifol am drefnu eu haddysg oedd rhyw *'severe aunt'* oedd â *'cane and scowl'* meddai Elinor ac fe *'sickened me of womanly discipline.'* [12] Wrth edrych yn ôl ar ei phlentyndod, disgrifia Elinor ei hun fel un oedd yn ymwybodol, er yn blentyn, o'r gwahaniaeth rhwng rôl bechgyn a merched mewn cymdeithas, gwahaniaeth sy'n amlygu'i hun yn aml yn ei llythyrau.

"How tame my childhood looks beside yours… A girl is so differently envisioned to a boy. I was as wicked as I was allowed to be… My young ladyhood irked me horribly and brought me no privileges that I could see… I was the black sheep of the girls at any rate. I also had an idea that physical courage was the most sublime quality vouchsafed to man, and cultivated it accordingly. There was nothing I would refuse to do if dared to act…Once I remember they [her brothers] dared me to lift a dead bird that [sic] had just shot, it was covered with blood. The sight turned me sick. I was to carry this poor birdie into their schoolroom and fling it – it was a big bird – at their respected tutor's head: a man I stood in awe of. I did it of course. And although I advanced within a couple of yards distance to where the pedagogue sat, I missed his head, and the seagull fell with an awful pat upon the floor beside him. He looked up amazedly, the poor man was reading abstruse book probably, and saw a small girl with rough hair and soiled pinafore glaring at him. "How dare you," he said. "I dare anything," I observed in tragic tones. He looked at me for a moment or two, and then began to laugh until I felt abjectly small. "Because I was a girl," I told myself afterwards, "if I had been a boy he would have been frightfully angry." [13]

[9] 4th January, 1881; 22nd January, 1881
[10] 28th October, 1884
[11] 22nd January, 1881
[12] 25th May, 1883
[13] 25th May 1883. This tutor may be William Carter, who is recorded on the 1861 census

Mewn llythyr cynharach mae hi'n dweud sut y byddai'n llawer gwell ganddi fod yn fachgen:

In an earlier letter she expresses a clear wish that she had been a boy:

When I was a very little girl I used to pray with the sublime faith of childhood to be changed into a little boy. This unorthodox prayer being overheard one day by my elders, I was rebuked for my discontent & told that miracles were not wrought, even by prayer & fasting in this present age, and that if I wanted to pray for any change of identity I ought to pray to be an angel, but I had no ambition that way. And I'm afraid I've grown no better, for I'd rather be a man than an angel today.[14]

Yn ogystal â'i hymwybyddiaeth o'r cyfyngiadau oedd ar bobl yn ôl eu rhyw a'r disgwyliadau oedd arnynt yn oes Fictoria, roedd gan Elinor farn bendant ar genedligrwydd. Roedd mam yn hanu o ffoaduriaid Huguenot ac roedd Elinor yn sicr mai ei 'gwaed cymysg' oedd yn gyfrifol am rai agweddau yn ei chymeriad nad oedd hi'n eu gwir hoffi:

In addition to her awareness of the restrictions of Victorian gender roles and norms, Elinor also possessed some decided views on the subject of national character. Her mother was descended from Huguenot refugees and Elinor believed that her own "mixed blood" was at the root of some of the characteristics she liked least in herself.

"I am frivolous. I have french blood in my veins. I am reputed to be the image of my grandfather, who was a Frenchman – and who possessed an order of intellect and feeling so far beyond the average that unable to bear the torture they occasioned him, he perforce stupefied them with stimulants and subsequently drank himself mad and died."[15]

Mewn llythyr wedi hyn gwelir rhyw arlliw o felodrama wrth iddi sôn am ei thaid a dweud ei fod wedi *'died young and mad after attempting to murder his wife.'*[16] Yna ysgrifennodd eto: *'I wish I was all English. The wretched strain of french blood ... causes the nerves of his descendants to vibrate between currents that are fearfully diverse. The two nations fight their battles over again in one small frame.'*[17]

In a later letter comes a hint of melodrama when she says this grandfather "died young and mad after attempting to murder his wife."[16] And later again she writes: "I wish I was all English. The wretched strain of French [sic] blood ... causes the nerves of his descendants to vibrate between currents that are fearfully diverse. The two nations fight their battles over again in one small frame."[17]

[14] 22nd January, 1881
[15] 5th March, 1881
[16] 26th August, 1883
[17] 19th November, 1883

It was not only the French about whom Elinor held decided opinions. She criticised Shaw's representations of conversations in his novels, suggesting that the root of his problem lay in his Irish heritage: "It is your besetting sin, this talking, derived, doubtless from your nationality. If you wish to be realistic that is not the way. People do not converse so lengthily, nor so fully about any of their concerns, especially those you make them discuss."[18] And, for reasons which are never made clear, she held the "Scotch" in particular contempt: "I can't 'abear' the Scotch. The Irish are bad enough, but the canny Scot is a deeper Depth of human depravity."[19]

J. Percy Smith observes that Elinor held views which were typical of the gentry and indeed she tells Shaw, "I behave conventionally as a rule."[20] Until the death of her mother, she held "the influence of religion to be purifying and enobling", adding, to Shaw, "so there again we are at variance."[21] Her views on social class and economic inequality were conservative and so were at odds with Shaw's developing socialism:

Ond nid barn bendant am y Ffrancod yn unig oedd gan Elinor. Beirniadodd Shaw am sut y portreadodd ymgom yn ei nofelau gan gynnig bod gwraidd ei broblem yn ddwfn yn ei linach Wyddelig: *'It is your besetting sin, this talking, derived, doubtless from your nationality. If you wish to be realistic that is not the way. People do not converse so lengthily, nor so fully about any of their concerns, especially those you make them discuss.'*[18] Ac am resymau na wnaethpwyd erioed yn glir, mae hi'n dirmygu cenedl y *'Scotch'*: *'I can't 'abear' the Scotch. The Irish are bad enough, but the canny Scot is a deeper Depth of human depravity.'*[19]

Mae J. Percy Smith yn nodi bod agweddau Elinor yn llwyr nodweddiadol o feddylfryd bonedd y cyfnod ac yn wir, dywed wrth Shaw, *'I behave conventionally as a rule.'*[20] Hyd at farwolaeth ei mam, credodd bod *'the influence of religion to be puifying and enobling'*, gan ychwanegu *'so there we are again at variance.'*[21] Ceidwadol oedd ei hagweddau at system y dosbarthiadau cymdeithasol ac anghydraddoldeb economeg ac roedd hyn yn tynnu'n groes â barn gynyddol Shaw ar sosialaeth:

"I have read the Socialist. It is dull. Ditchwater is bright in comparison... There are two races upon the earth. The rich and the poor... There is necessarily as much difference between these races as there is between the race-horse and the cart-horse. For thousands of years this difference of fibre and form has been growing, in man as in beast. It cannot be checked now."[22]

[18]15th October, 1882
[19]9th February, 1882
[20]'Bernard Shaw's First Critic, p. 302;18th August, 1884
[21]4th January, 1881
[22]19th August, 1883

Nid oedd ffiniau i snobyddiaeth Elinor, fel y dengys ei syniadau am aelodau'i theulu ei hun: *'My grand[father] on my father's side invented a rope of some sort and was knighted therefore. Probably he was a plebeian or he would not have had to do with ropes and suchlike.'* [23] Mae'n amlwg i Shaw ofyn am ragor o fanylion am yr ochr hon ei theulu gan iddi ysgrifennu'n ôl ymhen wythnos:

Elinor did not discriminate in her snobbery, as her thoughts on her own relatives show: "My grand[father] on my father's side invented a rope of some sort and was knighted therefore. Probably he was plebeian or he would not have had to do with ropes and suchlike."[23] Shaw clearly asked for further details of this side of Elinor's family for a week later she writes:

"It was Captain Huddart's son who was knighted for nothing. It is the only thing a man can be knighted for by a benighted government. The estates in Wales which Captain H was too busy to survey, his son found leisure to live among, in all the glory of his inglorious title. He married and was blest with seven daughters (in the survivors of these behold my rich but elderly aunts) and two sons, one of them died: the other was preserved by a merciful providence to be my father. I sometimes wish the m. p. had preserved somebody else for that office. The estates in Wales are still to the fore, but the genius is buried in St Margaret's." [24]

Er hynny, ymddengys nad oedd ei barn ar briodas yn hollol gonfensiynol:

On the topic of marriage, however, she seems not to have conformed entirely:

"I must marry, you aver, to bring myself into a true position. Can you not imagine, as can I, that I might by so doing place myself in a position more absolutely false than any I have as yet entered into? ... Are there not many old maids in the world? I know a few. Comfortable, and at least as happy as some married folk I am acquainted with." [25]

Yn ystod yr ail ryfel byd, cafodd rhinweddau Plas Bryncir ei thynnu ymaith. Rhain oedd y prif gatiau sydd i'w weld yn ddatgymaledig. Dorothy Jones.

During the second world war, Plas Brynkir was asset stripped. These were the main gates which are shown being dismantled. Dorothy Jones.

O gofio bod ei thad wedi gadael ei mam, a sut y cafodd ei thrin ganddo wedi hynny, nid yw'n syndod nad oedd Elinor ar frys i briodi. Flwyddyn yn ddiweddarach, roedd hi'n amlwg fod Shaw yn parhau i rygnu ymlaen ar yr un hen destun gan fod Elinor yn ymateb: *'Marry, marry! It is always your cry. I will not marry. Marry yourself and see how you like it.'* [26] Er na chyfeiriodd Elinor erioed at y dylanwad gafodd y ffaith i'w thad fradychu'i mam ar ei

Given her father's estrangement from and subsequent treatment of her mother, it is perhaps unsurprising that Elinor was in little hurry to marry. A year later, Shaw was clearly harping on the same tune for Elinor responds: "Marry, marry! It is always your cry. I will not marry. Marry yourself and see how you like it."[26] Elinor seems never to have explicitly acknowledged the influence which her father's betrayal of her mother had on her life and work but

[23] 26th August 1883
[24] 2nd September, 1883
[25] 21st May, 1882
[26] 26th February, 1883

Tŷ gardd goll, byddai Elinor Huddart wedi cofio. Dorothy Jones.

A lost garden house which Elinor Huddart would have remembered. Dorothy Jones.

the signs are there. In 1883 she wrote to Shaw, "If your novelistic idea is mésalliance, mine is evidently the baleful effects of inconstancy. It is the key-note of all my tales except 'Cheer or Kill'."[27] In a letter sent six months later there is a clear suggestion that Elinor had even more personal experience of male inconstancy:

I think the only man I have loved unmetaphysically has been a married man. He was not a particularly good man, nor a particularly clever one. Sometime love begets love, perhaps his fondness for me made me like him – perhaps it was the hopelessness of the whole business that touched me. He has altogether gone to the bad now.[28]

A potential suitor for Elinor does appear at one stage in the form of a Mr French, a rather stolid gentleman who "has a holy horror of ridicule – and thinks 'My Heart & I' frightfully immoral, and would give a year's income (he is under secretary to the Duke of Westminster) to know I had not written it."[29] Unsurprisingly, perhaps, their friendship does not develop and Mr French disappears from Elinor's letters.

Elinor filled her days as upper class ladies did. She read, and had great arguments with Shaw about the relative merits of George Eliot and Charlotte Bronte. She went to the theatre (she was a fan of Ellen Terry) and she dabbled in the fashionable area of mesmerism, which she termed "electro-biology":

bywyd mae arwyddion cryf ohono i'w gweld yn ei gwaith. Ym 1883 ysgrifennodd at Shaw, *'If your novelistic idea is misalliance, mine is evidently the baleful effects of inconstancy. It is the keynote of all my tales except 'Cheer or Kill'.* [27] Mewn llythyr anfonwyd chwe mis wedi hyn mae olion clir bod gan Elinor brofiad mwy personol o anwadalwch dynion:

Ar un adeg, bu sôn am gariad addas i Elinor o'r enw Mr. French, gŵr bonheddig braidd yn ddiddychymyg oedd â 'a holy horror of ridicule - and thinks *'My Heart & I' frightfully immoral, and would give a year's income (he is secretary to the Duke of Westminster) to know I had not written it.'* [29] Does dim syndod na fu i'w cyfeillgarwch flodeuo ac mae Mr French yn diflannu o lythyrau Elinor.

Roedd Elinor yn llenwi pob dydd fel y gwnâi pob boneddiges o'r dosbarth uchaf y cyfnod. Roedd hi'n darllen ac yn cynnal dadleuon brwd â Shaw am werthoedd cymharol George Eliot a Charlotte Bronte. Mynychai'r theatr (roedd hi'n edmygu Ellen Terry) ac roedd hi'n ymddiddori rhyw gymaint mewn mesmeriaeth oedd yn boblogaidd ar y pryd. Galwodd hi hwn yn *'electro-biology'*.

"No, I will not "go in" for spiritualism. You do not understand. I do not feel equal to it... I would see ghosts where there were none. I would deceive myself and others probably, as I believe other spiritualists do. It is an excitement of the brain; sometimes positive disease which causes people to imagine they see superhuman things... Electro-biology I believe in, and find comparatively harmless. It is an exhausting science to practice, and is no particular use that I know of." [30]

[27] 7th May, 1883
[28] 3rd December, 1883
[29] 31st December, 1883
[30] 28th June, 1883

Unwaith ei bod hi wedi gwisgo'i esgidiau arbennig a thynnu'i phais grinolet, roedd Elinor yn chwaraewr tennis da: *'I am very busy playing tennis now most days… It is an exercise which is perhaps good for the physical health, but certainly not beneficial to the mental. I feel quite on a par with my fellows after playing the whole afternoon. Quite pleasantly idiotic.'* [31] Er ei gwyleidd-dra wrth feirniadu gweithiau Shaw ei llythyrau, yn sicr gwyddai Elinor mai nid ffŵl mohoni chwaith.

Ac wrth gwrs treuliai Elinor ei hamser yn ysgrifennu ei nofelau. Mewn llythyr a anfonodd o Eastbourne lle'r oedd hi ar wyliau gyda pherthynas iddi, dangosodd Elinor ei bod yn cytuno â honiad Virginia Woolfe y dylai pob merch fod ag ystafell iddi'i hun lle gallai ysgrifennu:

Wearing special shoes and shedding her crinolette underskirt, Elinor also played a very good game of tennis: "I am very busy playing tennis now most days… It is an exercise which is perhaps good for the physical health, but certainly not beneficial to the mental. I feel quite on a par with my fellows after playing the whole afternoon. Quite pleasantly idiotic."[31] Despite the humility of some of the letters in which she critiques Shaw's work, Elinor certainly did not believe she was a fool.

And of course Elinor filled her time in writing her own novels. In a letter sent from Eastbourne where she was holidaying with a relative, Elinor illustrates Virginia Woolf's assertion that a woman must have "a room of her own" in which to write:

"My novel is at a standstill. I rather want to go on with it but I have literally no place to write here. My room is innocent of a table… The writing table in the parlour is always occupied, the table in its midst is also occupied with a rapid succession of meals. I am now writing upon the chest of drawers; sitting upon my chair in a Sarah Bernhardt attitude of clinging, twisting agony."[32]

Mae'n amlwg nad oedd teulu Elinor o blaid ei hysgrifennu, hyd yn oes oeddynt yn wybyddus o hynny:

Elinor makes clear that her family did not support, or even know of, her writing:

I don't see the use of my having a ticket for the R[eading] R[oom] of the B[ritish] M[useum] … I am not a literary lady. Do you know, my uncle and cousins, and indeed nearly all my relations and friends have not the faintest suspicion that I have ever penned a line of more importance or of subtler meaning than those which usually fill the tedious sheets of female correspondence, or the formal invitation to dinner or tennis.[33]

[31] 9th July, 1882
[32] 28th June, 1883
[33] 8th November, 1881

Shaw apparently remonstrated with her for three days later she says:

"You don't understand how it is that my uncle and cousins know nothing of me as a writer. I make no secret of it. I would not take the trouble – but why ram the information down the throats of people who take no interest in that kind of thing? My own family knows of my endeavours and except one sister they care nothing about them." [34]

J. Percy Smith found that Elinor's twentieth-century descendants "were astonished to learn of her novel-writing."[35] Certainly the family seem not to have been particularly close. In June 1880, the North Wales Chronicle reported that "Tragedy struck … with the death of the heir of the Brynkir Estate. Joseph Huddart (1843-1880), eldest son of and heir to George Augustus. He was interred at the family vault, Penmorfa Church, on the 22nd of this month… The deceased was 37 years old, and was married, having no issue." [36] Elinor gives only a scant and unemotional reference to her brother's death and did not attend his funeral.

In 1884, as she nursed her mother on her deathbed, her father George Augustus seems not to have visited Uplands and Elinor became very bitter towards him.[37] In March, she writes to Shaw to tell him of the death of her mother who, a fortnight earlier, she had expected to rally: "My mother will be buried in Wales. On Monday her body will travel thither…. Two of my sisters are going to the funeral." [38] Elinor Sophia's body was interred at Penmorfa church and her estranged husband attended his wife's burial. This appears to have been George Augustus Huddart's last visit to Brynkir. Soon afterwards, Elinor was to write a novel,

Gwelodd J. Percy Smith bod disgynyddion Elinor yn yr ugeinfed ganrif yn *'astonished to learn of her novel writing.'* [35] Yn sicr nid oedd y teulu yn deulu agos. Ym mis Mehefin 1880 roedd adroddiad yn y North Wales Chronicle *'Tragedy struck … with the death of the heir of the Brynkir Estate. Joseph Huddart (1843-1880), eldest son of and heir to George Augustus. He was interred at the family vault, Penmorfa Church, on the 22nd of this month… The deceased was 37 years old, and was married, having no issue.'* [36] Dim ond cyfeiriad byr a dideimlad am farwolaeth ei brawd a gafwyd gan Elinor ac aeth hi ddim i'w angladd.

Ym 1884 wrth iddi ymgeleddu'i mam ar ei gwely angau, nid oes cofnod i'w thad George Augustus ymweld ag Uplands o gwbl a dechreuodd Elinor deimlo'n chwerw iawn tuag ato.[37] Roedd Elinor wedi disgwyl i'w mam adfer rhyw gymaint bythefnos ynghynt ond ym mis Mawrth ysgrifennodd at Shaw i ddweud wrtho ei bod hi wedi marw. *'My mother will be buried in Wales. On Monday her body will travel thither … Two of my sisters are going to the funeral.'* [38] Claddwyd Elinor Sophia yn eglwys Penmorfa â'i chyn ŵr yno'n bresennol. Mae hi'n debygol mai hwn oedd y tro olaf i George Augustus Huddart ymweld â Bryncir. Yn fuan wedi hyn, ysgrifennodd Elinor nofel o'r enw Leslie am

[34] 12th November, 1881
[35] "Bernard Shaw's First Critic", p. 315
[36] *North Wales Chronicle*, 26th June, 1880
[37] "Bernard Shaw's First Critic", p. 302
[38] 9th March, 1884

ferch ifanc a geisiodd ddial ar ei thad am iddo achosi marwolaeth ei mam wrth fod yn anffyddlon iddi a'i gadael. Mae penodau agoriadol y nofel yn disgrifio marwolaeth *'little mother'* yr arwres a gobeithir i Elinor dderbyn rhyw gymaint o ryddhad wrth ei ysgrifennu. Ynddo mae cymaint o fanyldeb didostur am farwolaeth y fam ac am deimladau'r ferch wrth i ddilysrwydd personol Elinor dreiddio drwy'i disgrifiadau.

Yn y llythyrau sy'n dilyn profwn ei phoen wrth iddi golli'i ffydd: *'There is no God. He would not permit such agony. He would know that even in Heaven one could not forgive it.'*[39] Wedi marwolaeth eu mam symudodd Elinor a nifer o'i brodyr a'i chwiorydd i Surbiton ac yno disgwyliai y byddent yn: *'occasionally receive a visit from our father who lives at Fenton's Hotel, St James' Street and spends his days at the Carlton Club.'*[40] Un mis ar ddeg wedi marwolaeth ei wraig, bu farw George Augustus Huddart. Roedd hi bron yn dri mis wedi hynny ar Elinor yn rhannu'r newyddion â Shaw a datgelu sut y bu i'w pherthynas hi â'i thad ddirywio: *'I can sympathise with you this once for my father died on the 1st of February and I made merry over the event – at least as merry as my state of health would allow… Remington [her publisher] is bringing out a story of mine in two vols called 'Commonplace Sinners'. My father was only 62 when he died and his end was bronchitis.'*[41] Flwyddyn union yn ddiweddarach, ysgrifennodd Elinor o gyfeiriad arall yn Surbiton i ddweud wrth Shaw bod *'There is a sale of all our furniture etc going on at Tower House, and we … are lodging at the address I give. The sale has been pending ever since our father died, being so willed in his testament.'*[42]

Leslie, about a young woman who sought revenge on her father for the infidelity and desertion that caused her mother's death. The opening chapters of this text, giving a grimly detailed account of the death of the heroine's "little mother" and her daughter's feelings, have a strong sense of authenticity about them and it can only be hoped that writing gave Elinor some small degree of relief.

In the letters that follow we see the painful loss of her faith: "There is no God. He would not permit such agony. He would know that even in Heaven one could not forgive it."[39] Elinor and a number of her siblings moved to Surbiton after the death of their mother and she anticipated that they would "occasionally receive a visit from our father who lives at Fenton's Hotel, St James' Street and spends his days at the Carlton Club."[40] Eleven months after the death of his wife, George Augustus Huddart died. Almost three months later, Elinor tells Shaw this news, indicating the extent to which her relationship with her father had broken down: "I can sympathise with you this once for my father died on the 1st of February and I made merry over the event – at least as merry as my state of health would allow… Remington [her publisher] is bringing out a story of mine in two vols called 'Commonplace Sinners'. My father was only 62 when he died and his end was bronchitis."[41] Exactly one year later, writing from another address in Surbiton, she informs Shaw that "There is a sale of all our furniture etc going on at Tower House, and we … are lodging at the address I give. The sale has been pending ever since our father died, being so willed in his testament."[42]

Robert Henry Land oedd Ciper stad y Wern yn ystod yr ugeinfed ganrif gynnar. Arthur Land.

Robert Henry Land was the Gamekeeper for the Wern estate during the very early twentieth century. Arthur Land.

[39] 14th April, 1884
[40] 13th October 1884
[41] 25th April, 1885
[42] 25th March, 1886

As Shaw's literary star ascended, his correspondence with Elinor grew increasingly infrequent. They exchanged a flurry of letters in March 1887 but then had little contact until 1891 when Elinor wrote from Earl's Court Square:

> *"You are yet alive, I fancy for I just read a recently published book of yours, 'The Quintessence of Ibsenism.' I also am still alive, and have just had another novel of mine published entitled "Leslie". The previous one I wrote 'A Modern Milkmaid' is coming out in a cheap edition…*
>
> *PS My hair is snow white now and my gait tottering."* [43]

In July 1894 she writes to ask for free tickets for her friends to see his play Arms and the Man. He does not respond. She writes again asking if she's offended him and we see her final letter in response to his:

> *'I am not mad most noble Festus.' The reason why I 'cherished misgivings', is simple even classical. You made no answer to my appeal either by writing or sending tickets. Hence these tears!*
>
> *ELH*[44]

There is evidence to suggest that Shaw believed Elinor could have been destined for literary success "if I could have persuaded her to … use the same pen name, instead of changing it for every book."[45] But eight years after the end of their correspondence, in 1902, Elinor died of, according to her death certificate, "Cerebral disease; dementia; persistent vomiting."[46] As with her family home, memories of Elinor faded away and her literary works fell into obscurity.

Wrth i enwogrwydd Shaw gynyddu, aeth eu llythyru'n brinnach. Bu rhai llythyrau rhyngddynt ym mis Mawrth1887 ond braidd dim cysylltiad wedi hynny tan 1891pan ysgrifennodd Elinor o Earl's Court Square:

Ym mis Gorffennaf 1894 ysgrifennodd ato i ofyn am docynnau am ddim er mwyn i rai o'i ffrindiau weld ei ddrama Arms and the Man. Ni chafwyd ateb i'w chais. Ysgrifennodd ato eto i ofyn a oedd hi wedi tramgwyddo yn ei erbyn a gwelwn yn ei llythyr olaf sy'n ymateb i'w lythyr olaf yntau:

Mae peth tystiolaeth ar gael i Shaw gredu y gallai Elinor fod wedi derbyn enwogrwydd am ei gweithiau llenyddol *'if I could have persuaded her to … use the same pen name, instead of changing it for every book.'*[45] Ond wyth mlynedd wedi diwedd eu cyfnod llythyru, ym 1902, bu farw Elinor. Y rhesymau yn ôl ei thystysgrif marwolaeth oedd: *'Cerebral disease; dementia; persistant vomiting.'*[46] Yn union fel y digwyddodd i'w chartref teuluol, pylodd y cof am Elinor ac aeth ei gweithiau llenyddol i ddifancoll.

[43] *16th November, 1891*
[44] *8th July, 1894*
[45] Michael Holroyd, *Bernard Shaw* (London: Vintage, 1998), p. 64.
[46] "Bernard Shaw's First Critic", p. 301

Mynedfa bae-cefn y ty isaf mewn cyflwr gwael / The bow of the drawing room of the lower house in a poor state of repair. Antonia Dewhurst.

DATBLYGIAD PENSAERNÏOL PLAS BRYNCIR RHAN DAU

THE ARCHITECTURAL DEVELOPMENT OF BRYNKIR: PART TWO

6

MARK BAKER

Wrth i dwristiaid ddechrau cyrraedd Cymru ar ddiwedd y ddeunawfed ganrif, roedd nifer o deuluoedd cefnog a mentrus mewn busnes, oedd dod â'u harian gyda hwy neu oedd am fod yn agos at ffynhonnell eu cyfoeth, yn dewis byw yng Nghymru. Ym 1809 prynwyd rhan o stad Bryncir gan Gapten Joseph Huddart a gyrhaeddodd yr ardal wrth iddo chwilio am dref glan y môr fyddai'n addas i'w datblygu ar gyfer anfon llongau post i'r Iwerddon. Roedd Porthmadog yn rhan o gynllun oedd dan ystyriaeth gyda'r porthladd ym Mhorth Dinllaen, ond yn y pen draw, penderfynwyd ar Gaergybi. Ymwelodd Edmund Hyde Hall â Bryncir yn fuan wedi i Huddart ei brynu ac ysgrifennodd bod *'The mansion … stands at a good elevation above the left bank of the stream which is poured down from the upper end of the parish.'*[1] Ym 1811 a 1815 ychwanegodd Joseph Huddart at ei eiddo yn yr ardal gyda'r weledigaeth o *'great schemes for converting the demesne into a paradise in the wilderness - a gentleman's country seat worthy of the name.'*[2] Polymath oedd Huddart ac yn gartograffydd o fri. Roedd wedi casglu ffortiwn iddo'i hun ac oedd am sefydlu cartref i'w deulu yn yr ardal ramantus hon o Ogledd Cymru. Nid tref fechan wledig oedd Porthmadog erbyn hyn gan i William Maddocks, oedd wedi creu tref ddelfrydol ar y morfa diffrwyth, ddod ag enwogrwydd i'r dref. Mae Eifionydd Colin Gresham yn darlunio sut y datblygodd Huddart stad Bryncir ac mae'n rhoi disgrifiad hyfryd o'r tŷ a'r wlad o'i gwmpas â *'stately approach to the site on which a new mansion could now rise, made possible by a rich inheritance (his father had died in 1816)'*:[3]

As Wales was becoming a tourist destination during the late-eighteenth century, it was also being chosen as a home to many wealthy, entrepreneurial families, who came with money or based themselves near to their sources of income. In 1809, part of the Brynkir estate was purchased by Captain Joseph Huddart who had come to the area while surveying coastal towns that might be suitable for running the mail packet to Ireland-Porthmadog was being considered as part of a scheme with its terminal at Porth Dinllaen, but Holyhead was chosen. Edmund Hyde Hall visited Brynkir around the time Huddart had purchased and recorded that 'The mansion …stands at a good elevation above the left bank of the stream which is poured down from the upper end of the parish.'[1] Joseph Huddart added to his holdings in the area in 1811 and 1815 with a vision of 'great schemes for converting the Brynkir demesne into a paradise in the wilderness - a gentleman's country seat worthy of the name.'[2] Huddart had been a polymath and well-respected cartographer who had amassed a fortune and wanted to set up his family with a seat in romantic North Wales. Porthmadog was by means no back water and had been made famous by the work of William Maddocks, who created a model town on an area of barren marsh. Colin Gresham's Eifionydd sets out the whole establishment of the Brynkir estate by Huddart and gives a wonderful description of the house and its setting with 'a stately approach to the site on which a new mansion could now rise, made possible by a rich inheritance (his father had died in 1816):[3]

---

[1]E.H. Hall, *A Description of Caernarvonshire (1809-1811)* (Caernarvon, 1952), p. 234.
[2]C.A. Gresham, *Eifionydd: A Study in Landownership from the Medievil Period to the Present Day* (Cardiff, 1973), p. .
[3]Ibid., pp. 52-53.

The lower part of the valley was designed as a park; the wild slopes were tamed and converted into open grassland, smooth and green, planted here and there with clumps of trees in the traditional manner. Trim lodges were set up by each gate, for a second approach road was made to the south…As time went on the more distant slopes were cleared, and every rock and boulder was blasted out of the way and built into trim straight walls, so that where there had been but rough grazings and a few untidy cultivation plots there were now large rectangular fields of rich pasture.

The Huddart family played a major role in the Industrial Revolution in this part of Wales, and invested in the Ffestiniog Railway and numerous quarrying and mining ventures, including largely unsuccessful ones in and near Cwm Pennant. Captain Huddart and his son Sir Joseph were both friends of William Maddocks who lived at Tan-yr-Allt which he had bought in 1798. Huddart had first met with Maddocks when he was reclaiming the land at Traeth Mawr from the sea with the building of the Cob and envisaging a shipping route to Ireland. Sir Joseph Huddart became High Sheriff for Caernarvonshire in 1821, and was knighted in the same year whilst the Prince of Wales was visiting region. Sir Joseph had married Elizabeth Durham in 1808 and they had three sons and seven daughters.

In 1809 Captain Joseph Huddart bought the house after he came across it while working for Trinity House surveying the area to help decide whether Porthmadog or Holyhead was the best place for a large ferry crossing to Ireland - history tells us that Holyhead was chosen. William Huddart, writing in the late-1980s stated in a biography of his illustrious ancestor, Captain Huddart that the family had: [4]

Roedd rhan bwysig gan y teulu Huddart yn y Chwyldro Diwydiannol yn yr ardal hon o Gymru. Buddsoddwyd ganddynt yn Rheilffordd Ffestiniog a nifer o fentrau mewn chwareli a mwyngloddio, rhai ohonynt a fu'n aflwyddiannus, yng Ngwm Pennant a'r cyffiniau. Roedd Capten Huddart a'i fab Syr Joseph yn gyfeillion â William Maddocks oedd yn byw yn Nhan-yr-Allt wedi iddo'i brynu yn 1798. Cyfarfu Huddart gyntaf â Maddocks pan oedd yn adeiladu'r Cob i geisio adennill tir o'r môr yn Nhraeth Fawr ac yn am sefydlu llwybr môr oddi yno i'r Iwerddon. Daeth Sir Joseph Huddart yn Uchel Siryf Sir Gaernarfon ym 1821 ac fe'i hurddwyd yn farchog y flwyddyn honno pan ymwelodd Tywysog Cymru â'r ardal. Ym 1808 roedd Syr Joseph wedi priodi Elizabeth Durnham ac fe gawsant dri mab a saith merch.

Prynodd Capten Joseph Huddart y plasty ym 1809 pan oedd yn ymweld â'r ardal ar ran Trinty House i weld ai Porthmadog neu Gaergybi fyddai orau ar gyfer adeiladu porthladd fferi i'r Iwerddon. - gwyddom bellach mai Caergybi a orfu. Ysgrifennodd William Huddart yn niwedd y 1980au ym mywgraffiad ei hynafiad disglair, Capten Huddart bod y teulu wedi:[4]

[4] W. Huddart, *Unpathed Water: The Life and Times of Captain Joseph Huddart* FRS 1741-1816 (London, 1989), pp.172-73.

"...built extensively onto the existing house, but without achieving a successful architectural composition: either the original three-storey building should have been the dominant feature or it should have been concealed behind a new façade. But to build in front of an old building at a lower level destroyed the unity of the design...internally, there was a small hall leading into a larger hall, two drawing rooms, a dining room and a library and sixteen bedrooms upstairs. In accordance with the requirements of the times there were extensive servant quarters, stabling and a walled garden. It always has been said that the Prince Regent was entertained at Brynkir during one of his visits to the slate quarries..."

Mae'r cyfeiriad cyntaf at blasty newydd i'w weld yn llyfr cyfrifon Bryncir am y cyfnod rhwng Mai 1812 a Rhagfyr 1814 ac sydd bellach yn Archifdy Prifysgol Bangor.[5] Nid yw'r llyfrau cyfrifon blaenorol fyddai'n cynnwys manylion am brynu'r stad ym 1809 wedi goroesi. John Norton oedd yn gyfrol am oruchwylio'r fenter dan gyfarwyddyd Joseph Huddart, mab Capten John Huddart. Ymddengys bod taliadau wedi'u gwneud ar ôl i'r gwaith orffen ac efallai bod y gwaith wedi'i wneud fis neu ragor cyn i'r derbynebau gael eu hanfon. Yng Nghasgliad Porth-yr-Aur sydd ym Mhrifysgol Bangor mae nifer o lythyrau a ysgrifennwyd gan Norton yn ystod cyfnod adeiladu'r plasty.[6]

O'r rhain gallwn ddirnad bod adeiladu'r plasty wedi hen fynd rhagddo gan fod plwm, llechi a hoelion llechi wedi'u prynu at gyfer y to erbyn haf 1812. Erbyn Gorffennaf 1812 roedd llechi ar y to yn y 'plasty newydd' ac roedd plastr ar y muriau mewnol. Mae derbynneb sy'n ddyddiedig 18 Gorffennaf, gan John Jones, oedd wedi gosod llechi ar y to, yn dangos y defnyddid rhagor na 353 llathen o lechi ar gyfer y 'plasty newydd' ac y treuliwyd 3½ diwrnod yn cael gwared â'r hen lechi o'r to.[7] Efallai bod hyn yn cyfeirio at adeilad oedd eisoes wedi'i godi ac efallai bod Huddart wedi gorfod prynu plasty nad oedd wedi'i orffen, fel y gwnâi eto

A new house is first referred to in an account book for Brynkir held in Bangor University Archive beginning in May 1812 and ending in December 1814.[5] Previous account books, which would begin with the purchase of the estate in 1809, do not survive. John Norton was responsible for overseeing the enterprise under the direction of Joseph Huddart, son of Captain Joseph Huddart. Monies appear to be paid retrospectively and were dependent on the receipt of an invoice, so in some case, work may have been carried out a month or more previously. Porth-yr-Aur Manuscripts Collection at Bangor University includes several letters from Norton and cover the period of the villa's erection.[6]

What we can discern from the documents is that the house's construction was already well underway as lead, slates and slater's nails were purchased for the roof by the summer of 1812. The 'new house' had by July 1812 been slated and the interiors were being plastered. A receipt from John Jones, slater, dated 18th July states that just over 353 yards of slates were used for the 'new house' and that 3 ½ days was spent stripping off old slates.[7] This may refer to an already existing house and Huddart may have purchased an unfinished house, as he was to do at nearby Wern. The windows appear to have been glazed as only window

[5]Bangor (General Collections) 809-811
[6]Bangor (General Collections) 3654-3868
[7]Bangor (General Collections) 809/15

weights are mentioned, and the 'garret' required a pane of glass to be replaced. It is probable that the site was prepared in 1810 soon after purchase, with the walls being raised in 1811 and essential fittings and fixtures being inserted before the roof was finished, and the windows glazed. References to the repair of slates may refer to one of three things: the upper house which continued in use well into the mid-nineteenth century; repairing slates on the house being erected or repairing a house onto which Huddart was building.

Internally, work was progressing with 29 feet of oak being purchased, presumably for flooring as both sawyers and carpenters were employed. Specialist woods, such as mahogany, were singled out, as well as laths, which were both purchased from a Robert Morris. Stucco is mentioned as well as window weights for sashes. Hair was purchased for plastering the new house and paints and other 'sundry furnishings' for the interiors. Labourers proved to be the most costly expense, totally £31 5 1 ½ for June. A slater was singled out for repairing the roof of the old house, but it is not clear to which building this refers: either the upper house or a structure already existing on the site of the lower. Sandstone is noted, together with mention of 6 loads of stone being brought to the house. 60 yards of paving stone was paid for, together with stone masons whose own account was one of the most costly within the list totally £44 0 10 ½ for August alone, compared to carpenters who were paid £18 0 0. Veranda columns were turned, referring to their construction out of wood. Sixty yards of paving slab was laid by masons for the veranda, and it is possible that

yn y Wern gerllaw. Ymddengys bod gwydr eisoes yn y ffenestri gan mai ond sôn am bwysau ar gyfer y ffenestri sydd yno a bod angen gwydr newydd yn ffenestr y groglofft. Y tebygrwydd yw bod y safle wedi'i baratoi yn 1810 yn fuan wedi iddo'i brynu a bod y waliau wedi'u codi ym 1811 a'r mân daclau wedi'u gosod yn yr ystafelloedd cyn bod y to yn ei le a gwydr yn y ffenestri. Gall y cyfeiriad at adnewyddu'r llechi gyfeirio ar un o dri pheth: y plasty uchaf a ddefnyddid ymhell i ganol y bedwaredd ganrif ar bymtheg; adnewyddu'r llechi ar y plasty oedd wrthi'n cael ei godi neu atgyweirio plasty roedd Huddart yn ei godi.

Roedd y gwaith hefyd yn mynd yn ei flaen y tu mewn i'r plasty wrth i 29 troedfedd o goed derw gael ei brynu. Mae'n debyg mai ar gyfer y lloriau oedd hyn gan fod llifwyr a seiri wedi'u cyflogi. Sonnir am bren arbennig, megis mahogani, a lats a brynwyd gan ŵr o'r enw Robert Morris. Mae cyfeiriad hefyd at stwco a phwysau ar gyfer y ffenestri dalennog. Prynwyd rhawn ar gyfer plastro'r waliau, paent a manion eraill ar gyfer yr ystafelloedd. Llafur oedd y gost fwyaf â chyfanswm o £31 5 1½ am fis Gorffennaf. Cyfeirir yn benodol at un gweithiwr oedd wedi adnewyddu llechi to'r hen blasty ond nid yw hi'n amlwg yn hollol pa adeilad oedd hwn: naill ai'r plasty uchaf neu adeilad oedd eisoes yn bodoli ar safle'r plasty isaf. Sonnir am dywodfaen, y cariwyd 6 llwyth ohono at y plasty. Talwyd am 60 llathen o gerrig palmant ynghyd â seiri maen oedd a'u taliad hwy yr un mwyaf costus yn yr holl restr - £44 0 10½ am y mis Awst yn unig, a hynny o'i gymharu â'r seiri pren a dalwyd £18 0 0. Turniwyd colofnau ar gyfer y feranda felly rhaid mai colofnau coed oedd y rheini. Gosododd y seri maen chwe deg llath o gerrig palmant ar y feranda ac mae'n bosibl mai to gwellt oedd ganddo yn ôl poblogrwydd *cottage orné* y cyfnod. Y ffasiwn yng Ngogledd- orllewin Cymru oedd i adeiladau feranda â boncyffion coed oedd heb eu trin fel y gwelir ym Mhlas Crug ger Caernarfon.

Mae sawl cofnod yn cyfeirio ar blastrwyr sment, tybed ai'r rhai oedd gweithio ar y stwco oedd y rhain? Sonnir am dorrwr cerrig oedd yn defnyddio tanio yn ei waith. Byddai hynny'n egluro'r dystiolaeth o'r dechneg plwg ac adenydd a welir ymhobman. Prynwyd rhagor o gerrig palmant o Sir Feirionnydd ac fe'u cludwyd yno dros y môr. Erbyn mis Tachwedd roedd cloeon a cholfachau wedi'u prynu, a llawer iawn o hoelion a bwyseli o flew ar gyfer y plastro. Talwyd £57 5 8 i Thomas Davies am wydro'r ffenestri a £61 13 0 i William Jones am y calch. Daeth y drysau o Lystyn Gwyn, fferm yn y cwm cyfagos a chawsant eu gosod drwy'r plasty. Cloddiwyd pum deg naw llathen o raean, o wely'r afon Dwyfor sy'n llifo drwy Gwm Pennant mae'n debyg, ac fe'i cludwyd i Fryncir i'w ddefnyddio yn y gymysgedd morter ac ei osod ar lwybrau'r ardd. Talwyd Robert Roberts am ridyllu tywod ar gyfer y gymysgedd mortar a'r stwco ar y waliau allanol. Gosodwyd llechi ar swyddfeydd y plasty newydd a rendrwyd eu waliau a'u feranda. Daw pob cyfeiriad at adeiladu'r plasty i ben yn Rhagfyr 1813, ac mae gweddill y cyfrifon yn cyfeirio at y gerddi, yr adeiladau allanol a'r fferm. Plannwyd gwair ar y lawntydd a chyflogwyd pladurwyr i ofalu am y tir. Talwyd John Nicholas am goed i'r gerddi a'r parc. Daliwyd 168 o wahaddod gan y gwaddotwr a phrynwyd hadau o Glasgow drwy fasnachwr yng Nghaernarfon.

this was thatched, as was popular with cottage orné. It was popular, especially in Northwest Wales, for verandas to be built with rustic logs, as seen at Plas Crug, near Caernarfon.

Several entries note cement plasterers; does this represent those who carried out the stucco work? A stone cutter is also mentioned, retrieving the stone by blasting, which explains the extensive use of the plug and feather technique seen all over the buildings. More flags were purchased from Merionethshire and were brought by sea. By November, locks and hinges were being bought, together with huge quantities of nails, bushels of hair for plastering. Thomas Davies the glazier was paid £57 5 8 and William Jones £61 13 0 for providing lime. Doors were from Llystyn Gwyn, a farm in the next valley, and were being hung throughout the house. Fifty-nine yards of gravel was excavated, probably from the bed of Afon Dwyfor, which flows through Cwm Pennant. It was wheeled to Brynkir and used in the mortar mix, and for the garden paths. A Robert Roberts was paid for 'sifting sand', again for the mortar mix and external stucco. The offices of the new house were slated and rendered, together with their veranda. References to the building of the house end in December 1813, and the rest of the account refers to the gardens, outbuildings and home farm. Lawns were planted with grass seed, and scythers were employed to tame the grounds. A John Nicholas was paid for the purchase of trees for the garden and park. 168 moles were caught by the molecatcher and seeds were purchased from Glasgow via a dealer from Caernarfon.

Ailadeiladiad o fila y Huddart, gan ddangos y gegin a'r gwasanaeth oedd ar wahân. Ceri Leeder.

A reconstruction of Huddart's Villa showing the detached kitchen and service range. Ceri Leeder.

The appearance of Huddart's villa has parallels with William Maddocks' Tan-yr-Allt, Tremadoc, a house which would have been very familiar to Huddart and his building team. Maddocks purchased an existing building, presumably for its views, and built a Regency villa around it circa 1800.[8] Tan-yr-Allt is believed to be one of the first villas to be built in Wales and was much copied. As the picturesque movement swept through Wales, the villa was

Mae agweddau tebyg ym mhlasty Huddart a chartref William Maddocks yn Nhan-yr-Allt. Tremadog. Byddai Huddart a'i dîm adeiladu yn gyfarwydd â'r adeilad hwn. Prynodd Maddock adeilad oedd eisoes ar ei draed, am yr olygfa oddi yno, mae'n debyg, ac adeiladodd fila Raglywiaethol o'i gwmpas tua 1800.[8] Credir bod Tan-yr-Allt yn un o'r filas cyntaf i'w adeiladu yng Nghymru ac adeiladwyd llawer yn debyg iddo wedi hynny.

[8]Cadw Listing Description for Tan-yr-Allt.

Disgrifiodd Percy Bysshe Shelley y ffasiwn newydd oedd yn dod yn boblogaidd drwy Gymru gyfan fel *'a cottage extensive and tasty enough for the villa of an Italian Prince.'*[9] Daeth Shelley i Gymru a rhentu'r tŷ gan Maddocks yn Nhachwedd am dros bum mis: disgrifiad ei wraig ohono oedd *'our beautiful Welsh cottage'*.[10] Yma y gorffennodd Shelley ei gerdd Queen Mab.[11] Roedd byw yng Ngogledd-orllewin Cymru yn anodd i Shelley, cyfeiriodd at y gymdeithas leol fel bod yn *'very stupid. They are all aristocrats and saints ... the unpleasant part of the business is, that they hunt people to death, who are not so likewise.'*[12] Roedd yn gas ganddo gyfreithwyr Tremadog yn arbennig: *'unexampled villany rule and grind the poor, whilst they cheat the rich. The peasants are mere serfs, and are fed and lodged worse than pigs. The gentry have all the ferocity and despotism of the ancient barons, without their dignity and chivalric distain of shame and danger.'*[13] Gan iddo ddweud y fath syniadau ar goedd, gwnaeth Shelley nifer o elynion iddo'i hun ac un tro saethodd rhywun at Shelley ar ôl dringo, mae'n debyg, drwy ffenestr.[14] Digwyddodd hyn ar ddiwedd Chwefror 1813 ac mae sawl dehongliad i'r digwyddiad. Credai Harriet Shelley mai Robert Leeson perchennog chwarel o Morfa Lodge, Porthmadog[15] oedd yn gyfrifol am geisio'i ladd, ond barn eraill oedd bod Shelley wedi dyfeisio'r stori er mwyn gallu dianc ac osgoi talu ei ddyledion fel roedd wedi gwneud o'r blaen.[16] Roedd rhan gan Leeson ym Mryncir a gwelir ei enw yng nghyfrifon y stad. Ŵyr neb beth yn hollol oedd ei gysylltiad â Bryncir , ond efallai bod ei chwarel wedi darparu peth o'r garreg ar gyfer yr adeiladu.[17]

described by Percy Bysshe Shelley as a 'cottage extensive and tasty enough for the villa of an Italian Prince.'[9] Shelley rented the house in November 1812 for little more than five months; his wife described it as 'our beautiful Welsh cottage'[10] and it was here that he completed his poem, Queen Mab.[11] Shelley found life in Northwest Wales quite difficult, referring to the local society as 'very stupid. They are all aristocrats and saints…the unpleasant part of the business is, that they hunt people to death, who are not so likewise.'[12] He particularly disliked the lawyers of Tremadoc whose 'unexampled villainy rule and grind the poor, whilst they cheat the rich. The peasants are mere serfs, and are fed and lodged worse than pigs. The gentry have all the ferocity and despotism of the ancient barons, without their dignity and chivalric disdain of shame and danger.'[13] With such sentiments, Shelley made many enemies and was subject to an attack by a supposed intruder who shot at Shelley after entering through a window.[14] The incident took place at the end of February 1813, and various theories exist as to what may have happened. Harriet Shelley believed that Robert Leeson, of Morfa Lodge, Porthmadog,[15] a quarry-owner, was behind the attempted murder, whilst others thought that Shelley fabricated the story to escape paying his debts as he had done elsewhere.[16] Leeson was also involved with Brynkir and is mentioned in the estate accounts. To what degree he was involved is not known, but his quarry may have provided a source of stone for the building works.[17]

[9]R. Ingpen Ed., The Letters of Percy Bysshe Shelley : vol. 1 (London, 1909), p.381.
[10]Ibid., p.364.
[11]Ibid.,pp.378-379.
[12]Ibid., p.367
[13]Ibid., p.368-369.
[14]A full transcript of the incident was recorded by Harriet Shelley and is published in L.S. Boas, Harriet Shelley: Five Long Years (London, 1962).
[15]Another villa built by William Alexander Maddocks. See S. Leigh, Leigh's guide to Wales & Monmouthshire (London, 1835), p. 332.
[16]J. Bieri, Percy Bysshe Shelley: A Biography-Youth's Unextinguished Fire, 1792-1816 (Cranbury, 2004), pp. 270-290.
[17]Bangor (General Collections) 809

The earliest surviving plan of Brynkir dates to 1816, and is the Ordnance Survey 2 inch original drawing by Robert Dawson.[18] This map shows Huddart's L-shaped villa very much as described in the building accounts, with offices coming from the side of the main building and a turning circle coming up to the main front, splitting from the original drive that led to the upper house. The walled garden is clearly marked, as is the enclosure of the upper house, with its associated outbuildings. The stables and coach house, now the youth hostel, were built in 1818, by John Morgans and Company, stone masons. They also built a barn, an upper and lower shed, upper gateway to the way, turf shed, ports and a smithy with attached house. The total cost was £134 4 3.[19] Other buildings referred to in later receipts include a granary, brewhouse, boiler house, pig sties, poultry yard and various cottages built on the estate.[20] John Pugh and Co., stone masons, were paid for three days' work drawing stones to the summer house in April 1819, which was to be later Brynkir Tower.[21]

John Morgan, and his team of local masons, were again employed in June 1819 to 'break a door way & a place for the beam ends in the old wall at the new house.'[22] Does the 'old wall' refer to a pre-existing structure around which Huddart's villa was built? The new house was extended again in July and August, as John Morgan refers to 'building an addition at the house – 674 yards'[23] which had 'an arcade in front – 225 yards':[24] Morgan was also employed for 'slating part of the new house and dressing sills and painting rendering white.'[25] Two new arches were made in the new house, the back walls were pointed, and a gutter was placed before the colonnade.[26] More work was

Y dyddiad sydd ar y cynllun cynharaf o Fryncir sydd wedi goroesi yw 1816. Hwn yw'r lluniad Arolwg Ordnans 2 fodfedd gwreiddiol gan Robert Dawson.[18] Mae'r map yn dangos plasty Huddart sydd ar siâp L yn debyg iawn i fel y'i disgrifiwyd yn y cyfrifon adeiladu, gyda swyddfeydd ar ochr y prif adeilad a chylch troi yn rhannu o'r ffordd wreiddiol oedd yn arwain at y plasty uchaf. Mae'r ardd furiog i'w gweld yn glir, a hefyd iard y plasty uchaf a'i adeiladau allanol. Adeiladwyd y stablau a'r cerbytai ym 1818 gan y seiri maen John Morgans a'i Gwmni. Erbyn heddiw, rhain yw'r hostel ieuenctid. Hwy hefyd adeiladodd yr ysgubor, dwy sied, y porthdy uchaf ger y ffordd, sied dyweirch a gefail â thŷ yn rhan ohono. Y gost am hyn oll oedd £134 4 3.[19] Sonnir hefyd mewn derbynebau eraill am adeiladu granar, bragdy, adeilad i'r boeler, tylciau mochyn, iard i'r ieir a nifer o fythynnod ar y stad.[20] Yn Ebrill 1819, talwyd y sieri maen John Pugh a'i Gwmni am waith tri diwrnod i lusgo cerrig at y tŷ haf a ddaeth yn ddiweddarach yn Dŵr Bryncir.[21]

Ailgyflogwyd John Morgan a'i dîm o seiri maen lleol ym Mehefin 1819 i 'break a doorway & a place for the beam ends in the old wall at the new house.'[22] Tybed a yw'r 'old wall' yn cyfeirio at adeilad blaenorol yr adeiladwyd plasty Huddart o'i amgylch? Ymestynnwyd y plasty newydd eto ym misoedd Gorffennaf ac Awst gan y cyfeiriodd John Morgan at 'building an addition to the house - 674 yards'[23] oedd ag 'an arcade in front - 225 yards.'[24] Cyflogwyd Morgan hefyd ar gyfer 'slating part of the new house and dressing sills and painting rendering white.'[25] Crëwyd dau fwa newydd yn y plasty, pwyntiwyd y waliau cefn a gosodwyd cafn ar flaen y rhodfa golofnog.[26] Gwnaethpwyd

[18]Bangor (General Collections) 34081
[19]Bangor (General Collections) 809/16
[20]Bangor (General Collections) 809/17
[21]Bangor (General Collections) 809/22
[22]Bangor (General Collections) 809/17. The invoice is dated 11.1.1820.
[23]Bangor (General Collections) 809/19
[24]Ibid.
[25]Bangor (General Collections) 809/17
[26]Ibid.

rhagor eto o waith ym mis Mawrth 1820, gosodwyd cerrig palmant ar y rhodfa golofnog, cyweiriwyd siliau rhai ffenestri, codwyd cerrig, adeiladwyd pileri ar gyfer clwydi a llenwyd bylchau rhwng y trawstiau.[27] Ymddengys bod gwaith yn digwydd yn y plasty'n gyson. Seiri maen John Pugh a'i gwmni adeiladodd ochrau'r ffynnon a'r llaethdy, a hwy hefyd gloddiodd ac adeiladu'r seler, ac agor drws o'r seler a drws i adeilad y gegin gefn.[28] Prynwyd llawer iawn o ffabrigau ar gyfer tu mewn y plasty ym 1823 gan Robert Jones, Caernarfon. Roedd y rhain yn cynnwys chintz ar gyfer y dodrefn, calico Waterloo, mwslin gwyn cain ar gyfer dillad merched, cotwm, lliain main, rhwymiad chintz a gingham.[29] Mae derbynneb arall yn cofnodi pryniant o ddeg pâr o fwlïau ar gyfer y ffenestri dalennog, cloeon mortais, clo 'closett', popty haearn, stôf newydd, cofrestri tân, byliau drws, cilfachau, cliciedau, a chaeadau twll clo o efydd.[30] A fu rhagor o welliannau ym Mryncir?

Roedd aelodau'r teulu Huddart yn helwyr o fri ac yn aml byddent yn gwahodd yr helwyr llwynogod lleol i Fryncir. Mae adroddiad o'r 1830 yn cofnodi, pan welwyd llwynog ger y plasty: *The keeper and the dogs were immediately sent for, and the whole household anticipated a regular chase. Reynard [fox] however was not in the humour to lead the dogs a dance, so on approach of the pack he leapt through the pantry window and sought refuge in the house. Doors and windows were instantly secured, and those who a few minutes before expected to be only spectators were now compelled to be the actors in the hunt. The servants armed themselves with mops, brooms, brushes, pokers &c. and after a long chase, in which many desperate leaps were taken and falls received, the fox was fairly run in upon a window, and safely bagged, in order that his swiftness may be tried at a future day by a pack jury.*[31]

carried out flagging the colonnade, fixing window sills, raising stone, building gate piers and beam filling in March 1820, and it seems that the house was constantly being altered.[27] John Pugh and Co., stone masons, built the sides of the well, a dairy and other offices, excavated and built the cellar, as well as drains, built walls for the sleepers of the parlour wall, opened a doorway from the cellar and a door into the scullery building.[28] Vast quantities of fabrics were bought for the interiors of Brynkir in 1823 from Robert Jones of Caernarfon, including chintz for furniture, Waterloo calico, book muslin (thin white muslin used often for ladies' dresses), cotton, linen, chintz binding and gingham.[29] Another receipt records the purchase of ten pair of sash pulleys, mortice locks, a 'closett' lock, an iron oven, new stove, fire registers, door knobs, hinges, latches and brass escutcheons.[30] Was there another set of alterations at Brynkir?

The Huddarts were all keen hunters, and frequently hosted the local fox hunt at Brynkir: an account from the 1830s records that when a fox was seen in the locality, 'the keeper and the dogs were immediately sent for, and the whole household anticipated a regular chase. Reynard [fox] however was not in the humour to lead the dogs a dance, so on approach of the pack he leapt through the pantry window and sought refuge in the house. Doors and windows were instantly secured, and those who a few minutes before expected to be only spectators were now compelled to be the actors in the hunt. The servants armed themselves with mops, brooms, brushes, pokers &c. and after a long chase, in which many desperate leaps were taken and falls received, the fox was fairly run in upon a window, and safely bagged, in order that his swiftness may be tried at a future day by a pack jury.'[31]

[27]Bangor (General Collections) 809/21
[28]Bangor (General Collections) 809/23. Dated 4.7.1820.
[29]Bangor (General Collections) 809/50. Dated June 1823.
[30]Bangor (General Collections) 809/52. Dated 1829.
[31]1833.12.10, *North Wales Chronicle*

A receipt survives from Robert Williams, tailor, listing the clothes made for the Brynkir household in 1839. Sir Joseph Huddart's trousers are at the top of the list, followed by a livery coat, breaches, leggings, waistcoat, and another entire outfit for John Owen, who was listed on the 1841 census as a male servant, then aged 25, was coachman.[32] John Jones, aged 45 in 1841, was purchased a mourning coat, with waistcoat, breaches and leggings, and was presumably the butler.[33] Again, in 1841, Robert Williams of Ty Croes, was employed to make more clothes for the household. [34]

The tithe map for Llanfihangel-y-Pennant parish is the earliest known detailed map to survive of Brynkir. The house and pleasure gardens occupied plot 264.[35] A walled enclosure, plot 267, to the south is recorded as a garden, and it is assumed from the location and the path arrangement that this was a walled, formal garden, possibly in use as a kitchen garden. A new drive appears to have been constructed to create a more direct approach to the main house, connecting up to the original turning circle. The kitchens and multi-storey block appear distinctly connected to the villa. Unfortunately, tithe maps rarely record small passages and outdoor areas, so the protrusion out of the multi-storey block may actually be the lost range shown on later plans. Sir Joseph Huddart's descendent states that his ancestors: [36]

Mae derbynneb ar gael o hyd sy'n rhestru'r dillad a wnaethpwyd gan y teiliwr Robert Williams ar gyfer Bryncir ym 1839. Ar ben y rhestr mae trowsus Syr Joseph Huddart, yna ei gôt lifrai, trowsusau pen-glin, legins, gwasgod a gwisg gyflawn i John Owen. Yn ôl cyfrifiad 1841 ac yntau bryd hynny'n 25 mlwydd oed un o'r gweision oedd John Owen, ac yn goetsmon.[32] Prynwyd côt gynffon â gwasgod, trowsus pen-glin a legins i John Jones oedd yn 41 mlwydd oed ym 1841.[33] Mae'n debyg mai'r bwtler oedd ef. Hefyd ym 1841 cyflogwyd Robert Williams, Tŷ Croes i wneud rhagor o ddillad i'r gweision.[34]

Map y degwm o blwyf Llanfihangel-y-Pennant yw'r map manwl cynharaf o Fryncir i oroesi. Roedd y plasty â'r gerddi pleser yn llain 264.[35] Cofnodir tir caeedig, llain 267, i'r de fel gardd, a thybir yn ôl y lleoliad a threfniant y llwybrau bod hon yn ardd ffurfiol â mur o'i chwmpas. O bosibl, hon oedd yr ardd lysiau. Gwelir ffordd newydd oedd yn cysylltu â'r cylch troi gwreiddiol, wedi'i gosod fel bod posibl cyrraedd prif adeilad y plasty'n rhwyddach. Mae'r ceginau a'r adeilad amrylawr i'w gweld wedi'u cysylltu â'r plasty. Yn anffodus, ni chofnodir tramwyfeydd bychain a mannau allanol ar fapiau'r degwm, felly gall yr ymwthiad o'r adeilad amrylawr fod yn adeilad coll y gwasanaethu a welir ar gynlluniau diweddarach. Mae disgynnydd Syr Joseph Huddart yn datgan i'w hynafiaid:[36]

[32]Bangor (General Collections) 809/60. Dated 1839.
[33]Bangor (General Collections) 809/60. Dated 1839.
[34]Bangor (General Collections) 809/61. Dated 1841.
[35]Public Record Office: IR30/48/43
[36]W. Huddart, *Unpathed Water: The Life and Times of Captain Joseph Huddart FRS 1741-1816* (London, 1989), pp.172-73

...built extensively onto the existing house, but without achieving a successful architectural composition: either the original three-storey building should have been the dominant feature or it should have been concealed behind a new façade. But to build in front of an old building at a lower level destroyed the unity of the design...internally, there was a small hall leading into a larger hall, two drawing rooms, a dining room and a library and sixteen bedrooms upstairs. In accordance with the requirements of the times there were extensive servant quarters, stabling and a walled garden. It always has been said that the Prince Regent was entertained at Brynkir during one of his visits to the slate quarries...

Ailadeiladiad o Bryncir yn ystod y 1860au, gan ddangos yr adain am-llawra'r bae ar ogwydd nadd. Ceri Leeder.

A reconstruction of Brynkir during the 1860s, showing the multi-storeyed wing and the ashlar canted bay. Ceri Leeder

95

On the death of Sir Joseph in 1841, the estate passed to his eldest surviving son George Augustus Huddart. Lady Huddart lived for another ten years and died tragically 'as a consequence of being thrown from her carriage' near Christchurch, Dorset.[37] The family also had a house in Bath as was fashionable at the time, yet Brynkir remained the family home.[38] According to his will, Lady Elizabeth inherited both the Bath and Brynkir houses.[39] George Augustus inherited the rest of his estate. It is not known when the fine dolerite ashlar facades were built at Brynkir; they could feasibly be from the original 1811-1813 build, or from a later alteration by Sir Joseph Huddart, who appears to have been the most prolific builder at Brynkir. George Augustus is known to have heightened the tower and may have had added a new front onto the house to provide a new entrance hall, with reception rooms either side. A building joins between the ashlar work of the drawing room and the later extension may support this. The rough ashlar work, underneath the late-nineteenth century render is similar to estate buildings known to have been built during the 1850s.

George Augustus Huddart died in London on 1st February 1885 from bronchitis. Under the terms of his will, it was directed that the Brynkir Estate should be put up for sale and the proceeds divided amongst his children. The Reverend George Augustus Ward Huddart and his three brothers were all executors and trustees. Arthur Huddart renounced and disclaimed his appointment, leaving George, Frederick and Cuthbert to realise the landed estates. Immediately, when their intentions were made known, their aunt, Caroline Huddart expressed 'a great desire to purchase

Pan fu farw Syr Joseph ym 1841, etifeddwyd y stad gan George Augustus Huddart, y mab hynaf oedd dal yn fyw. Bu'r Fonesig Huddart yn byw yno am ddeg mlynedd yn rhagor hyd nes iddi hi farw'n drychinebus *'as a result of being thrown from her carriage'* ger Christchurch yn swydd Dorset.[37] Roedd tŷ gan y teulu hefyd yng Nghaerfaddon yn ôl ffasiwn y cyfnod, ond Bryncir oedd y cartref teuluol.[38] Yn ôl yr ewyllys, y Fonesig Elizabeth etifeddodd y tŷ yng Nghaerfaddon a Phlas Bryncir a George Augustus weddill y stad. Yn fuan wedyn, ac yntau'n bedair ar bymtheg, priododd George ag Elinor Sophia Magniac oedd hefyd dan oed.[39] Y tystion i'r briodas oedd y ddwy fam. Huguenotiaid oedd y teulu Magniac ac yn ôl hanes y teulu roedd tad Elinor yn Ffrancwr o dras â gallu deallusol uchel ond fe *'died young and mad after attempting to murder his wife.'* Byddai George yn ymfalchïo ynddo'i hun gan dybio ei fod yn ddyfeisiwr o fri â llu o batentau i'w enw. Ym 1859, er enghraifft, dyfeisiodd beiriant gwneud sigarau.

Ni wyddys pa bryd y gosodwyd yr wyneb cain o garreg ddolerit nadd ym Mryncir. Gallent fod yn rhan o'r adeiladu gwreiddiol ym 1811 - 13, neu'n rhan o adnewyddiad mwy diweddar gan Syr Joseph Huddart, yr adeiladydd mwyaf toreithiog ym Mryncir. Gwyddys i George Augustus codi'r twr yn uwch ac efallai yr ychwanegodd ffrynt newydd i'r plasty er mwyn creu mynedfa newydd ag ystafelloedd derbyn ar y ddwy ochr iddi. Mae uniad rhwng carreg nadd y parlwr a'r estyniad diweddarach efallai'n profi hyn. Mae'r cerrig nadd garw dan y rendr a roddwyd ar y waliau ar ddiwedd y bedwaredd ganrif ar bymtheg yn debyg i'r cerrig a defnyddiwyd i godi adeiladau'r stad yn y 1850au.

[37]1851.11.13, *North Wales Chronicle*
[38]Information from census records and the wills of Capt. Joseph, Sir Joseph and Lady Huddart. www.festipedia.org.uk [accessed 21.08.2012].
[39]Public Record Office: 11/1945/322

Bu farw George Augustus Huddart yn Llundain ar 1 Chwefror 1885 o'r clefyd broncitis. Yn ôl ei ewyllys, trefnwyd bod stad Bryncir i'w werthu a'r arian i'w rannu rhwng ei blant. Roedd y Parchedig George Augustus Ward Huddart a'i dri brawd oll yn ysgutorion ac ymddiriedolwyr i'w ewyllys. Gwrthododd Arthur Huddart ei gyfrifoldeb gan adael George, Frederick a Cuthbert i werthu'r stad. Yn union pan glywodd eu modryb Caroline Huddart beth oedd eu bwriad, mynegodd hithau *'a great desire to purchase a portion ... comprising the mansion house of Brynkir and certain lands adjoining and surrounding ... '*[40] Roedd Caroline yn awyddus i'r teulu Huddart barhau i berchnogi Bryncir a'i syniad gwreiddiol hi oedd y byddai hi'n ei brynu ac yna'n ei drosglwyddo dan drefniant caeth i George Augustus Ward gan mai ef oedd y mab hynaf oedd yn fyw o hyd. Wedi iddo yntau farw, byddai ei blant a phlant ei blant yn etifeddu'r stad, gyda'r gweddill i'w frodyr ac yna i'w plant hwythau. Aeth Caroline ati i hysbysu ei neiaint a'i nithoedd am ei chynllun ac roedd pawb yn gytûn. Trefnwyd y byddai William Arthur Dew, arwerthwr lleol, ac ymddiriedolwyr yr ewyllys yn pennu gwerth y stad cyn iddynt ei werthu. Roedd William Arthur Dew wedi bod yn asiant stad i George Augustus am flynyddoedd. Yna aeth William Watkins oedd wedi bod yn asiant tir ym Mryncir ers tua 1846 hefyd yn ei flaen i bennu gwerth stad Bryncir a'r pren a'r blanhigfa goed oedd o'i amgylch ar gyfer ei werthu i Caroline.

Gan fod George Augustus Ward yn ymddiriedolwr, yn ysgutor ac yn etifedd i'r ewyllys ni chymerodd ran yn y broses o werthuso'r stad. Penderfynodd Watkins beth oedd gwerth y rhannau oedd ar rent i denantiaid yn ôl deg mlynedd ar hugain o'r rhent blynyddol ac ychwanegodd

a portion…comprising the mansion house of Brynkir and certain lands adjoining and surrounding… '[40] Caroline was desirous that Brynkir should be retained in the Huddart family and her original idea was that it should be purchased by her and then conveyed in strict settlement to George Augustus Ward as the eldest surviving son for life with the remainder to his children successively in tail with the remainder to his brothers and their children successively. Caroline set about informing all of her nephews and nieces as to her intentions and was given unanimous approval. It was arranged that William Arthur Dew of Bangor, auctioneer, who had acted for many years as estate agent to George Augustus, and then for the trustees of his will, would value the estate with a view to their sale. William Watkins, the Brynkir land estate since c.1846, proceeded to make a valuation of Brynkir Estate together with the timber and plantations for the purpose of fixing a price at which it should be sold to Caroline.

George Augustus Ward, being trustee, executor and beneficiary, took no part in the valuation process. Watkins valued all such parts as were actually let to tenants at the time at thirty years purchase of the rents payable and he valued the mansion and grounds in hand. The timber and plantations were valued at the full value according to his knowledge and experience. Each of the nephews and nieces were informed of the valuation and sale price, and each of them fully approved and accepted it as being most satisfactory and beneficial to themselves as the persons entitled with equal shares to divide the proceeds equally. They all desired that the house and estate should be sold to Caroline at the amount set by Watkin's valuation of £20,500. To provide a fair sale, the estate was put up for

[40]GA/XD8/4/274

auction on 10th September 1886 by William Dew.   The family were advised that they should preserve the amenities and surroundings of Brynkir by acquiring further land to bolster the core area. Caroline negotiated the purchase of the additional lands with the trustees and William Dew, as the reserve prices had been fixed, and the particulars drawn up. The additional price would be £4200 inclusive of the timber and plantations. However, by the time of the sale came about, Caroline was unable or unwilling to provide the extra money, and so asked George Augustus Ward to raise the capital, which he did by means of a mortgage. The arrangements for the preparation and completion of the deeds were left in the hands of the London solicitors, Messrs Sandilands, who had previously acted for George Augustus. All the lands were conveyed on 16th December 1886 to Caroline in fee simple, who then immediately transferred them George Augustus Ward. Caroline's sister, Louisa Ann Huddart, also put up part of the purchase money. [41]

George Augustus Ward was now the undisputed owner of Brynkir and in receipt of the whole of the rents and profits of the farms and lands. Huddart had tried to return Brynkir as a home, going as far as completely refurbishing the interior of the house, erecting a new porch and Billiard Room with a separate entrance, lit from above by a lantern.

werth y plasty a'r gerddi. Defnyddiodd ei wybodaeth a'i brofiad i roi gwerth ar y pren a'r blanhigfa coed o amgylch y plasty. Cytunodd pob un o'r neiaint a'r nithoedd ar y swm a gynigiwyd gan y byddai pob un ohonynt yn elwa o'r arian fyddai'n cael ei rannu'n gyfartal rhyngddynt. Roeddynt oll am i'r plasty a'r stad gael eu gwerthu i Caroline am £20,500 sef y swm a bennwyd gan Watkins. Er mwyn sicrhau gwerthiant teg, cynigiwyd y stad mewn arwerthiant ar 10 Medi 1886 gan William Dew. Cynghorwyd y teulu y dylent warchod amgylchedd Bryncir drwy brynu rhagor o dir i ychwanegu at y stad. Trafododd Caroline bryniant rhagor o dir gyda'r ymddiriedolwyr a William Dew, gan fod y cynigion wedi'u derbyn a'r manylion bellach wedi'u trefnu. Y pris ychwanegol fyddai £4200 gan gynnwys gwerth y pren a'r blanhigfa goed. Fodd bynnag, erbyn amser y gwerthiant, methodd Caroline â chodi'r arian ychwanegol neu roedd hi'n anfodlon gwneud hynny. Gofynnodd i George Augustus Ward gyfrannu peth arian a gwnaeth hyn drwy godi morgais. Rhoddwyd y cyfrifoldeb o baratoi a chwblhau'r gweithredodd i Messrs Sandilands, cyfreithwyr yn Lloegr, oedd wedi gweithredu ar ran George Augustus o'r blaen. Trosglwyddwyd yr holl diroedd at Caroline ar 16 Rhagfyr 1886 drwy ffi syml ac yna trosglwyddodd hi'r tiroedd yn syth at George Augustus Ward. Cyfrannodd chwaer Caroline, Louisa Ann Huddart, hefyd tuag at y pryniant. [41]

Bellach George Augustus Ward oedd perchennog cydnabyddedig Bryncir a byddai'n derbyn holl renti a'r elw o'r ffermydd a'r tiroedd o amgylch. Ceisiodd Huddart ddychwelyd i Fryncir i fyw ac aeth cyn belled ag ail addurno tu mewn y plasty, codi cyntedd newydd ac Ystafell Filiards oedd â mynedfa ar wahân ac a oleuwyd gan lantern.

[41] GA/XD8/4/24

Dechreuwyd ar y gwaith o adnewyddu'r plasty ac adeiladau'r fferm ym 1889 a gwariwyd dros £8000 arno.[42]

Nid aeth neb i fyw yn y plasty ac ni chafwyd llwyddiant wrth ei osod ychwaith, felly ym 1899 ceisiwyd gwerthu'r holl stad mewn arwerthiant cyhoeddus yn Llundain ar 10 Hydref gan Messrs Osborne a Mercer.[43] Y cynnig uchaf oedd £19,500 felly ni chafwyd gwerthiant.[44] Ceisiodd George Augustus Ward ei werthu'n breifat am bris teg ond y cynnig gorau gafodd oedd £22,500 gan Richard Methuen Greaves.[45] Derbyniwyd y cynnig. Erbyn 1903, George Augustus Ward oedd yr unig fab i George Augustus Huddart oedd wedi goroesi. Bu farw ei frodyr i gyd - Frederick ym 1888, Arthur ym 1899 a Cuthbert ym 1900.[46] Yr unig sylw wnaeth Huddart ar y gwerthiant oedd ei fod yn tybio bod y cyfanswm o £24,700 wedi bod yn ormodol pan brynodd y stad ym 1886.[47]

Mae Catalog Gwerthiant 1899 yn disgrifio Bryncir fel *'a commodious mansion is a substantial building built of stone with a slate roof.'*[48] Mae'n disgrifio sut yr adnewyddwyd ac yr ychwanegwyd at y plasty tua 1890, gwaith a gostiodd £6,000, ac er i'r rhain fod bron a'u gorffen roedd peth gwaith eto i'w wneud.[49] Yn y catalog gwerthiant hwn mae'r unig ddisgrifiadau manwl o du mewn y plasty, gan gynnwys mesuriadau mewnol hollbwysig, oedd yn hanfodol wrth drefnu'r arolwg archeolegol. Disgrifiwyd mynedfa newydd y 1890au fel ystafell yn mesur 16 troedfedd 9 modfedd wrth 8 troedfedd 9 modfedd. Roedd pâr o ddrysau hanner gwydr yna'n agor ar yr ystafell groeso oedd yn ymestyn holl led yr adeilad ac yn mesur 48 troedfedd wrth 16 troedfedd 10 modfedd. Roedd y llawr o goed derw a golygfeydd o'r gerddi drwy'r ffenestri adeiniog. Roedd y silff y lle tân â

Work began in 1889 on repairing and improving the mansion and farm buildings and the sum spent exceeded £8000. [42]

The house was not lived in and neither was letting it a success, so in 1899 the entire estate was offered for sale by public auction in London on October 10th by Messrs Osborne and Mercer.[43] No bid exceeded £19,500 and the property was withdrawn.[44] George Augustus Ward continued to try and sell Brynkir privately for a fair price but the highest offer received was from Richard Methuen Greaves of Wern for £22,500 which was duly accepted.[45] By 1903, George Augustus Ward was the only surviving son of George Augustus Huddart. His brothers had all passed away - Frederick in 1888, Arthur in 1899 and Cuthbert in 1900.[46] Huddart's only reflection on the sale refers to how he considered the total sum of £24,700 to have been excessive for the purchase of the estate in 1886.[47]

The 1899 Sale Catalogue describes Brynkir as a 'commodious mansion is a substantial building built of stone with slated roof.'[48] It states that, in about 1890, considerable alterations and additions were undertaken, involving an outlay of £6,000, and although these have been nearly completed they were left unfinished.[49] This sale catalogue provides the only detailed description of the house, giving importantly internal measurements, which were essential in planning out the internal layout of the mansion during the archaeological survey. The 1890s porch was described as an entrance lobby, measuring 16 feet 9 inches by 8 feet 9 inches. A pair of half-glazed doors led to the entrance hall, which extended the whole width of the house, measuring 48 feet by 16 feet 10 inches. It had an oak

[42]GA/XD96/3/12
[43]GA/XD96/3/8
[44]GA/XD8/4/271
[45]Ibid.
[46]GA/XD8/4/272
[47]Ibid.
[48]GA/XD96/3/2
[49]Ibid.

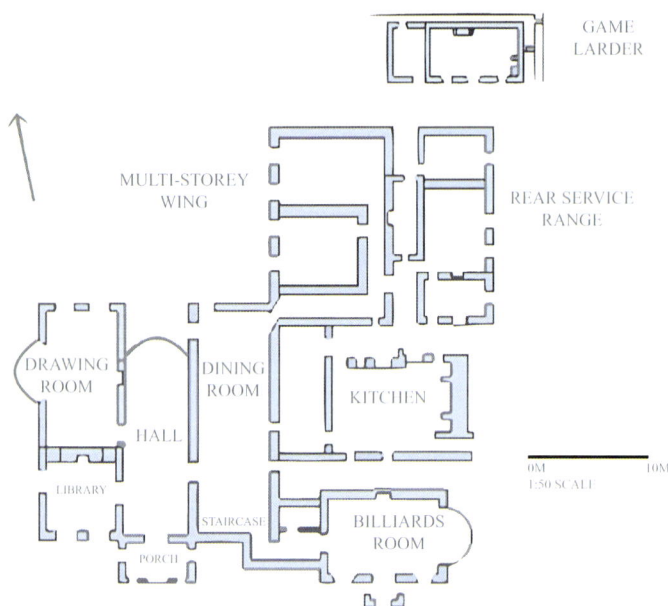

Cynllun plasty isaf Bryncir yn seiliedig ar arolwg o'r mesuriadau a wnaethpwyd rhwng 2012 a 2014. Casgliad yr Awdur.

Plan of the lower house at Brynkir, based upon a measured survey carried out between 2012 and 2014. Author's Collection.

deck-laid floor, is fitted with casements opening on to the grounds, and has white statuary marble mantel with extra pillar jambs and centre stove. From this opened following reception rooms: the drawing room, 36 feet by 24 feet 6 inches, lit by five windows and a bay window, looked out over the grounds, and was fitted with 'elegantly designed and beautifully carved Carrara statuary marble mantel, extra jambs, and brass mounted stove'; the dining room, 31 feet 4 inches by 18 feet 9 inches, fitted with a 'coloured marble mantel, having extra pillar jambs, lit by four windows...'; Library, 18 feet 4 inches by 19 feet, with three French casement windows, it had a 'black slate mantel with extra pillar jambs, slow combustion stove. The ceiling is relieved by an effective cornice and centre-piece'; from the entrance hall, and reached by double doors, was the staircase hall. 'The principal staircase, which has been recently erected, is of pitch pine, and forms three sides of a square. It is protected by ornamental balustrading with ball-mounted newel posts, and conducts to galleried landing, giving access to the bed and dressing rooms.' From the staircase hall access was given to the servants quarters and also to the 'splendid' but unfinished Billiard Room, measuring 36 feet 3 inches by 19 feet 10 inches. It featured a 'lantern light, shaped ceiling and bow end' and through its casement windows had its own entrance. The rooms on this floor are 11 feet high. In the multi-storeyed block was the morning room, 22 feet by 18 feet 6 inches, lit by two windows and the school room, measuring 17 feet by 18 feet, 'fitted with black slate mantel and lighted by two windows, which overlook the grounds and the hills beyond.'

'The domestic offices comprise: spacious servant's hall, 26 feet by 13 feet; large kitchen, 23 feet by 16 feet 4 inches; pantry, scullery, servant's dining room 20 feet by 12 feet 6 inches; housekeeper's room, 12 feet 10 inches by 12 feet. Over are five bedrooms, outside larder, dairy and W.C.

cherfluniau marmor ynddo gyda cholofnau naill ochr a'r llall a stôf yn y canol. O'r ystafell hon aethpwyd i brif ystafelloedd y plasty: y parlwr, 36 troedfedd wrth 24 troedfedd 6 modfedd, â phum ffenestr a ffenestr grom yn edrych allan ar yr ardd oedd ag *'elegantly designed and beautifully carved Carrara statuary marble mantel, extra jambs, and brass mounted stove'*; yr ystafell fwyta, 31 troedfedd 4 modfedd wrth 18 troedfedd 9 modfedd, oedd yn cynnwys *'a coloured marble mantle, having extra pillar jambs, lit by four windows ...'*; Llyfrgell, 18 troedfedd 4 modfedd wrth 19 troedfedd a thair ffenestr adeiniog Ffrengig, roedd ynddo *'black slate mantel with extra pillar jambs, slow combustion stove. The ceiling is relieved by an effective cornice and centre-piece'*;o'r ystafell groeso, drwy ddrysau dwbl, oedd y grisiau. *'The principal staircase, which has been recently erected, is of pitch pine, and forms three sides of a square. It is protected by ornamental balustrading with ball-mounted newel posts, and conducts to galleried landing, giving access to the bed and dressing rooms.'* O waelod y grisiau roedd mynediad i ystafelloedd y gweision a hefyd i'r Ystafell Filiards 'splendid' oedd yn mesur 36 troedfedd 3 modfedd wrth 19 troedfedd 10 modfedd, nad oedd eto wedi'i orffen. Ynddo roedd 'lantern light, shaped ceiling and bow end' ac roedd mynedfa ar wahân iddi drwy'r ffenestri adeiniog. Uchder yr ystafelloedd ar y llawr hwn oedd 11 troedfedd. Yn y bloc amrylawr oedd y parlwr bach, 22 troedfedd wrth 18 troedfedd 6 modfedd oedd â dwy ffenestr a'r ysgoldy oedd yn mesur 17 troedfedd wrth 18 troedfedd *'fitted with black slate mantel and lighted by two windows, which overlook the grounds and the hills beyond.'*

'The domestic offices comprise: spacious servant's hall, 26 feet by 13 feet; large kitchen, 23 feet by 16 feet 4 inches; pantry, scullery, servant's dining room 20 feet by 12 feet 6 inches; housekeeper's room, 12 feet 10 inches by 12 feet.

Over are five bedrooms, outside larder, dairy and W.C. Excellent cellarage, comprising large beer cellar and circular wine cellar, fitted bins.'[50] Mae catalog gwerthiant y 1930au yn cyfeirio at y garreg leol wedi'i morthwylio, a sut , wedi dymchwel y rhannau mwy diweddar ac adeiladau'r cefn y gellid gwella ar y plasty. Erbyn hyn, roedd swyddfeydd yn y bloc amrylawr.[51] Methwyd â gwerthu'r stad tan wedi'r Ail Ryfel Byd pan y'i prynwyd gan ffermwr lleol a werthodd adeiledd y plas fel deunyddiau i'w hailgylchu.[52]

Excellent cellarage, comprising large beer cellar and circular wine cellar, fitted bins.'[50] The 1930s sale catalogue refers to the hammer dressed local stone, and how, by taking down the more modern part and the back wings, the house could be made more suitable. The storeyed house had, by this time, become the domestic offices.[51] The estate failed to sell until after World War Two and was then purchased by a local farmer, who sold the fabric of the building off as reclamation materials.[52]

Bryncir fel y byddai wedi ymddangos yn 1900, gan ddangos ychwanegiad cyntedd aystafell biliards i'r tŷ cynharach. Ceri Leeder.

Brynkir as it would have appeared in 1900, showing the addition of a porch and billiards room to the earlier house. Ceri Leeder.

[50]Ibid.
[51]GA/XD96/3/8
[32]GA/XD96/3/9

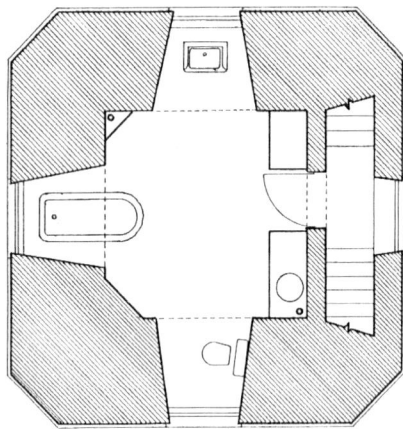

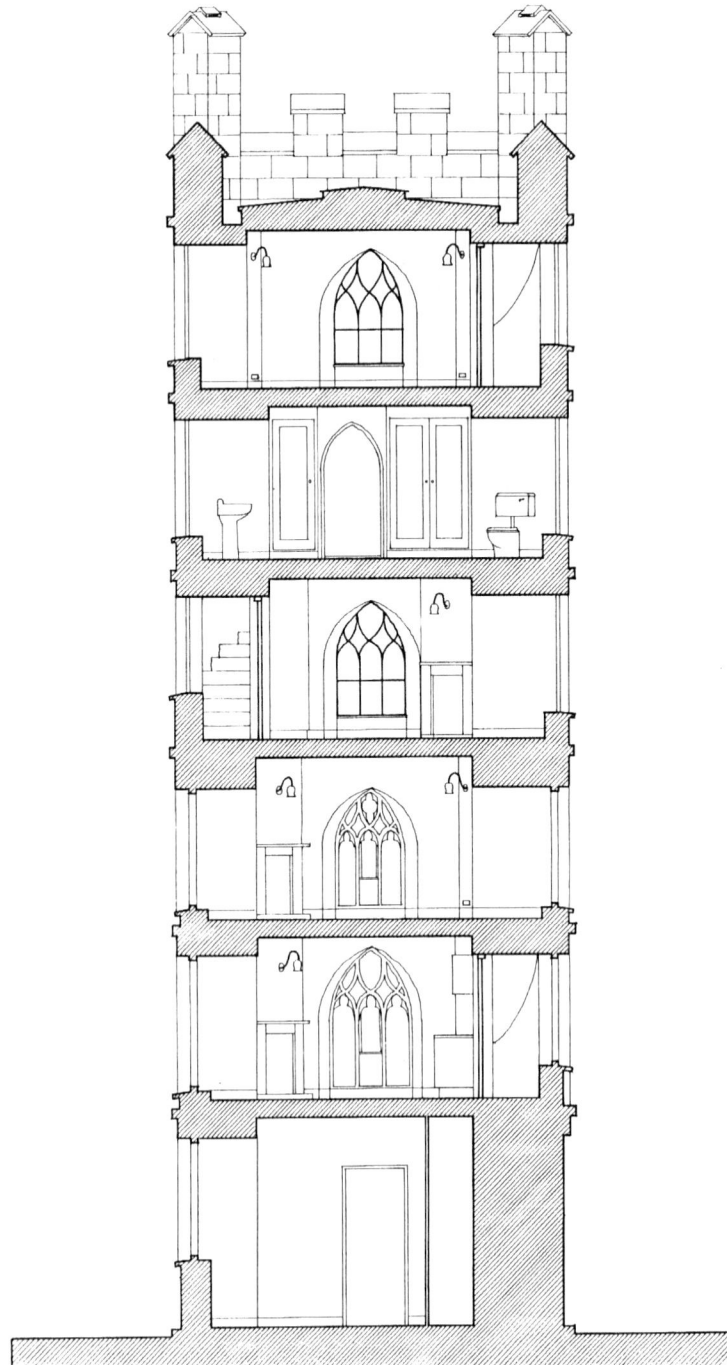

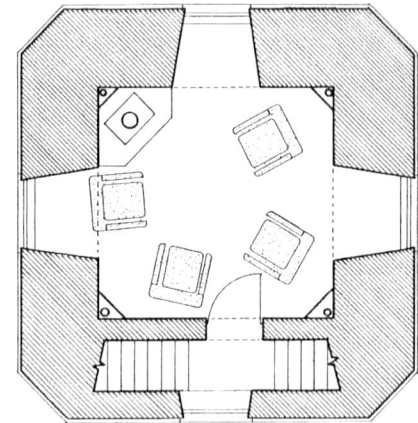

Dyluniad pensaernïol o dyrrau Bryncir sydd yn dangos sut
y bwriadwyd iddo edrych wedi'r adferiad Casgliad Preifat.

Architectural drawings of Brynkir tower showing the proposed
appearance following restoration. Private collection.

ADNEWYDDU TŴR BRYNCIR

WRTH yrru i'r Gogledd ar hyd yr A487 rhwng Porthmadog a Chaernarfon, ac oedi ennyd i werthfawrogi'r olygfa tuag at Gwm Pennant, cewch gip ar dŵr sy'n debyg i dŵr eglwys uwchben brigau'r coed. Wrth nesáu fe sylwch nad oes nag eglwys na changell yn agos ato a bod y tŵr yn sefyll ar ei ben ei hun yng nghanol coed, ar fryn sy'n esgyn yn araf o'r Afon Dwyfor. Hwn yw Tŵr Bryncir, y dechreuwyd ei adeiladu ym 1821 i fod yn addurn i stad Bryncir. Am ran helaethaf yr ugeinfed ganrif a hwy efallai, bu'n adfail atyniadol, rhyw gymaint yn beryglus. Ym 1994 fe'i hachubwyd, ei adnewyddu a'i droi yn llety gwyliau. Mae'r bennod hon yn disgrifio'r sialens ddiddorol gafodd bawb oedd â rhan yn yr adnewyddu.

Adeiladwyd Tŵr Bryncir gan Syr Joseph Huddart, cyfaill William Madocks, y cymeriad lliwgar wnaeth gymaint i greu hanes Porthmadog a'r cylch[1]. Roedd tad Huddart, y Capten Joseph Huddart wedi dod ar draws stad hynafol Bryncir yn ystod un o'i ymweliadau â Gogledd Cymru, tra roedd ef a John Rennie yn chwilio am ffordd addas i gyrraedd Iwerddon[2]. Prynodd y tir ym 1809 a'r flwyddyn ganlynol rhoddodd i'w fab i'w warchod. Flynyddoedd ddiweddarach, ym 1821, adeiladodd Joseph yr ieuaf y tŵr hwn i ddathlu ei urddo'n farchog yn ystod Coroni Siôr IV. Ei fwriad oedd ei ddefnyddio fel man astudio i'w feibion ac yn sicr hefyd fel ychwanegiad pwysig i'r parc ceirw a sefydlodd i'r de o Blas Bryncir[3].

THE RESTORATION OF BRYNKIR TOWER

IF you drive northwards along the A487 between Porthmadog and Caernarfon, and linger to admire the view towards Cwm Pennant, you may see peeping out above the trees what looks like a church tower. Coming closer, you see there is no nave or chancel attached, and the tower sits on its own stone plinth set amongst the trees on a low hill rising gently from the Afon Dwyfor. This is Brynkir Tower, begun in 1821 and built as an ornament in the Brynkir estate. For most of the twentieth century, and perhaps longer, it was a picturesque and not altogether safe ruin. In 1994 it was rescued, repaired, and made habitable for holiday letting. This chapter is an account of the fascinating challenge that the restoration work presented to all those involved in the work.

Brynkir Tower was built by Sir Joseph Huddart, a friend of William Madocks, the colourful character who did so much to create the history of Porthmadog and the surrounding area[1]. Huddart's father, Captain Joseph Huddart, had come across the ancient demesne of Brynkir on one of his trips to North Wales in connection with his appointment (with John Rennie) to investigate the most suitable route to Ireland[2]. He bought the land in 1809 and a year later handed it to his son to manage. Some years later, in 1821, the younger Joseph built the tower to commemorate his knighthood at the time of the Coronation of George IV, intending it to be used as study rooms for his sons and surely also as an important component of the deer-park he established to the south of Brynkir Hall[3].

7

ADAM VOELCKER

Symudodd Adam i Ogledd Cymru yn 1979 ac mae wedi gweithio fel pensaer mewn practis preifat gyda'i wraig Frances, gweithio'n bennaf ar adeiladau sydd eisoes yn bodoli, lle mae llawer ohonynt yn rhestredig, gan gynnwys nifer o eglwysi. Ers 1994 mae o wedi bod yn aelod o Bwyllgor Ymgynghorol Esgobaeth Bangor ar gyfer Gofalu am Eglwysi. Roedd yn gydawdur Gwynedd, yr olaf yng nghyfres Pevsner o Buildings of Wales, ac mae wedi ysgrifennu llyfr am bensaer Celf a Chrefft Herbert Luck North, a gyhoeddwyd gan y Comisiwn Brenhinol (RCAHMW) yn 2011.

Adam moved to North Wales in 1979 and has worked as an architect in private practice with his wife Frances, working mostly on existing buildings, many of them listed, including numerous churches. Since 1994 he has been a member of the Bangor Diocesan Advisory Committee for the Care of Churches. He was a co-author of Gwynedd, the last in the Pevsner Buildings of Wales series, and has written a book about the Arts and Crafts architect Herbert Luck North, published by the Royal Commission (RCAHMW) in 2011.

[1] Elisabeth Beazley Madocks and the Wonder of Wales, (Faber and Faber, 1967; P & Q, 1985)

[2] C. A Gresham, Eifionydd: A study in landownership from the medieval period to the present day, (Cardiff, University of Wales Press, 1973), pp.52. Holyhead became the favoured location for a packet-port to Ireland but at this time (around 1801) Porth Dinllaen (near Nefyn on the Lleyn Peninsula) was also considered a suitable location. Madocks' entire vision for the Porthmadog area was based on the latter; indeed, two of the three streets leading in and out of Tremadog are named London Street and Dublin Street.

[3] W. Huddart, Unpathed Waters: Life and Times of Capt. Joseph Huddart, FRS, 1741-1816, (Quiller Press, 1990), pp.173

Y tŵr. Nodir y newid yn nyluniad y ffenestri, coed pren ar gyfer y rhai isaf, a haearn bwrw ar gyfer y rhai uchaf. Harry Huddart.

The tower. Note the change in window design, timber for the lower ones, cast-iron for the upper. Harry Huddart.

The tower is about six metres square, with a height of twenty metres. It is built of dressed stone, probably quarried from further up the Pennant valley[4]. There are Gothic windows to each face and on each of its six floors. The top is crowned with a battlemented parapet. The four corners of the tower are chamfered, each face decorated with a set of incised emblems and the tops extended above the parapet (two of them concealing flues from the fireplaces). The appearance is strikingly similar to the tower of Madock's church in Tremadog, leading one to speculate that its builder, John Williams, might have also designed Huddart's tower[5].

There is just one room at each level, and access to each is by means of a mural staircase which winds up spirally within the stone wall and arrives at each room at the four cardinal points consecutively. Because the wall has to be thick enough to accommodate the stairs, the rooms are not large (each measures less than 3.5m square) but space is gained in each of the very deep window reveals. Fireplaces are set into the corner of the rooms on the first and second floors, their flues threading up within the wall thickness and cunningly negotiating the stairs.

In 1993 the owners asked us to advise them on carrying out urgent repairs to the tower as the local authority was concerned about its parlous condition. At this time, there were no intermediate floors inside, nor a roof. It was just an empty shaft of stone open to the sky, with small trees growing out of the walls and cracks above each window. There were traces of mortar and plaster inside and out, and remnants of frames in a few of the window openings, a single timber one at second floor level and some cast-iron ones in most of the openings above. Half the front door survived, with its ornate iron strap hinges, and an incised

Mae'r tŵr tua 6 metr sgwâr ac yn sefyll 20 metr. Fe'i hadeiladwyd o gerrig nadd, a chwarelwyd, mae'n debyg, o chwarel ymhellach i fyny Cwm Pennant[4]. Mae ffenestri gothig ar bob ochr iddo ar bob un o'r chwe llawr. Ar y llawr uchaf mae parapet caerog. Mae pedair cornel y tŵr wedi'u siamffro, pob wyneb wedi'i addurno a symbolau sydd wedi eu cerfio yn y garreg, a'u topiau yn ymestyn uwchben y parapet (mae dau yn cuddio simneiau'r llefydd tân). Mae golwg y tŵr yn hynod debyg i dŵr eglwys Madock yn Nhremadog, sy'n arwain un i feddwl mai'r adeiladydd, John Williams, a gynlluniodd tŵr Huddart hefyd[5].

Un ystafell sydd ar bob llawr, a grisiau sy'n cordeddu y tu mewn i'r waliau cerrig gan gyrraedd pob ystafell ar bedwar pwynt y cwmpawd, yn eu tro. Gan fod rhaid i'r waliau fod yn ddigon trwchus i gynnwys y grisiau, nid yw'r ystafelloedd yn rhai mawrion (mae pob un yn mesur llai na 3.5 metr sgwâr) er bod rhagor o le wedi'i greu yng nghilfachau dwfn iawn y ffenestri. Mae llefydd tân yng nghorneli'r ystafelloedd ar y llawr cyntaf a'r ail lawr, eu simneiau'n codi drwy drwch y waliau ac yn osgoi'r grisiau yn gelfydd.

Ym 1993 gofynnodd y perchnogion i ni eu cynghori ar atgyweiriadau brys i'r tŵr gan fod y cyngor lleol yn pryderu am ei gyflwr bregus. Bryd hynny nid oedd lloriau yn y tŵr na tho iddo. Roedd yn dŵr carreg gwag â choed yn dechrau tyfu o'r waliau a'r craciau uwchben pob ffenestr. Roedd olion mortar a phlastr y tu mewn a'r tu allan i'r tŵr a darnau o fframiau yn rhai o'r ffenestri, un pren ar yr ail lawr a rhai haearn bwrw ar y lloriau uchaf. Roedd hanner y prif ddrws yno o hyd, gyda'i golfachau strap addurnedig, a dyddiad wedi'i naddu uwchben y drws yn dangos oedran y tŵr.

[4] See A. Haycock, this volume
[5] The presence of Parker's Roman Cement at both buildings reinforces this supposition.

Roedd hyn oll yn fannau cychwyn holl bwysig i'r gwaith o adnewyddu oedd i ddilyn. Cafwyd adroddiad gan beiriannydd adeiladu (ei farn oedd bod yr adeilad ei hun yn ddigon diogel) ar ba welliannau oedd wir eu hangen i warchod adeiladwaith y tŵr (y prif angen oedd atgyfnerthu'r cerrig uwchben y ffenestri). Yna dechreuodd y perchnogion ystyried defnydd ymarferol i'r adeilad ar ôl iddo'i atgyweirio gan ofyn i ni baratoi cynllun cynnar ar gyfer naill ai gartref iddynt hwy neu lety gwyliau, ac i amcangyfrif y costau. Y man cychwyn oedd cynlluniau'r lloriau a chynllun bras o'r gwaith oedd ei angen (bryd hynny, amcangyfrif y gwaith yn unig oedd yn bosibl gan na ellid cyrraedd llawer o rannau'r tŵr). Trafodwyd y cynlluniau mewnol gyda'r perchnogion a chytunwyd i leoli'r ystafell fyw ar y llawr uchaf, oherwydd yr olygfa, ac ystafell ymolchi a lle cadw cotiau ac esgidiau ar y llawr gwaelod. Byddai'r gegin a'r ystafell fwyta ar y llawr cyntaf, a dwy ystafell wely uwchben gydag ystafell ymolchi rhyngddynt ar y pedwerydd llawr.

Yn ogystal â gofyn i adeiladydd lleol am syniad o'r costau, gwnaethpwyd cais am Ganiatâd Cynllunio a Chaniatâd Adeilad Rhestredig gan yr awdurdod lleol. Byddai cais am gymeradwyaeth Rheoliadau Adeiladu yn dilyn wedi derbyn y cynlluniau manwl. Rhaid oedd bod yn ymwybodol o unrhyw newid a fyddai'n effeithio golwg a chymeriad yr adeilad rhestredig. Roedd diogelwch rhag tân yn ffactor amlwg, a hwn oedd y sialens gyntaf ac yn un oedd yno drwy gydol y project. Pe gallem brofi bod y tŵr wedi'i ddefnyddio i bwrpas domestig, yna byddai'r swyddog rheoli adeiladau yn derbyn y grisiau mewnol. Os na, byddai'n rhaid adeiladu grisiau dur y tu allan i'r tŵr. Cysylltwyd â disgynnydd y teulu Huddart i weld a oedd unrhyw gofnod

date above the doorway stated the tower's age. All these remnants were vital clues in the restoration work which ensued. A structural engineer was engaged to report on the integrity of the structure (he thought it was fundamentally sound) and to advise on essential repairs to the fabric (mainly reinforcing the structure across the window heads). The owners then began to contemplate a viable future use for the repaired building, and asked us to prepare a preliminary scheme for either a dwelling for themselves or a holiday let, and to estimate a likely cost. This was based on some initial floor plans, a cross-section and an outline schedule of work (in which much of the work had to be guessed at since access was so limited). We discussed with the owners the internal planning and distribution of rooms and all agreed to put the living room on the top floor, for the views, and a bathroom/utility/coats and boots area on the ground floor. The kitchen and dining room were put on the first floor, and the two bedrooms above this, with the bathroom sandwiched between on the fourth floor.

At the same time as obtaining costs from a local builder, applications for Planning Permission and Listed Building Consent were made to the local authority. An application for Building Regulations approval would follow on when the detailed design had been completed, but at this stage it was important to be aware of any detailed requirements if these might affect the appearance and character of the listed building. Fire safety was an obvious issue, and it was this that presented us with the first major challenge, as it continued to do throughout the course of the project. If we could prove that the tower had always been in use for domestic purposes, then the building control officer would accept the staircase arrangement. If not, a steel escape staircase would be required outside. At this point, we

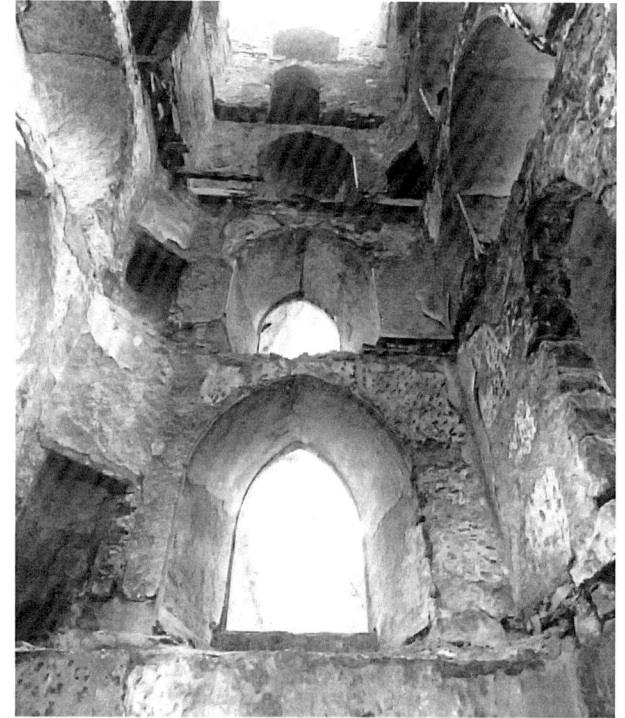

Cragen y tŵr cyn i'r gwaith ddechrau. Harry Huddart.
The shell of the tower before work started. Harry Huddart.

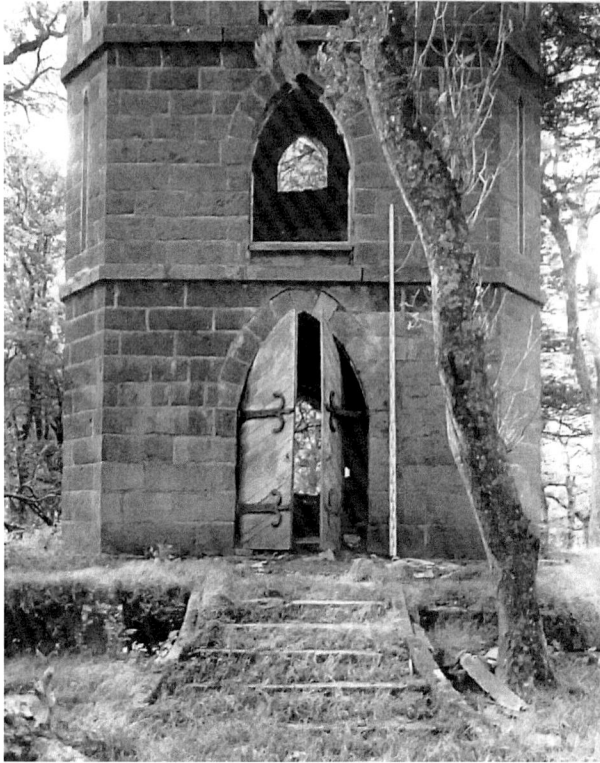

Drws Y tŵr. Harry Huddart.

The doorway of the tower. Harry Huddart.

contacted a Huddart descendant to see if he had any family records, and fortunately his father had written a book about Capt. Joseph Huddart, in which mention was made of his son's intention to build the tower for study rooms for his sons[6]. Without this evidence, the tower might still be a ruin.

With all approvals in place, building work began in early 1994. Providing a new roof was the first task, followed by the windows. There was no evidence of the original roof but the staircase did extend up to this level, suggesting the roof must have been flat and accessible. We designed a lead roof, with insulation, a perimeter gutter (discharging to internal rainwater pipes) and a raised centre-piece to provide cross-ventilation and prevent underside corrosion on the lead sheet. The best of the surviving cast-iron windows was sent to Dorothea Ltd, Buxton, as a template for the new ones[7]. We followed the original design nearly exactly but fitted the windows inside out so the glazing putty would not be prone to weather and birds eating it. The one surviving timber window was copied by the builder and made of oak rather than pine. Small opening lights were inserted in all windows. The roof and front doors were made of oak too.

Once the building was more or less weather-tight, the internal work could begin. The timber intermediate floors were inserted and the concrete stitching across the window heads formed. The ground floor was excavated to allow for the drains to be laid; these discharged to a septic tank at some distance from the tower. Domestic timber floors are usually constructed to provide half-hour fire protection but in this instance the building control officer required that the period be increased to one hour. Increasing the layers of plasterboard to the ceilings was not a problem but providing every pipe and cable penetration through the floors with intumescent collars proved fiddly and expensive. Each door

teuluol ganddo. Yn ffodus, roedd ei dad wedi ysgrifennu llyfr am y Capten Joseph Huddart oedd yn sôn am ei fwriad i adeiladu tŵr fel man astudio i'w feibion[6]. Heb y dystiolaeth hon, mae'n debygol mai adfail fyddai'r tŵr hyd heddiw.

Wedi i'r awdurdodau gytuno, dechreuwyd ar y gwaith adeiladu yn gynnar ym 1994. Gosod to newydd oedd y gamp gyntaf, yna'r ffenestri. Nid oedd olion o'r to gwreiddiol yn bodoli ond gan fod y grisiau yn cyrraedd i'r top, roedd posibilrwydd cryf mai to fflat oedd i'r tŵr. Roedd ein cynllun ni yn gosod to plwm, gyda defnydd ynysu, gwter ar hyd yr ymylon (yn arwain at bibellau dŵr mewnol) a rhan uwch yn y canol i ganiatáu awyru a rhwystro'r llen blwm rhag dirywio. Anfonwyd y ffrâm ffenestr haearn bwrw gorau at Dorothea Ltd, Buxton, fel patrwm ar gyfer y rhai newydd[7]. Dilynwyd y patrwm gwreiddiol bron yn union ond gosodwyd y ffenestri y tu chwith allan er mwyn diogelu'r pwti rhag i'r adar ei fwyta a'r tywydd ei dreulio. Copïwyd yr un ffrâm ffenestr bren gan yr adeiladydd a'i wneud o dderw yn hytrach na choed pîn. Gosodwyd ffenestri bychain oedd yn agor ym mhob ffrâm. Derw oedd y pren ar gyfer y to a'r prif ddrysau.

Unwaith i'r adeilad fod yn glud rhag y tywydd, dechreuwyd ar waith y tu mewn i'r tŵr. Rhoddwyd lloriau pren yn eu lle a chryfhawyd y cerrig uwchben y ffenestri â choncrit. Cloddiwyd y llawr gwaelod i osod draeniau: arweiniai'r rhain at danc carthion cryn bellter o'r tŵr. Gall lloriau pren domestig fel arfer wrthsefyll tân am hanner awr ond yma mynnodd y swyddog rheoli adeiladau gyfnod o awr gyfan. Nid oedd ychwanegu haen arall o fyrddau plastr i'r nenfydau yn anodd ond roedd sicrhau bod pob peipen a

[6]A. Huddart, 1990

[7]The original windows were probably made at one of the foundries in Porthmadog. Tremadog church also originally had cast-iron windows, reinforcing the possible link with John Williams.

chebl oedd yn dod drwy'r llawr â choler fyddai'n chwyddo mewn gwres yn gostus a thrafferthus. Roedd gofyn hefyd i bob drws allu wrthsefyll tân am awr a bu hyn yn gryn sialens oherwydd siâp gothig pennau'r drysau. Nid oedd caewyr drysau arferol oedd â thystysgrif awr yn addas ar gyfer y drysau hyn. Rhaid oedd cael caewyr oedd wedi'u gosod yn ymyl fertigol bob drws ac roedd y rhain ond yn gweithio'n gywir mewn parau. Dim ond hanner awr o amddiffyn oedd yn bosibl â'r rhain. Yn y diwedd rhaid oedd dod i gyfaddawd.

Mae gosod cyfleusterau modern mewn hen adeilad yn sialens pob tro. Gall y goleuadau, er enghraifft, fod yn rhai bychain wedi'u mewnosod fel mai effaith y golau yn unig a welir yn hytrach na'r golau ei hun, neu gallant fod yn oleuadau traddodiadol (cyn belled â bod hyn yn ymarferol) wedi'u gosod mewn mannau amlwg. Cynllun arall yw eu gwneud yn hollol fodern, i sefyll allan yn erbyn y deunyddiau traddodiadol. Yr ail ddewis a ddefnyddiwyd yma gan benderfynu ar oleuadau ar ffurf gwddf alarch sydd i'w weld yn aml yng ngwaith yr Ymddiriedolaeth Landmark. Fel arfer gellir cuddio ceblau a phibellau yn y gofod sydd rhwng y plastr a'r llawr, ond pan fo raid i'r holl bibellau (sy'n cynnwys pibelli carthion, diamedr 100mm a phibelli dŵr glaw, diamedr 75mm) ddisgyn yn fertigol, gall fod yn anos eu cuddio. Yr hyn wnaethom oedd ffurfio pibellau eang wedi'u siamffro i lawr tair cornel pob ystafell (roedd lle tân ym mhedwaredd cornel dau lawr). Cysylltwyd y goleuadau a'r socedi trydan i'r pibellau eang hyn i hwyluso gosod y ceblau.

Efallai mai'r sialens fwyaf i'r cynllun oedd y system wresogi. O'r dechrau gallem weld nad oedd fawr o le ar hyd y waliau gan fod y ffenestri mor fawr. Nid oedd un wal yn ddigon hir i ddal rheiddiadur o faint arferol, nag unrhyw

had to have a full hour's protection too, and this was a significant challenge since the doorways had pointed heads. Overhead door closers that carried one-hour certification were not suitable for pointed door heads. Concealed closers fitted into the vertical edge of the door operated satisfactorily if a pair was used, but this type was certified only for half-hour protection. In the end a compromise had to be agreed.

Introducing modern services into old buildings is always a challenge. Light fittings, for instance, can be made small and recessed so the emitted light rather than the fitting is apparent, or they can be traditional in style (in so far as this is possible) and surface-mounted. Another approach is to make them unashamedly modern, as a counter-point to the older fabric. We chose the second approach, and specified the brass swan-neck fittings that the Landmark Trust often uses in their conversions. Cables and pipes can usually be concealed within plaster and floor voids, but where pipes (including 100mm diameter soil pipes and 75mm diameter rainwater pipes) have to drop vertically; it can be more difficult to hide them. The way we coped with these was to form chamfered ducts in three corners of each room (the fourth corner being the fireplace on two of the floors). The light fittings and sockets were fitted to these ducts for convenience of cabling.

Possibly the biggest design challenge was the heating system. We could see at the outset that there was a lack of wall space in each room because of the large windows and the splayed walls of the window bays. There was simply no length of wall long enough for an adequately-sized radiator or other form of heater. Under floor heating seemed the ideal choice from this point of view. Most under floor systems are designed for use in a screed, but one manufacturer offered a system suitable for use in a timber

Y tŵr wrth iddo gael ei adferu. Casgliad yr awdur.

The tower under restoration. Author's collection

Y gegin/ystafell fwyta, gyda sinc, wyneb llechen a ffenestr dderwen. Casgliad yr awdur.

Kitchen/dining room, with sink, slate top and oak window. Author's collection.

floor. However, this was a wet system requiring a boiler and flue outlet, and also lot of pipework threading its way through the one-hour floors; there was also the risk of damage to the heating pipes, which would be protected by only a layer of chipboard. Quite by chance, we came across an advertisement for a low voltage electrical under floor heating system from Norway. We contacted the supplier, who showed great interest in the project and in due course brought the equipment over from Norway by car.

Other design challenges included the problem of locating the bathroom and kitchen fittings, and for that matter, any larger piece of furniture, because of the awkward shape of the rooms and the large windows with low sills. Larger objects could not be squeezed up the staircase and had to be winched up and pulled in through the windows before these were finally fixed. It seemed a pity to block the windows with fittings, but in the end we did exactly that. By choosing the bathroom fittings with great care, we could put each into its own window recess as a handsome object in itself. Whether you are lying in the bath, or sitting on the wc or washing at the basin, you get marvellous views out, but with the reassurance that you cannot be seen as the bathroom is so high up. It provides the bathroom experience of a lifetime.

The same principle was adopted in the kitchen and the bedrooms. The kitchen sink is a Belfast sink set into a large piece of slate suspended from the window recess walls and open below so that you can see out of the window below sink level as well as above. In the bedrooms, the beds fit into the recesses as much as possible whilst keeping at or below window sill level. Thus, the window recesses become cosy niches, almost miniature rooms in themselves.

Something puzzled us for a long time, until the foreman discovered the answer. Why were the windows timber on

fath arall o wresogydd. Yr ateb felly fyddai gwresogi dan y llawr. Cynllunnir y rhan fwyaf o systemau o'r fath i'w gosod mewn sgrîd, ond roedd gan un gwneuthurwr system fyddai'n addas ar gyfer llawr pren. Fodd bynnag, system oedd yn defnyddio dŵr, boeler a simnai oedd hon, a byddai angen nifer fawr o beipiau i redeg dan y lloriau-un-awr; byddai perygl hefyd damweinio'r peipiau gydag ond un haen o ffwrdd asglodion i'w diogelu. Ar ddamwain, gwelsom hysbyseb o Norwy am system wresogi dan y llawr oedd yn defnyddio trydan foled isel. Wedi i ni gysylltu â'r cyflenwr, dangosodd cymaint o ddiddordeb yn ein gwaith fel y daeth, ymhen hir a hwyr, â'r holl gyfarpar angenrheidiol draw o Norwy yn ei gar.

Sialens arall i'r cynllun oedd sut i drefnu'r ystafell ymolch ac unedau'r gegin. Sinc Belfast yw sinc y gegin sydd wedi'i osod mewn darn mawr o lechen sydd ar draws cilfach un o'r ffenestri, fel bod posibl gweld allan dan lefel y sinc yn ogystal â throsto. Yn yr ystafelloedd gwely, mae'r gwelyau yng nghilfachau'r ffenestri, heb fod yn codi'n uwch na lefel sil y ffenestr. Mae cilfachau'r ffenestri felly yn fannau clud, rhyw ystafelloedd bychain ynddynt eu hunain.

Roedd rhywbeth wedi ein poeni ni am gryn amser, hyd nes i'r fforman ddod â'r ateb i ni. Pam fod fframiau'r ffenestri yn bren ar y tri llawr isod ac yn fetel ar y tri llawr uchaf? A pham oedd y gwaith mortar yn wahanol hefyd? Gwyddom fod yr adeiladu wedi dechrau ym 1821 gan fod y dyddiad hwn uwchben y prif ddrws. Un diwrnod, daeth y fforman o hyd i'r dyddiad 1859 wedi'i gerfio uwchben un o'r ffenestri ar yr ail lawr. Roedd hi'n anodd ei weld rhai troedfeddi oddi wrtho felly does ryfedd nad oedd neb wedi'i weld yn gynt. Ar ôl peth ymchwil gwelwyd bod parapet wedi bod ar y lefel hon, felly ond tri llawr fyddai gan y tŵr gwreiddiol. Gallwn ond ystyried pam fu hyn; pam a phwy adeiladodd y tri llawr arall dri deg wyth mlynedd yn ddiweddarach. Ai

108

George Augustus, unig fab Syr Joseph a oroesodd, oedd yn gyfrifol?

Roedd penderfynu sut i ail-bwyntio'r waliau yn destun diddorol hefyd gan fod y pwyntio yn wahanol ar y ddwy ran. Y cymysgedd gwreiddiol oedd un caled brown cochlyd wedi'i daenu'n fras heibio i ochrau'r cerrig ac yna'i farcio â chalch i ddangos yr uniadau ar y tri llawr cyntaf. Dadansoddwyd sampl o'r plastr a gwelsom fod ynddo 1 rhan o galch i 5 rhan o gerrig mân, heb arlliw o sment. Ac eto, pam oedd y mortar mor galed? A ddefnyddid sment Rhufeinig Parker neu a oedd cynhwysyn llosgludw naturiol yn y tywod? Wedi sawl trafodaeth ddofn gydag arbenigwyr ar galch a chwilio am dywod addas, penderfynwyd ar gymysgedd 1:3 o galch wedi'i gymysgu â thywod cochlyd o ardal Wrecsam, oedd fwy neu lai yn debyg i liw a chynnwys y tywod gwreiddiol. Gresyn oedd gorfod defnyddio lliw i ail-greu'r brown cochlyd ond hwn oedd y dewis gorau dan yr amgylchiadau.

Defnyddiwyd mortar meddalach oedd yn cynnwys tywod lleol yn wreiddiol i bwyntio'r lefelau uwch. Roedd y rhan fwyaf o'r mortar hwn wedi'i erydu gan y tywydd ac yn hytrach na cheisio'i gopïo, penderfynwyd defnyddio'r un gymysgedd yma hefyd. Nid oedd unrhyw rinwedd mewn ceisio defnyddio dau fath o bwyntio yn unig ar gyfer egwyddorion cadwraeth, a'r farn oedd pe byddai angen ail-bwyntio'r waliau unrhyw bryd yn y gorffennol yr un mortar fyddai wedi'i ddefnyddio ar gyfer yr holl adeilad. Mae'r gwahaniaeth yng nghynllluniau'r ffenestri yn ddigon i ddangos bod y tŵr wedi'i adeiladu mewn dau hanner.

Plastrwyd waliau y tu mewn i'r tŵr gyda chymysgedd 1:3 o galch a thywod, gyda blew anifeiliaid ym mhob haen ond yr uchaf. Lluniwyd y mowldiadau â phlastr castio a

the bottom three levels and cast-iron on the top three levels? And why was the style of mortar pointing different too? We knew that the date the building was started was 1821 because of the date above the front door. One day the foreman discovered a second date, 1859, carved above one of the window arches on the second floor. It was hard enough to see from a few feet away, let alone from three floors below, so it is not surprising it had not been spotted earlier. A little more exploration revealed that there had been a parapet at this level, and therefore the original tower must have extended to three floors only. We can only guess why this was the case, and why and who built a further three levels thirty eight years later. Was it George Augustus, Sir Joseph's only surviving son (1822-1885)?

The re-pointing presented some interesting problems as the style of pointing is different on the two parts. The mix used for the lower three floors is a very hard reddish-brown mix, smeared liberally well past the narrow stone joints and then scored with a line to express the joint. We had a sample of the mortar analysed and found a 1 part lime to 5 parts aggregate mix, with no evidence of cement. And yet what was making the mortar so hard? Had Parker's Roman Cement been used or was there some natural pozzolanic ingredient in the sand? After extensive discussions with lime experts and searches for suitable sand, we specified a 1:3 lime mix with pigment and a reddish sand from Wrexham, which more or less matched the colour and matrix of the original sand. It was a pity to resort to pigment to achieve the right colour but this seemed the best answer in the circumstances.

The upper levels had been pointed with a softer lime mortar containing local sand. Most of this pointing had weathered away, and rather than match it, we decided to use the coloured mix throughout. We did not see any virtue in re-instating the two types of pointing as a matter of

Yr ystafell ymolchi. Mae pob ffitiad yn eistedd yn ei gilfach ffenestr ei hun. Casgliad yr awdur.

The bathroom. Each fitting sits in its own window recess.
Author's collection

Y tô plwm, gyda drws mynediad. Casgliad yr awdur.

The lead roof, with access door. Author's collection

Cyferbyn: Darlun pensaernïol o ffenestr bren gothig fel cynigir yn Nhŵr Bryncir. Casgliad yr awdur.

Opposite: An Architectural drawing of a gothic timber window as proposed at Brynkir Tower. Private collection.

conservation principle, and felt that at any other time in the past, if complete re-pointing had been done, it would have been done uniformly. The different styles of window are enough to show that the tower had been built in two halves.

Internally, the walls were plastered with 1:3 lime/sand mix with animal hair in all but the top coat. Mouldings were run with a casting plaster and the walls painted with pigmented lime-wash. Few original features remain because of the effects of weather and time on the ruined structure. Fireplaces and flues remain but these were taken out of use to minimise the risk of fire. A Jotul wood stove was installed in the living room. By good chance, the design of the stove doors mirrored the Gothic tracery of the cast-iron windows.

Externally the stone plinth was rebuilt and a new approach track was created. The local authority did not permit the original avenue to be re-used because of the nearness of the trees to each other across the path and possible damage to their roots.

Most of the building work was carried out in 1994, but did not reach completion until 1996 due to complications that are probably inevitable in an unusual project such as this. Weather conditions that make working with lime inadvisable was one of them. Some of the external re-pointing had to be redone and continued to cause a problem even after that. This was hardly surprising in a tall stone building so exposed to the elements, especially when the wall becomes so thin at the corners where the mural staircase and the flues reduce the effective thickness of stone to a minimum. However, notwithstanding these problems, the tower has proved a successful holiday letting and is an example of the successful regeneration of a historic building in a region where all too few chapels and churches are finding a secure and viable future.

pheintiwyd y waliau â gwyngalch â lliw ynddo. Prin yw'r nodweddion gwreiddiol sydd yn y tu mewn oherwydd effeithiau tywydd a threigl amser ar yr adfail. Roedd y llefydd tân a'r simneiau yno ond roedd dim posibl eu defnyddio oherwydd diogelwch rhag tân. Gosodwyd stôf bren Jotul yn yr ystafell fyw. Drwy lwc, roedd cynllun drysau'r stôf yn debyg i gynllun Gothig y ffenestri haearn bwrw.

Y tu allan ailadeiladwyd y garreg sylfaen a lluniwyd ffordd newydd at y twr. Nid oedd y cyngor lleol am ganiatáu defnyddio'r rhodfa wreiddiol gan fod y coed mor agos i'w gilydd a bod perygl damweinio'u gwreiddiau.

Digwyddodd y rhan fwyaf o'r gwaith adeiladu ym 1994, ond ni orffennwyd y gwaith tan 1996 oherwydd y rhwystrau sy'n anochel mewn project mor anarferol â hwn. Roedd y tywydd yn ei gwneud hi'n anodd gweithio'r calch ac roedd yn rhaid ail-wneud peth o'r pwyntio. Roedd y broblem yn parhau wedi hynny hefyd. Roedd trafferthion fel hyn i'w disgwyl mewn adeilad carreg mor dal â hwn sydd yn nannedd y gwynt, yn enwedig gan fod y waliau mor denau yn y corneli lle mae'r grisiau yn y waliau yn golygu bod trwch y garreg yno ar ei leiaf. Er yr holl drafferthion mae'r twr wedi bod yn lety gwyliau llwyddiannus ac yn enghraifft o atgyweirio adeilad hanesyddol mewn ardal lle mae adeiladau'r capeli a'r eglwysi sydd â dyfodol sicr iddynt yn prinhau.

110

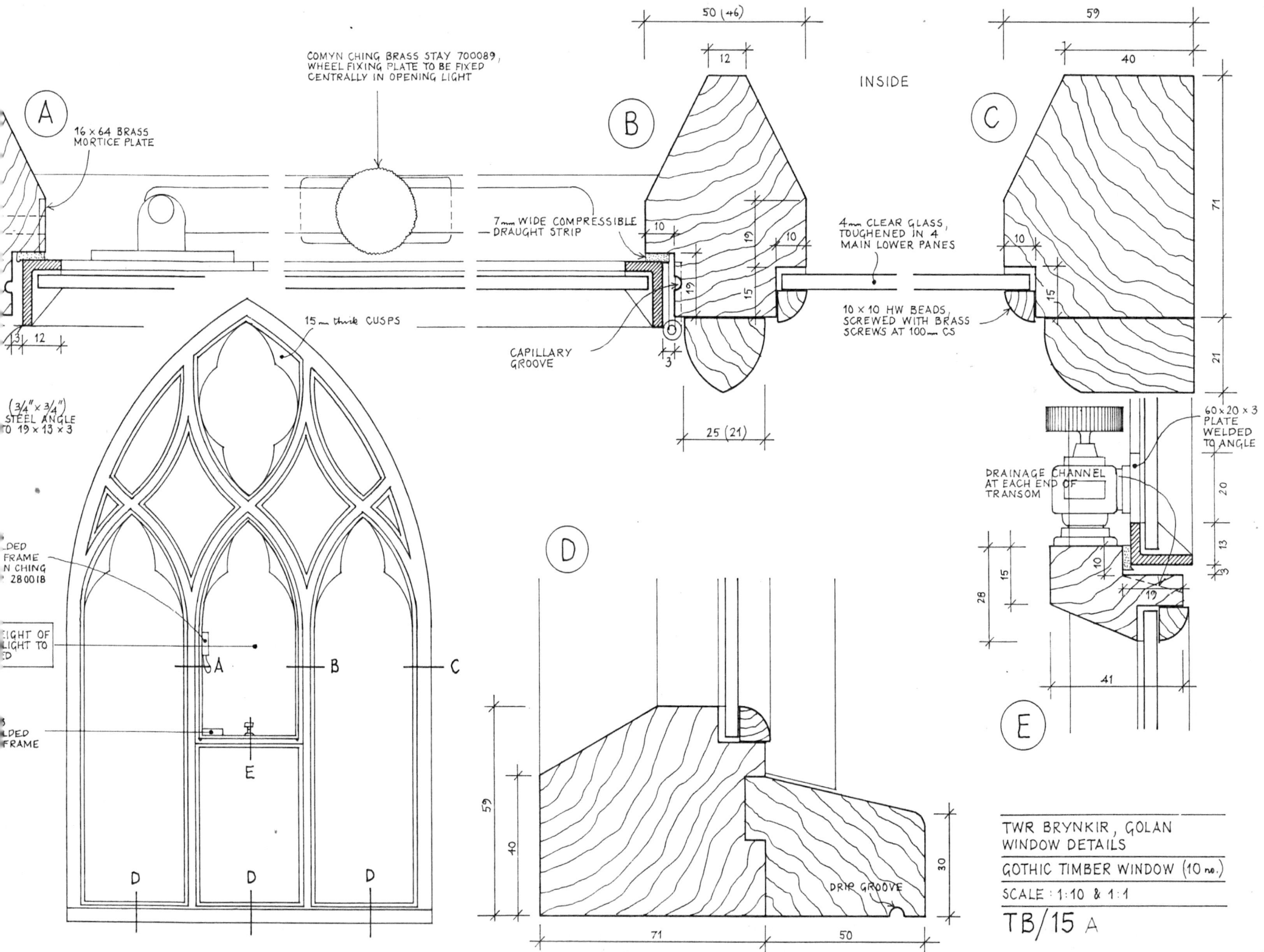

A

16 × 64 BRASS MORTICE PLATE

COMYN CHING BRASS STAY 700089, WHEEL FIXING PLATE TO BE FIXED CENTRALLY IN OPENING LIGHT

7mm WIDE COMPRESSIBLE DRAUGHT STRIP

CAPILLARY GROOVE

15mm thick CUSPS

(3/4" × 3/4") STEEL ANGLE TO 19 × 13 × 3

...DED FRAME ...N CHING ...28 001B

...IGHT OF ...LIGHT TO ...ED

...LDED FRAME

B

INSIDE

50 (46)
12
10
10
19
19
15
3
25 (21)

C

59
40
71
10
15
21

4mm CLEAR GLASS, TOUGHENED IN 4 MAIN LOWER PANES

10 × 10 HW BEADS, SCREWED WITH BRASS SCREWS AT 100mm CS

60 × 20 × 3 PLATE WELDED TO ANGLE

DRAINAGE CHANNEL AT EACH END OF TRANSOM

20
13
3
28
15
10
19
41

D

59
40
71
50
30

DRIP GROOVE

E

TWR BRYNKIR, GOLAN WINDOW DETAILS

GOTHIC TIMBER WINDOW (10 no.)

SCALE : 1:10 & 1:1

TB/15 A

YMCHWILIADAU ARCHEOLEGOL YM MHLAS BRYNCIR 2012-2013

ARCHAEOLOGICAL INVESTIGATIONS AT PLAS BRYNKIR 2012-2014

8

SARAH K. DOHERTY

NI fu dadansoddiad archeolegol o safle Bryncir, er i Hemp a Gresham gynnig ei fod yn enghraifft o eiddo 'System Unedol'. Mae Plas Bryncir o fewn Parc Cenedlaethol Eryri yng Ngogledd Cymru ond nid yw'n Heneb Gofrestredig nac yn Adeilad Rhestredig. Dim ond y tŵr o'r 19eg ganrif, y porthdai a phontydd y stad sydd wedi'u rhestru, a'r rheini yn Radd II. Dim ond y Plas Uchaf sy'n dyddio o'r cyfnod canoloesol hwyr ac oedd yn annedd eilradd erbyn y ddeunawfed ganrif a gofnodwyd gan Gomisiwn Brenhinol Henebion Cymru.

Gwnaethpwyd cloddiad archeolegol, arolwg geoffisegol ac arolwg allanol o adfeilion Plas Uchaf a Phlas Isaf Bryncir yn ystod hafau 2012, 2013 a 2014 er mwyn ymchwilio i'r berthynas rhwng datblygiad y ddau blasty a hanes y parc o'u cwmpas. Yn rhan o'r gwaith archeolegol roedd (1) arolwg geoffisegol bychan o amgylch y ddau blasty a therasau'r gerddi er mwyn gweld a oes tystiolaeth o adeiladau blaenorol dan y ddaear; (2) cloddiad archeolegol o'r nodweddion addawol a welwyd wedi'r arolwg geoffisegol; (3) cofnodi adfeilion presennol y Plas Uchaf a'r Plas Isaf.

THERE has been an absence of archaeological analysis of Plas Brynkir. Even though this important site is situated within the Snowdonia National Park, North Wales it is neither a Scheduled Ancient Monument nor a Listed Building. Only the nineteenth century tower, lodges and estate bridges are all grade II listed. The Royal Commission of Ancient and Historical Monuments in Wales only recorded the late-Medieval upper house, which had become by the eighteenth century a secondary dwelling.

An archaeological excavation, geophysical survey and non-invasive building survey was carried out at the standing ruins of the upper and lower houses during the summers of 2012, 2013 and 2014 in order to investigate the relationship between the development of the two houses and the history of the park in which they are placed. The archaeological work consisted of (1) a small geophysical survey around the upper and lower houses and garden terraces to ascertain the extent of earlier phases underneath the ground; (2) an archaeological excavation of promising features indicated from the geophysical survey; (3) and recording of the ruins still standing in the upper and lower Houses.

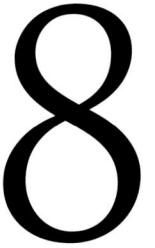

Astudiodd Sarah ar gyfer BA a MA Archeoleg (Eifftaidd) yn University College London, fe astudiwyd ei PhD yn Ysgol Hanes, Archaeoleg a Chrefydd (SHARE) Prifysgol Caerdydd a gorffennwyd yn 2013. Canolbwynt yr astudiaeth yma oedd Tarddiad a Defnydd Olwyn y Crochenydd yn yr Hen Aifft. Mae gan Sarah dros saith mlynedd o brofiad cloddio archeolegol mewn cloddfeydd proffesiynol ac academaidd. Mae hi wedi gweithio mewn safleoedd aml-gyfnod gwahanol yn yr Aifft, Sudan, Romania a nifer o safleoedd ar draws y DU. Cyfarwyddodd Sarah y gwaith cloddio ym Mryncir yn 2012-3 ac ar hyn o bryd mae hi yn gweithio fel ceramegydd archeolegol ym Mhrosiect Gebel el Silsila, a phalas Gurob Harem yn Yr Aifft.

After reading for a BA and MA Archaeology (Egyptian) at University College London, Sarah undertook her PhD at the School of History, Archaeology and Religion (SHARE), Cardiff University completing in 2013. This study focused on the Origins and Use of the Potter's Wheel in Ancient Egypt. Sarah has over seven years archaeological excavation experience in both professional and academic digs. She has worked in various multi-period sites in Egypt, Sudan, Romania and many sites across the UK. Sarah directed the excavations at Brynkir from 2012-3 and is currently working as an archaeoceramicist at the Gebel el Silsila Project, and Gurob Harem palace, Egypt.

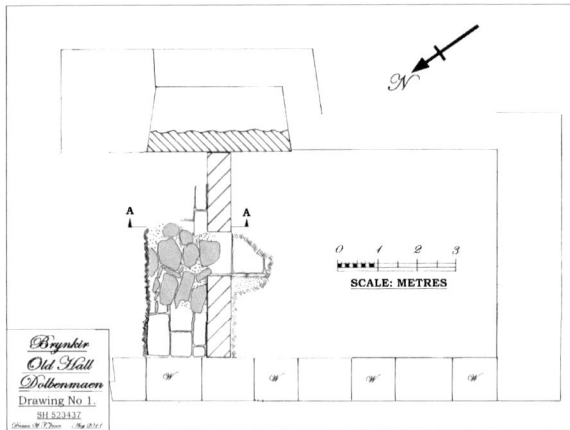

Brynkir
Old Hall
Dolbenmaen
Drawing No 1.
SH 523437

Three different types of archaeological investigation were undertaken at Plas Brynkir, (1) Building and Field walking Surveys, (2) Geophysical Survey, (3) Archaeological Excavation and Post-excavation analysis. The standing building survey and field walking were begun in 2012, completed in 2013. The field walking was undertaken to identify potential areas for archaeological investigation and to begin to understand the relationship between the upper and lower houses and the surrounding estate and its boundaries. The standing building included creating a scaled floor plan of all the rooms of the upper and lower houses. An elevation drawing of each wall (inside and out) was created with a stone-by-stone of the fine Ashlar work and recording of features, such as building joins and blocked up windows.

Ashlar's work describes finely dressed stone that has been worked until squared. It is the finest stone masonry unit, generally cuboid in shape or less frequently trapezoidal. Precisely cut on all faces adjacent to those of other stones, Ashlar is capable of very thin joints between blocks, and the visible face of the stone may be as quarry-faced or feature a variety of treatments: tooled, smoothly polished or rendered with another material for decorative effect[1]. Once a standing building survey was undertaken, samples for analysis of the ashlar stones was taken for analysis at the National Museum of Wales (see Haycock, this volume).

The Geophysical Survey was undertaken by Dr. Tim Young with the assistance of students from Cardiff University using ground resistivity survey of both the upper and lower houses. The survey was located close to the upper house extended from the area in the angle of the two surviving wings, down the slope across the terraced path features,

Gwnaethpwyd tri math o archwiliad archeolegol gwahanol ym Mhlas Bryncir, (1) Arolwg cerdded adeiladau a chaeau, (2) Arolwg geoffisegol, (3) Cloddiad archeolegol a dadansoddiad wedi'r cloddiad. Dechreuwyd ar arolwg yr adeiladau presennol a cherdded y tiroedd yn 2012. Y bwriad wrth gerdded y tiroedd oedd nodi mannau posibl ar gyfer ymchwiliadau archeolegol a dechrau deall y berthynas rhwng y Plas Uchaf a'r Plas Isaf, y stad o'u hamgylch a'u ffiniau. Yn rhan o arolwg yr adeiladau lluniwyd cynllun wrth raddfa o lawr pob ystafell yn y Plas Uchaf a'r Plas Isaf. Lluniwyd cynllun o bob wal (y tu mewn a'r tu allan) oedd yn cynnwys manylion garreg-wrth-garreg o'r cerrig nadd cain a nodweddion megis lle'r unwyd yr adeiladau a'r ffenestri a flociwyd.

Mae gwaith nadd yn disgrifio carreg a naddwyd yn gain ac a weithiwyd arno hyd nes ei fod yn sgwâr, neu'r gwaith maen a adeiladwyd o'r cerrig hyn. Dyma'r uned garreg mwyaf cain, fel arfer ar siâp ciwboid, ond weithiau ar ffurf trapesoid. Gan fod y garreg wedi'i naddu mor fanwl mae'r uniad rhwng y cerrig yn gul. Gall wyneb y garreg fod â golwg fras arno neu gellir ei drin mewn nifer o ffyrdd fel ei fod yn dangos gwaith erfyn, wedi'i lathru'n llyfn neu ei orchuddio â defnydd arall i'w addurno ymhellach[1]. Wedi cwblhau'r arolwg o'r adeiladau sefydlog, aethpwyd â samplau o'r cerrig nadd a'r mortar i Amgueddfa Genedlaethol Cymru i'w profi. (gweler Pennod 9).

Cynhaliwyd yr Arolwg Geoffisegol gan Dr Tim Young gyda chymorth myfyrwyr Prifysgol Caerdydd. Defnyddiwyd arolwg gwrthedd tir ar y Plas Uchaf a'r Plas Isaf. Lleolwyd yr arolwg ger y Plas Uchaf ac estynnodd o'r man rhwng y ddwy asgell sydd wedi goroesi, lawr y llethr ar draws nodweddion llwybr y teras, ar draws ffos â

[1]Wright, George R.H. (2000). Ancient Building Technology, Vol 1: Historical Background. Technology and Change in History. Leiden, The Netherlands: E.J. Brill. p. 100.

gwrthglawdd ac at y cae pêl-droed bychan presennol. Canolbwyntiodd arolwg y Plas Isaf ar y mannau o flaen yr asgell ogleddol sydd wedi goroesi gan mai yma oedd y nifer lleiaf o goed a llwyni llawryf oedd yn gorchuddio rhan fwyaf y. Lleolwyd yr arolygon gan ddefnyddio peiriannu dadwefriad trydanol (EDM) Nikon a thapiau, mewn lleiniau wedi'u mesur gan ystyried yr adeiladau presennol. Ar gyfer arolwg y Plas Uchaf, lluniwyd llinell sylfaen ar hyd ochr ddwyreiniol y lawnt gan orffen wrth goeden ar y pen de-orllewinol. Llwythwyd y wybodaeth a gasglwyd o'r arolygon hyn i feddalwedd Geoplot a Surfer fel y gellid eu gwastatau a'u rhyngosod ar fylchau 0.125m i'w delweddu a'u dehongli.

Wedi dehongli'r data geoffisegol a chofnodi'r nodweddion tebygol (waliau, tyllau yn y pridd ac ati), cloddiwyd y pyllau profi 1m x 1m. Penderfynwyd ar y maint 1m x 1m yn wreiddiol er mwyn hyfforddi'r myfyrwyr sut oedd trionglu, llunio ffosydd a chynnal archwiliad archeolegol. Os gwelid bod yr archeoleg yno yn ddigon diddorol yna ehangwyd y ffos. Cloddiwyd pob ffos â llaw gan ddefnyddio trywelion, rhawiau, matogau a cheibiau llaw yn ôl cyngor y goruchwyliwr (yr awdur). Agorwyd naw ffos a labelwyd A - I yn 2013 ac wyth yn 2012. Ar y cyfan nid oedd yr archeoleg yn ddwfn, byddai 1m yn ddigonol i gyrraedd y nodwedd dan sylw. Wedi'i gloddio, disgrifiwyd cyd-destun pob un a'i ddehongli gan y system MOLAS mewn cyd-destunau unigol. Lluniwyd pob ffos ar bapur graff asetad gyda'r system MOLAS (graddfa 1:20 ar gyfer y cynlluniau ac 1:10 ar gyfer y trychiadau a'r cynlluniau manwl). Yna cawsant eu sganio a'u digido gan yr awdur. Wrth i'r cynnwys gael ei ddatgelu, tynnwyd ffotograffau digidol lliw ar raddfa ffoto addas gan ddefnyddio SLR Pentax 1855 digidol neu gamera Canon SX210.

across a revetted ditch and bank and onto the present mini-football field. The survey of the lower house focused on the areas immediately in front of the standing northern wing of the house as it contained the least amount of trees and laurel bushes that cover most of the site. The surveys were laid-out using a Nikon EDM and tapes, in measured locations with respect to the standing buildings. For the upper house survey a base line was constructed along the eastern side of the lawn area, terminating at a tree at the south western end. The data resulting from these surveys were then uploaded onto Geoplot and Surfer software so that they could be despiked for interpolation at 0.125m node spacing for imaging and interpretation.

Once the geophysical data was interpreted, and likely features (e.g. walls, pits etc) were identified, 1x1m test pits were opened. The 1x1m size was initially chosen to teach undergraduate students how to triangulate, how to lay out trenches and how to undertake archaeological investigation. If the resulting archaeology proved to be interesting, it was decided to expand the trench. All trenches were excavated by hand using tools such as trowels, shovels, mattocks and hand mattocks, where deemed appropriate by the supervisor (the author). Eight trenches were opened in 2012 in the upper and lower house, nine trenches test trenches were labelled A-I in 2013 and one in 2014 (in the upper house). In most places, the archaeology was quite shallow, 1 meter deep being sufficient to reach a feature. Once excavated, each context was described and interpreted using the Museum of London Archaeology Service (MOLAS) system in single contexts. Each trench was drawn onto graph acetate paper using the MOLAS system (scale 1:20 for plans, 1:10 for sections or detailed plans) and was later scanned and digitised by the author.

Llun manwl o'r ceginau yn y ty isaf, yn dangos y cwymp dros y saith deg mlynedddiwethaf. Cyfrannwr Anhysbys.

Detailed photograph of the kitchens at the lower house, showing the collapse over the last seventy years. Unknown contributor.

The work was undertaken over three seasons in the summers of 2012, 2013, and 2014 of up to six weeks at a time. The 2014 season was undertaken by William T. Jones and local volunteers. Conditions at the site, as can often be the case in North Wales, alternated between being exceptionally dry and hot, to pouring rain and waterlogged, and so the team had to prepare for both. The turf topsoil was regular across the site ranging from 80mm to 90mm in depth with an orange clay natural encountered at 800-900mm. In the lower house area, this natural was in places grey slate underneath the orange clay.

A total of five trenches were excavated at the Upper House, each were placed at strategic positions for understanding the structure's form and function and to enable a building chronology to be created. According to the Royal Commission's volume on Caernarvonshire, the upper house began as a sixteenth century hall-house, and then an additional seventeenth century two-storey wing was added at a right angle. Five trenches were put in around the building, labelled A-E. A, 3m x 1m, dissected the interior and exterior of the great hall; B, 1m x 1m, which was on the external corner of the hall, where the stone platform of the building was wholly exposed; C, 2m x 3m, in the interior of the original 16th century hall interior by the cellar entrance; D, 1m x 2m, was over the main entrance of the seventeenth century house; E, 1m x 3m, was over the rear wall of the hall which had been demolished to foundation level. All five trenches had two layers above the undisturbed archaeology: a layer of topsoil of up to 30 cm in place, which covered a layer of demolition and collapse material that was up to 1m in depth. Within the later were found large pieces of fallen masonry and roofing slate, which due to its compact nature, meant that removal took longer. Finds uncovered in the rubble layers probably related to the

Gweithiwyd yma am ddau sesiwn o hyd at chwe wythnos yr un yn ystod hafau 2012, 2013 a 2014. Cafodd tymor 2014 ei gynnal gan William T. Jones a gwirfoddolwyr lleol. Amrywiodd y tywydd, fel y digwydd yn aml yng Ngogledd Cymru, o fod yn arbennig o boeth a sych at fod yn lawog a gwlyb, felly rhaid oedd i'r tîm fod yn barod am bopeth. Roedd trwch uwchbridd y tywyrch yn weddol gyson ar hyd y safle gan amrywio o 80mm at 90mm gyda chlai lliw oren ar ddyfnder o 800 - 900mm. Ger y Plas Isaf roedd llechfaen llwyd o dan y clai oren.

Cloddiwyd cyfanswm o bum ffos ger y Plas Uchaf, pob un mewn man strategol er mwyn gallu deall strwythur a phwrpas yr adeilad ac i lunio cronoleg yr adeiladu. Yn ôl cyfrol y Comisiwn Brenhinol ar Sir Gaernarfon, neuadd oedd y Plas Uchaf yn yr 16eg ganrif, yna yn yr 17eg ganrif adeiladwyd asgell ddeulawr ar ongl sgwâr iddo. Cloddiwyd pum ffos o amgylch yr adeilad gan eu labelu'n A - E. Torrodd ffos A, 3m x 1m ar draws tu mewn a thu allan y neuadd fawr; roedd B, 1m x 1m, ar ochr allanol y neuadd lle gellid gweld platfform carreg yr adeilad yn glir; roedd C, 2m x 3m y tu mewn i'r neuadd 16eg ganrif wreiddiol ger ceg y seler; roedd D, 1m x 2m dros brif fynedfa'r plasty o'r 17eg ganrif; ac E, 1m x 3m dros wal gefn y neuadd oedd wedi'i dymchwel at ei sylfaeni.

Roedd gan y pum ffos ddwy haenen uwchben yr archeoleg newydd: haenen o uwchbridd oedd hyd at 30cm mewn mannau oedd yn gorchuddio haenen hyd at 1m o gerrig oedd wedi'i ddymchwel neu wedi disgyn. O fewn yr haenen hon roedd meini mawrion a llechi to oedd wedi disgyn. Roedd y rhain yn anodd eu symud gan eu bod wedi'u cywasgu at ei gilydd. Roedd yr hyn a arbedwyd o'r haenen rwbel yn debygol o fod yn perthyn i'r cyfnod pan oedd y plasty yn addurn gardd yn y 19eg ganrif, yn ôl y catalog gwerthu ym 1899. Ym mysg yr hyn a ddarganfuwyd oedd pibell glai yn dyddio o 1860 - 1900 mewn cyflwr perffaith gydag addurniadau a marciau'r gwneuthurwr yn glir arni, ac amryw ddarn o wydr a chrochenwaith domestig o'r un cyfnod. Yn lefelau'r dyddodiad gwelwyd stampiau potel ag enw'r teulu 'Brynkir' i'w weld arnynt.

Datgelodd yr arolwg i'r gogledd o'r Plas Isaf anghysondebau oedd yn cynnig nodweddion wedi'u cyfeiriannu tua 40° i asgell ogleddol y plas. Yma roedd ffin gref (gwrthedd uchel i'r gogledd-orllewin a gwrthedd isel i'r de-ddwyrain) i gyfeiriad y dwyrain-de-ddwyrain o gornel ogledd-orllewinol yr asgell ogleddol. Mae hi'n anodd dehongli'r nodweddion hyn. Rhai cynigion yw bod y gwasanaethau neu nodweddion gardd ar aliniad arosgo, bod lleoliad adeilad cynharach ar aliniad gwahanol neu fod man caled wedi'i osod yma wedi'r dymchwel.

Ymestynnodd yr arolwg ger y Plas Uchaf o'r man rhwng ongl y ddwy asgell bresennol, i lawr y llethr ar draws nodweddion llwybr y teras, ar draws y ffos â gwrthglawdd ac i'r cae pêl-droed bychan. Dehonglir y prif anghysondebau fel hyn:

• ffos â pheipen ynddi i gario dŵr i dŷ'r ugeinfed ganrif a safai gerllaw
• sawl wal orthogonal sy'n cynnig bod rhan dde-orllewin yr iard wedi bod yn eithaf eang
• tystiolaeth lai o waliau yng ngogledd-orllewin yr iard, gan gynnwys, efallai nodwedd sgwâr naill ai yn yr iard neu i'r gogledd-orllewin ohono.

dwellings use as a garden feature in the nineteenth century according to the 1899 sales catalogue. Notable finds included a perfectly preserved clay pipe was found with the decorations and manufacturers mark intact, dating from 1860-1900, and a wide range of domestic glass and pottery finds also of similar periods. In the deposition levels, bottle stamps with the 'Brynker' family name intact on them were also found.

The survey to the north of the lower house produced anomalies suggestive of features oriented at (high resistivity to the northwest, low resistivity to the Southeast) passing West-Southwest from the north western corner of the north wing. The interpretation of these features is unclear, with services or garden features on an oblique alignment, the location of an earlier building on a different alignment, or a post-demolition hard standing amongst the possibilities.

The survey close to the upper house extended from the area in the angle of the two surviving wings, down the slope across the terraced path features, across a revetted ditch and bank and onto the present mini-football field. The principle anomalies are interpreted as:

• a pipe trench carrying a water pipe to a mid-twentieth century house that stood in the grounds
• several orthogonal walls suggesting a substantial range to the south west of the courtyard
• less substantial indications of walls to the north west of the courtyard, including a possible square feature, either within the courtyard or forming part of a NW range.

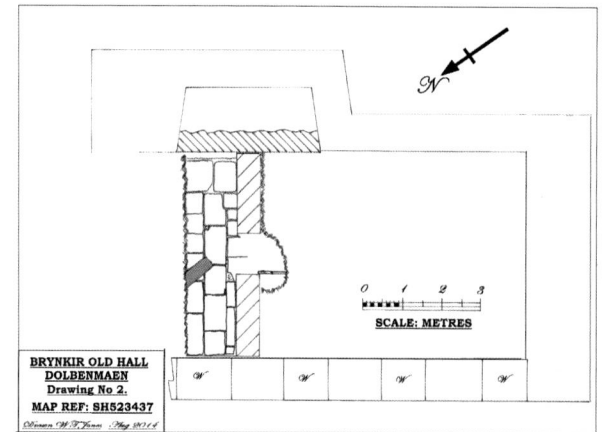

BRYNKIR OLD HALL
DOLBENMAEN
Drawing No 2.
MAP REF: SH523437

SCALE: METRES

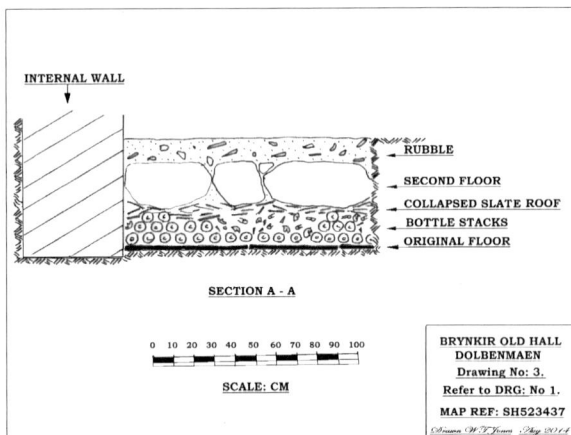

INTERNAL WALL

RUBBLE
SECOND FLOOR
COLLAPSED SLATE ROOF
BOTTLE STACKS
ORIGINAL FLOOR

SECTION A - A

0 10 20 30 40 50 60 70 80 90 100

SCALE: CM

BRYNKIR OLD HALL
DOLBENMAEN
Drawing No: 3.
Refer to DRG: No 1.
MAP REF: SH523437

Drawn W T Jones Aug 2014

Many show at both 0.5m and 1.0m probe spacings, but some do not appear on the wider spacing – either indicating they are relatively shallow features, or that they are less differentiated at depth (e.g. the wall of a room may be more differentiated from its surroundings above floor level and in the footings, then it is at floor level). Positive resistivity anomalies may be generated by, for instance, stone-built drains as well as by walls so some circumspection is required in assuming all these anomalies indicate walls10. As outlined previously, the resistivity evidence for the Lower House was not as clear as the Upper House. The exception was a linear anomaly running at 45° to the standing range of the rear entrance of the house, with surrounding garden features.

It was therefore decided to open 4 trenches in this area. Trench A and C were 1 x 3m, B was 1x2m, and Trench D was 2x2m in the hopes of picking up the 45 degree angle anomaly.

Trench A proved to contain the remains of garden flowerbeds and terraces cut into the natural orange clay (contexts 123 and 127). It was quite difficult to excavate, as there was a lot of modern root damage of the area. It was perhaps only used as a flowerbed or similar garden feature as the 'gulleys' or flowerbeds were very shallow, from surface to feature was a mere 15-30cm deep throughout the trench. This interpretation would fit in with contemporary descriptions of the gardens[2].

Trench B did not contain any archaeology but was useful for ascertaining the geology of the area, which proved to be a thick orange clay interpersed with pebbles. Underneath the topsoil at c10cm there was an orange clay layer, then at c70cm a gravel sand layer emerged to 80cm when the orange clay interpersed with pebbles was revealed at 110cm.

Gwelir nifer o'r rhain ar chwiliad 0.5m ac 1.0m o'i gilydd, ond mae rhai ar goll mewn bylchau lletach - sy'n cynnig eu bod yn nodweddion cymharol fas, neu eu bod yn llai gwahanol wrth edrych yn ddyfnach (fel y gall wal ystafell fod yn wahanol i'r hyn sydd o'i amgylch uwchben lefel y llawr ac yn ei sylfaen nag y mae ar lefel y llawr). Gall gwahaniaethau gwrthedd positif fod yn ganlyniad i ddraeniau cerrig, er enghraifft, yn ogystal â waliau, felly rhaid bod yn ofalus wrth dybio bod yr anghysondebau oll yn cynrychioli waliau.

Fel y soniwyd eisoes, nid oedd tystiolaeth gwrthedd y Plas Isaf mor glir â'r hyn gafwyd ger y Plas Uchaf. Un eithriad i hyn oedd anghysondeb llinol ar ongl 45°i ddrws cefn y plas, gyda nodweddion yr ardd o'i amgylch.

Penderfynwyd felly agor 4 ffos yma yn y gobaith o ddatrys cwestiwn y 45°. Roedd ffosydd A ac C yn 1m x 3m, B yn 1m x 2m a D yn 2m x 2m.

Gwelwyd fod ffos A yn cynnwys olion gwely blodau a therasau wedi'u torri i'r clai lliw oren naturiol (cyd-destunau 123 a 127). Roedd yn anodd cloddio yma gan fod gwreiddiau diweddar wedi damweinio'r safle. Efallai mai ond gwely blodau oedd yma gan fod y 'cafnau' neu welyau'r blodau yn rhai bas, rhyw 15 - 30cm ar hyd y ffos. Byddai'r dehongliad hwn yn cyd-fynd â disgrifiadau cyfoes o'r gerddi[2].

Ni welwyd unrhyw olion o archeoleg yn ffos B, ond roedd hi'n ddefnyddiol gweld daeareg yr ardal, oedd yn glai oren trwchus â cherrig mân ynddo. Dan yr uwchbridd, tua 10cm i lawr roedd haenen o glai oren yna ar ddyfnder o tua 70cm at 80cm roedd haenen dywod garegog ac yna'r clai oren a'r cerrig mân ar ddyfnder o 110cm.

[2]See Baker (this volume)

Roedd ffos C mewn ardal laith, yng nghysgod yr adeiladau a choed trwm oedd yn rhwystro unrhyw heulwen. Yma, ar ben gogledd-ddwyreiniol y ffos gwelwyd olion o'r hyn allai fod yn chwarel carreg laid. Roedd yr haenau uchaf yn arbennig o laith, gan fod craig anathraidd ryw 40cm dan yr wyneb. Yn y pridd roedd sawl lens llosgi a nifer o ddarnau mawr o gerrig llaid oedd yn ganlyniad, mae'n debyg, i'r adeiladau cyfagos gwympo. Yn y 1940au dygwyd popeth o werth o'r Plas Isaf a chwympwyd y rhan fwyaf o'r coed cyfagos. Efallai bod y lensys llosgi yn deillio o'r cyfnod hwn gan eu bod ond ryw 10cm dan yr uwchbridd.

Ffos D oedd yr un mwyaf diddorol o'r holl gloddio ger y Plas Isaf. Hon oedd y ffos fwyaf, 2m x 2m, a'r gobaith oedd datrys 'anghysondeb' y 45° oedd yn adroddiad y gwrthedd[3]. Tua 80cm dan yr wyneb gwelwyd olion o wal, yn rhedeg o'r gogledd-ddwyrain i'r gogledd-orllewin o fewn pridd tywodlyd llwyd, oedd â'r cerrig adeiladu wedi'u symud oddi yno. Yr unig olion o'r wal oedd ambell i floc o garreg laid. Yn yr haenau uwch roedd llawer o gerrig llaid mân, efallai gweddillion y wal hon.

Cynigiwyd yn gynharach bod yr ongl o 45° yn dangos safle'r Plas Uchaf, felly mae'n bosibl bod y wal hon yn rhan o adeilad oedd yno cyn y 18fed ganrif ac oedd yn gyfoes â'r Plas Uchaf. Yn anffodus, prin oedd unrhyw olion y gellid eu dyddio yn y ffos, ar wahân i'r hyn oedd yn yr uwchbridd. Bydd angen rhagor o ymchwil yn yr ardal hon i bennu'r berthynas rhwng y ddau blasty.

Archwiliwyd pum ffos yn y Plas Uchaf er mwyn gallu cadarnhau'r adroddiad geoffisegol ac i brofi tystiolaeth amgylchiadol bod porthdy wedi bod yno[4]. Cloddiwyd

Trench C was in a really soggy part of the site, under the lees of the standing buildings and heavy tree cover, devoid of sunlight, yet proved to contain the likely remains of a quarry for mudstone to the Northeastern end of the trench. The upper layers were extremely waterlogged, and no doubt the impermeable rock layer c40cm below was the cause. The soil contained various lenses of burning, and several large pieces of mudstone, probably the result of the partial collapse of the surrounding buildings. In the 1940s, the lower house had been asset stripped, and most of the surrounding trees were felled. It is possible that these burning lenses represent this phase, as they were just below the topsoil layer at c10cm.

Trench D proved to be the most interesting of the Lower House excavations. It was the largest trench of the area at 2x2m in the hopes of ascertaining what the apparent 45° "anomaly" was in the resistivity report[3] At about 80cm from the surface, the remains of a robbed out wall [117] was uncovered, running northeast to northwest within a dark-grey sandy soil. All that remained of the wall were some mudstone blocks. The upper layers [167] contained a lot of loose mudstones, perhaps the residuals from this wall.

As has been suggested that the 45° is the same setting as the upper house, it may perhaps be that this wall indicates an earlier pre-eighteenth century building contemporary to the upper house. Unfortunately, the trench contained very little in the way of datable finds, apart from in the topsoil layers. Further investigation of this area is needed in order to ascertain the relationship between the two houses.

Five trenches were explored in the upper house in order to confirm the geophysics report and to test circumstantial evidence of a possible gatehouse[4]. Trenches E-I were

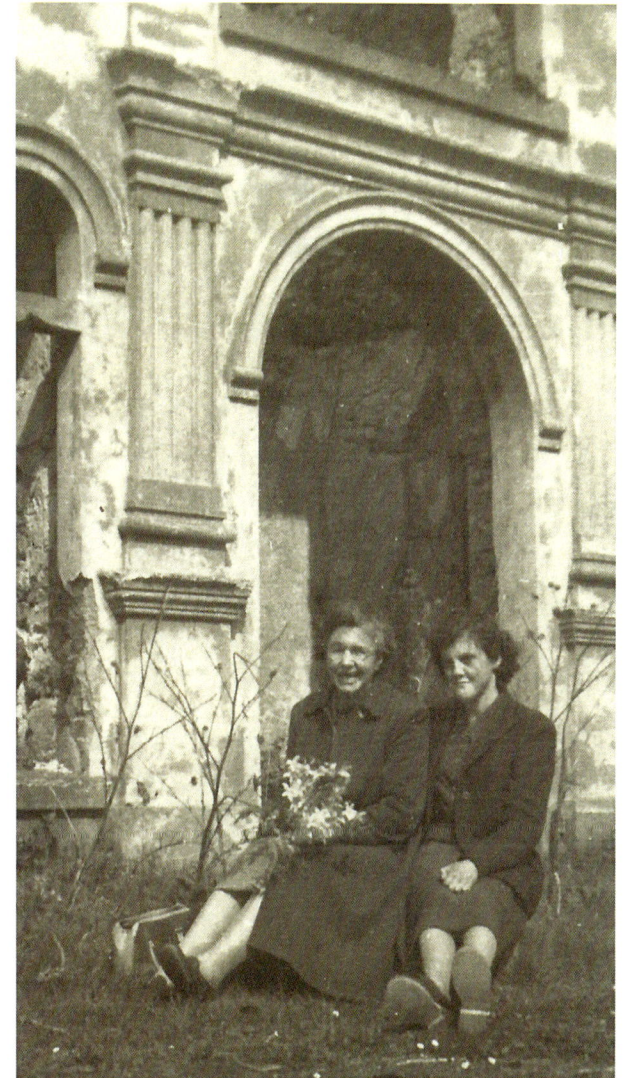

Pobl lleol yn eistedd wrth adfeilion porth y ty isaf ar ol iddo gael ei asedau wedi dynnu ohoni. Dorothy Jones.

Local people sitting by the ruined porch of the lower house following it being asset stripped. Dorothy Jones.

[3]Tim Young "Geophysical Surveys at Plas Brynkir, Gywnedd" GeoArch Report 2013/18 (unpublished report 2013, fig 3d).
[4]See Baker (this volume)

Prif byrth Bryncir / The main gates of Brynkir. Dorothy Jones.

excavated in the upper house within the archery range of Cwm Pennant Hostel, most at 1x2m, apart from G and H which were test pits at 1x1m. Trenches G and I were sterile, but like Trench B served to show the geology of the area. The natural again proved to be a thick orange clay interspersed with pebbles. Trenches E and F seem to confirm the existence of a wall, with a large dolerite basal stone [132] 0.5m wide and mudstone and dolerite rubble packing emerging in trench E. Unfortunately, due to the excavation being undertaken on a modern archery range, where concrete square plinths had been placed just under the topsoil the trench could not be extended, as this would undermine the concrete.

Trench F demonstrated that rather unusually the walls of the gatehouse and courtyard must have formed a parallelogram rather than a rectangle. The wall [156] like that of trench E's wall [131] contained large dolerite basal stones in situ, either side of the mudstone rubble. Given the great size of these dolerite basal stones (most are over 1 m in length and over 0.5m in width) it is likely that they were left in situ as they would not have been easily moved. The mudstone rubble however, could easily be removed by hand. Indeed, most of it seems to have been reused for the rubble wall of the ha-ha and other nineteenth century walled features contemporary to the lower house. Trench H abutted the corner of the 14th Century core "hall" house. It proved to contain the 1945 water pipe apparently used by semi-permanent squatters at the site, so the trench was somewhat disturbed. However, just beneath the topsoil, the remains of a gravelled surface were revealed just over 1m away from the corner of the hall. It appeared firstly in section overlying the natural orange clay, but a small sondage to the southeast revealed the detail.

ffosydd E - I ger y Plas Uchaf o fewn maes saethyddiaeth Hostel Cwm Pennant. Roedd y rhan fwyaf yn 1m x 2m ar wahân i G ac H oedd byllau profi 1m x 1m. Ni ddarganfuwyd dim yn ffosydd G ac I, ond fel yn achos ffos B roedd posibl gweld y ddaeareg ynddynt. Yma eto roedd clai oren trwchus gyda cherrig mân ynddo. Yn ffosydd E ac F roedd peth tystiolaeth o wal gyda sail garreg ddolerit fawr [132] 0.5 m o led a cherrig llaid a cherrig dolerit mân o'r pacio yn ffos E. Yn anffodus gan fod y cloddio ar faes saethyddiaeth fodern lle gosodwyd plinthiau concrit sgwâr o dan yr uwchbridd nid oedd modd ehangu'r ffos gan y byddai hyn yn tanseilio'r concrit.

Dangosodd ffos F bod waliau'r porthdy a'r iard yn annisgwyl ar ffurf paralelogram ac nid petryal (sef y cynllun arferol megis yn Nolbenmaen). Byddai'r wal [156] fel wal ffos E [131] yn cynnwys cerrig sylfaen mawr o ddolerit, y naill ochr a'r llall o'r rwbel carreg laid. Gan fod y cerrig sylfaen dolerit hyn mor fawr (mae'r rhan fwyaf dros 1m o hyd a thros 0.5 m o led) mae'n debygol iddynt gael eu gadael ble roeddynt gan y byddai'n anodd eu symud. Gellid symud y cerrig llaid llai, fodd bynnag, â llaw. Yn wir, ymddengys i'r rhan fwyaf gael eu defnyddio yn wal rwbel yr ha ha a nodweddion eraill y 19eg ganrif oedd yn gyfoes i'r Plas Isaf. Roedd ffos H yn ffinio â chornel y plasty 14eg ganrif gwreiddiol. Ynddo gwelwyd peipen ddŵr 1945 a ddefnyddiwyd, mae'n debyg, gan sgwatwyr oedd yn rhannol barhaol ar y safle ac felly tarfwyd peth ar y ffos. Er hynny, o dan yr uwchbridd, gwelwyd olion wyneb graean ychydig dros 1m o gornel y neuadd. Fe'i gwelwyd gyntaf mewn toriad yn gorwedd ar y clai oren, ond datgelwyd y manylion mewn ffos fechan arall i'r de-ddwyrain.

Mae hi'n debygol i holl wyneb y ffos hyd at y beipen ddŵr fodern [151] gael ei gorchuddio â'r graean hwn [147] gan fod pantiau bychan yn y clai [140] yn cynnig bod y graean wedi bod drosto i gyd. Mae'r cerrig gan fwyaf yn grwn neu'n isonglog, â diamedr o rhwng tua 2 - 4cm hyd at 8cm ac maent yn lliwiau gwahanol o ddu, brown a gwyrdd. Mae hi'n bosibl bod yr wyneb graean hwn yn rhan o lwybr coblog o amgylch plasty'r 15fed ganrif, neu gallai berthyn i'r porthdy a'r cyfnod Dadeni pan wnaethpwyd nifer o welliannau gan y teulu Brynkir i'r plasty ac o'i amgylch[5].

Amcan ffos I oedd clirio a glanhau prif fynedfa cyfnod y 'Dadeni' er mwyn gweld cyfnodau gwahanol y plasty a'r gwelliannau a wnaethpwyd iddo yn ôl cofnodion y stad. Ymddengys i'r drws gael ei gulhau yn yr 17eg ganrif a gosodwyd ffenestri newydd yn eu lle. Profwyd hyn yn gywir pan welwyd toriad yn y fynedfa a charreg drothwy gynharach oedd â sail o ddolerit iddi. Carreg drothwy o lechfaen oedd gan ddrws yr 17eg ganrif. Yn ystod tymor 2012 daethpwyd o hyd i blât crochenwaith ag arfbais Brynkir arno dan y trothwy hwn oedd yn ei gwneud hi'n haws dyddio'r gwaith.

Ar y cyfan, arteffactau modern o'r 19eg a'r 20fed ganrif megis crochenwaith trosluniau glas, gwydr, draeniau cyfnod Fictoria a gweddillion colfachau metal o ffensys a physt clwydi a ddarganfuwyd yn ystod y cloddio ym Mryncir. Gallai olion o domen gyfagos i'r Plas Isaf[6] fod yn hollol ddiddorol ond yn anffodus maent mewn man brwnt[7].

The entire surface of the trench up to the modern water pipe [151] is likely to have been covered by this gravelled surface [147] as within the underlying clay [140] are the remains of very shallow hollows, perhaps the negatives of larger stones part of the gravelled surface. The stones are mostly rounded or sub angular, ranging from c 2-4cm in diameter to up to 8cm and are in different colours of black, brown and greens. It is possible that this gravelled surface is the remains of a cobbled pathway around the edges of the Tudor house, or could relate to the gatehouse and Renaissance phase when the Brynkir family undertook several improvements of the house and its surroundings[5].

Trench I focused on clearing and cleaning the main 'Renaissance' period doorway of the house in order to ascertain the different phases of the household and the various improvements on doorway indicated by the estate records. The doorway was apparently narrowed in the seventeenth century and new windows put in. This proved to be the case, a building break was discovered in the doorway, and an earlier threshold stone was revealed containing a dolerite foundation. By contrast, the seventeenth century doorway was covered by a threshold stone of slate. During the 2012 season, a seventeenth century pottery plate with the Huddart crest had been uncovered underneath this threshold, giving a useful terminus post quem for the entranceway.

The artefacts uncovered during the Brynkir excavations were in the main modern nineteenth and twentieth century remains such as blue-transfer pottery, glass, Victorian drains, and the remains of metal hinges from fences and gateposts. Surface remains from a possible midden near the Lower House[6] could prove to be the most interesting, but unfortunately are not from sealed contexts[7].

Yr oedd Bryncir wedi ei stripio o'i asedau, unrhyw beth o werth wedi ei ddymchwel a'i symud o'r safle. Prif byrth Bryncir a welir yma yn cael ei ddymchwel c. 1945. Dorothy Jones.

When Brynkir was asset stripped, anything of value was demolished and removed from the site. The main gates of Brynkir are shown here being demolished c. 1945. Dorothy Jones.

[5] See Baker (this volume.)
[6] Now a badger's set
[7] Baker, M. Brynkir. Archaeological Building and Recording Investigation Summer 2012

Bryncir wedi disgyn i gyflwr gwael. Mae'r deiliant wedi tyfu allan o reolaeth, ac mi fydd yr adeilad yn fuan yn cael ei difetha gan hyn. Antonia Dewhurst.

Brynkir in a bad state of collapse. The foliage has grown out of control, and soon this building will be destroyed by the growth. Antonia Dewhurst.

DAEAREG CWM PENNANT

THE GEOLOGY OF CWM PENNANT

ANDREW HAYCOCK

MAE CWM PENNANT yn ddyffryn hynod o hardd yng nghornel ogledd-orllewin Eryri, ger Porthmadog. Un ffordd gul sy'n arwain at y dyffryn sy'n brin ei phoblogaeth ond sy'n fan rhagorol ar gyfer cerdded, astudio'r ddaeareg leol a hanes y mwyngloddio fu yno.

Gan ddechrau'n uchel yng Nghwm Dwyfor ar ochr ddeheuol Mynydd Tal-y-Mignedd, mae'r Afon Dwyfor yn llifo i'r de drwy Gwm Pennant at ffin Parc Cenedlaethol Eryri ger Dolbenmaen. Saif Bryncir ar orlifdir yr Afon Dwyfor ger ceg ddeheuol y dyffryn.

Caiff ei ddaeareg effaith drom ar dirlun Cymru. O ddaeareg y creigwely i effeithiau erydu a rhewlifiant, prin yw'r mannau yng Nghymru lle gwelir effaith geomorffoleg yn fwy nag yn Eryri. Mae creigiau ym mhobman dan ein traed, ond cuddir y creigiau hyn gan ddyddodion rhewlifau a'r afonydd (a elwir yn ddrifft), pridd, llystyfiant ac adeiladau bodau dynol. Pe gallech waredu'r haenau hyn, datgelid y creigiau sy'n ffurfio Cymru. Mae erydiad yn gymorth i ddangos peth o'r ddaeareg hyn sydd dan ein traed. Mewn ardaloedd mynyddig fel Eryri, lle mae clogwyni mewndirol, ceunentydd serth ac arfordiroedd creigiog, prin y gorchuddir y creigiau. Defnyddiwyd y brigiadau creigiog hyn drwy'r canrifoedd fel mannau hygyrch ar gyfer carreg a mwynau. Mae llawer o dystiolaeth mwyngloddio a chwarela yng Nghwm Pennant.

Mae'r creigiau yn Eryri yn weddol glir o orchudd 'drifft' ac mae hyn wedi galluogi sawl daearegwr i'w hastudio'n fanwl. Datblygodd nifer o ddaearyddwyr nodedig cynnar megis Darwin a Sedgwick eu dealltwriaeth o ddaeareg yn y rhan hon o Gymru.

CWM PENNANT is a striking and beautiful valley in the northwest corner of Snowdonia near Porthmadog. The sparsely populated valley is accessible by single track road from the south, and is an excellent base for walking, studying the local geology and mining history.

Beginning high in Cwm Dwyfor on the southern flank of Mynydd Tal-y-mignedd, the Afon Dwyfor river drains southwards through the Cwm Pennant valley to the Snowdonia National Park boundary near Dolbenmaen. The Brynkir site lies on the Afon Dwyfor flood plain near the southern entrance to the valley.

The landscape of Wales is strongly influenced by its geology. From the bedrock to erosion and glaciation, there are few places in Wales where the geology influences the landscape more than Snowdonia. Rocks are everywhere beneath our feet, but these rocks are predominantly obscured by glacial and river deposits (collectively known as drift), soil, vegetation, and the made landscape. If you could strip off these layers, the rocks that make up Wales would be revealed. Erosion helps to expose some of the geology beneath our feet. In mountainous regions like Snowdonia, inland cliffs, steep river gorges and rocky coastal shores, the rocks remain largely un-obscured. These outcrops of rock have provided readily accessible sources of stone and minerals that have been exploited throughout history. There is much evidence of past mining and quarrying in the Cwm Pennant valley.

In Snowdonia, the rocks are largely free from 'drift' cover; this has allowed many geologists to study them in great detail. Many prominent early scientists such as Charles

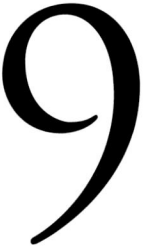

Cwblhaodd Andrew BSc Daeareg a MSc Daeareg Amgylcheddol Gymhwysol ymMhrifysgol Caerdydd, ac arweiniodd ei draethawd hir MSc i ganfod safleoedd daearegol pwysig ar gyfer cadwraeth yn Rhondda Cynon Taf. Mae Andrew wedi treulio'r 10 mlynedd diwethaf yn gweithio fel curadur daeareg yn Amgueddfa Cymru, lle mae'n gyfrifol am reoli'r casgliad o graig a mwynau, ymgymryd ag ymchwil, allgymorth/ymchwiliadau cyhoeddus a gwaith arddangos. Mae ei hymchwil wedi helpu iddatblygu gwybodaeth am gerrig adeiladu a ddefnyddir yn hanesyddol ledled Cymru, ac mae gwaith maes wedi gwella'r casgliad cerrig adeiladu sydd gan yr amgueddfa. Mae wedi ennill Aelodaeth Gyswllt o'r Gymdeithas Amgueddfa (AMA) yn ystod ei amser yn yr amgueddfa.

Andrew has undertaken BSc Geology and MSc Applied Environmental Geology at Cardiff University, his MSc dissertation led to work identifying important geological sites for conservation within Rhondda Cynon Taf. Andrew has spent the last 10 years working as a geology curator at National Museum Wales, where he is responsible for managing the rock and mineral collection, undertaking research, public outreach/enquiries and exhibition work. His research has helped develop knowledge of the building stones historically used across Wales, and fieldwork has enhanced the museum building stone collection. He has gained Associateship of the Museum Association (AMA) during his time at the museum.

Darwin and Adam Sedgwick (one of the founders of modern geology) developed their understanding of geology from this part of Wales.

The rocks, minerals and fossils found in Cwm Pennant help tell a story over 500 million years in the making. To understand this, it is important to put the geology into a more regional context to build a 'bigger picture'.

The geological history of Snowdonia paints a very different picture to today's Wales. Many of the rocks that make-up this part of present-day Wales were formed far south, deep in the Southern Hemisphere. These rocks tell tales of shallow seas, deep oceans and active volcanic islands. The rocks and valley itself also show evidence of past glaciation in its recent geological history.

ROCKS AND PLATE TECTONICS

The continents and oceans of our planet sit on moving tectonic plates. As a result, all the continents of the world have slowly moved through geological time (at approximately the rate that fingernails grow). Ancient continents have broken apart, collided and re-joined to form super-continents. These have in turn broken apart as they slowly moved over the surface of the Earth. Ancient oceans have formed and disappeared over hundreds of millions of years. These processes have caused Wales to drift slowly northwards from the Southern Hemisphere to its present location. In this time Wales has experienced many different climates and environments, some of which are recorded in the rocks we find in Cwm Pennant today.

The majority of rocks found in Snowdonia are sedimentary and igneous in origin. Sedimentary rocks are predominantly formed from the erosion of pre-existing rocks. As rocks are

Mae cerrig, mwynau a ffosiliau Cwm Pennant yn adrodd stori sydd dros 500 miliwn o flynyddoedd oed. Mae hanes daeareg Eryri yn rhoi darlun gwahanol iawn i'r hyn welir yng Nghymru heddiw.

Ffurfiwyd nifer o greigiau'r rhan hon o Gymru heddiw ym mhell yn Hemisffer y De. Ceir hanes moroedd bas, cefnforoedd dyfnion ac ynysoedd folcanig byw yn y creigiau hyn. Gwelir yma effaith rhewlifau'r gorffennol yn yr hanes daearegol diweddar. Mae creigiau Cwm Pennant yn gymorth i ddaearegwyr adrodd yr hanes ynglŷn â sut y ffurfiwyd Eryri a Chymru heddiw.

CREIGIAU A THECTONEG PLATIAU

Torrwyd haenau allanol y Ddaear (y gramen a'r greicaen uchaf) yn ddarnau a elwir yn blatiau. Dros gyfnod daearegol, mae'r rhain wedi'u symud yn araf gan y gwres sy'n ddwfn yn y blaned, gan y broses tectoneg platiau. Wrth i'r platiau hyn gyffwrdd, ymwahanu a gwrthdaro ffurfir y rhan fwyaf o ddaeargrynfeydd a llosgfynyddoedd y byd.Mae cyfandiroedd a chefnforoedd ein planed yn gorffwys ar y platiau symudol hyn. O ganlyniad, mae holl gyfandiroedd y byd wedi symud drwy amser daearyddol tua'r un mor gyflym â thwf ein hewinedd. Mae gwahanol gyfandiroedd wedi torri a symud oddi wrth ei gilydd, wedi gwrthdaro ac ail ymuno i greu cyfandiroedd mwy. Maent wedi torri eto a symud yn araf ar draws wyneb y Ddaear. Crëwyd cefnforoedd hynafol sydd bellach wedi diflannu dros filiynau o flynyddoedd yn ôl. Y prosesau hyn sydd wedi achosi Cymru i ddrifftio i'r gogledd i'w man presennol, ac wedi profi sawl hinsawdd ac amgylchedd gwahanol. Cofnodir rhai o'r amgylcheddau hyn yn y creigiau a welwn yng Nghwm Pennant heddiw.

Creigiau gwaddodol yw nifer o'r rhai sydd yn Eryri, yn bennaf wedi'u ffurfio gan erydiad y creigiau cynfodol. Wrth

i'r creigiau gael eu herydu, symudir y gwaddod gan y gwynt, afonydd a'r cefnforoedd gan ei ddyddodi mewn haenau (neu welyau) a ffurfio carreg waddodol. Dros amser, dyddodir sawl haen o garreg. Gelwir y mathau gwahanol o greigiau gwaddodol yn garreg silt, carreg laid, tywodfaen a chlymfaen[1].

Creigiau igneaidd yw rhan fawr o greigiau Eryri, yn arbennig y rhai a ffurfiwyd gan losgfynyddoedd. Cwyd craig dawdd (magma) o grombil y Ddaear a chaiff ei echdorri ar wyneb y Ddaear fel lafa, ar ffurf rhiolit[2] a basalt[3]. Mae llwch echdoriad

eroded, sediment is carried away by wind, rivers and oceans and deposited in layers (or beds). Over time, many layers of rock can be built up. Types of sedimentary rock include siltstone, mudstone, sandstone and conglomerate[1].

Igneous rocks are formed from molten rock (magma) deep within the Earth, magma rises to the Earth's surface to be erupted as lava, varieties include rhyolite[2] and basalt[3]. Ash from volcanic eruptions consolidates to form the rock tuff.

Golygfa i'r gogledd o Twr Bryncir tuag at siliau dolerit Craig Gyfyng a Craig Isallt, a Fferm Bryncir, Moel Lefn, Moel y Ogof a Moel Hebog yn y cefndir. Andrew Haycock, Amgueddfa Genedlaethol Cymru.

View north from Brynkir Tower towards the dolerite sills of Craig Gyfyng and Craig Isallt, and Bryncir Home Farm, Moel Lefn, Moel y Ogof and Moel Hebog in back ground. Andrew Haycock, National Museum Wales.

[1]coarse grained sedimentary rock with rounded clasts greater than 2mm in size. Allebey & Allebey (eds), A Dictionary of Earth Science, Second Edition, Oxford University Press (2003)
[2]fine-grained, extrusive igneous rock consisting of quartz, alkali feldspar, and one or more ferromagnesian minerals. A Dictionary of Earth Science, Second Edition, Oxford University Press (2003)
[3]dark-coloured, extrusive igneous rock composed of plagioclase feldspar, pyroxene, magnetite, with or without olivine, and no more than 53% SiO2. A Dictionary of Earth Science, Second Edition, Oxford University Press (2003)

Y tŷ aml-lawr cyn i'r rhinweddau gael eu tynnu ymaith. Dorothy Jones.
The multi-storeyed house before it was asset stripped. Dorothy Jones.

Not all magma reaches the surface, some is trapped below the surface and cools slowly to form rocks such as micro-granite[4] and dolerite[5].

When rocks are buried deep within the Earth, the increase in pressure and heat alter the structure and minerals that make up the rock. This is the process of metamorphism, and produces metamorphic rocks. Many of the rocks of Snowdonia have been affected by metamorphism to some degree, slate being just one example.

The geology of this region is quite complex, an overview of the geology is provided in this chapter. For a more detailed understanding of the geology, please refer to Howells& Smith 1997[6] and the accompanying geological map sheets[7]. A comprehensive geological history of England and Wales can be found in Brenchley & Rawson2006[8].

GEOLOGICAL HISTORY

Most of the rocks of Cwm Pennant were deposited and formed in the geological past during periods called the Cambrian and Ordovician. Further geological time units are referred to in brackets throughout this chapter for reference. Around 478-468 million years ago [Ma]) (during the Arenig period), Wales was part a continent called 'Avalonia', now NE USA, Atlantic Canada, England, Wales, Belgium and North Germany. Avalonia had broken away from the supercontinent Gondwana about 10 million years before (during the Tremadoc) when the continent lay close to the South Pole. As it broke away, Avalonia formed the Rheic Ocean behind it. The remaining landmass of Gondwana

llosgfynydd yn asio gan ffurfio twff. Nid yw'r magma i gyd yn cyrraedd yr wyneb, caiff peth ohono ei ddal dan yr wyneb lle mae'n oeri'n arafach gan ffurfio creigiau megis microwenithfaen[4] a dolerit[5]. Yr enwau ar y rhain yw 'mewnwthiad igneaidd'. Gelwir mewnwthiadau igneaidd sy'n ffurfio bandiau paralel i greigiau eraill yn 'siliau', tra gelwir y rhai sy'n torri ar eu traws yn 'ddeiciau'.

Pan fo creigiau wedi'u claddu'n ddyfnach yn y Ddaear, mae'r cynnydd mewn gwasgedd a thymheredd yn newid y strwythur a'r mwynau sydd yn y graig. Dyma'r broses fetamorffeg sy'n cynhyrchu creigiau metamorffig. Mae nifer o greigiau Eryri wedi'u heffeithio i rai graddau gan fetamorffeg. Mae llechfaen yn un enghraifft o hyn.

Mae daeareg yr ardal yn ddigon cymhleth ar raddfa leol a cheir golwg bras ohono yn y bennod hon. Am ddealltwriaeth ddyfnach o'r ddaeareg, gweler Howell & Smith 1997[6] a'r mapiau daearegol sy'n amgaeëdig[7]. Mae hanes cyflawn o ddaeareg Cymru a Lloegr i'w weld yn Brenchley & Rawson 2006[8].

HANES DAEAREGOL

Dyddodwyd a ffurfiwyd y rhan fwyaf o greigiau Cwm Pennant yn ystod cyfnodau'r gorffennol daearegol a elwir yn gyfnodau Cambriaidd ac Ordoficaidd. Cyfeirir at unedau amser daearegol eraill mewn bracedi yn y bennod hon er cyfeirio ymhellach. Tua 478 - 468 miliwn o flynyddoedd yn ôl [Ma] (yn ystod y cyfnod Arenig), roedd Cymru yn rhan o gyfandir a elwid 'Avalonia' ag sydd erbyn heddiw yng ngogledd-ddwyrain UDA, Canada'r Iwerydd, Cymru, Lloegr, Gwlad Belg a Gogledd yr Almaen. Roedd Avalonia

[4]medium-grained (1-5mm) igneous rock consisting of quartz, alkali feldspar and mica. A Dictionary of Earth Science, Second Edition, Oxford University Press (2003)
[5]Dark-coloured, medium-grained igneous rock, containing plagioclase feldspar and pyroxene, A Dictionary of Earth Science, Second Edition, Oxford University Press (2003)
[6]Howells, M. F. & Smith, M.. Geology of the Country around Snowdon. Memoir of the British Geological Survey, (England and Wales, 1997), pp. 119.
[7]British Geological Survey, Snowdon. England and Wales Sheet 119. Solid Geology. 1:50 000. (Keyworth, Nottingham: British Geological Survey, 1997). British Geological Survey, Snowdon. England and Wales Sheet 119. Solid and Drift Geology. 1:50 000. (Keyworth, Nottingham: British Geological Survey, 1997).
[8]Brenchley, P.J. & Rawson, P.F. (eds),The Geology of England and Wales, The Geological Society, London (2006)

wedi ymwahanu o'r cyfandir mawr Gondwana tua 10 miliwn o flynyddoedd ynghynt (yn ystod cyfnod Tremadog) pan orweddai'r cyfandir yn agos ar Begwn y Gogledd. Wrth ymwahanu, ffurfiwyd y cefnfor Rheic y tu ôl iddo. Aeth gweddill ehangdir Gondwana i ffurfio Awstralia, Affrica, India, Seland Newydd, yr Antarctig a De America[9].

Dros y150 miliwn o flynyddoedd nesaf, gyrrodd tectoneg platiau gyfandir Avalonia i'r gogledd ar draws Cefnfor Iapetws tuag at gyfandir Laurentia, sef Gogledd America, Grønland a'r Alban erbyn heddiw. Tansugnwyd crwst cefnforol y Cefnfor Iapetws dan y ddau gyfandir gan gau'r cefnfor yn araf a gwthio gwaddodion y cefnfor ar i fyny a'u hystumio.

Ar ei ffordd i'r Gogledd, gwrthdarodd Avalonia yn erbyn y cyfandir Baltica, Sgandinafia, erbyn heddiw, tua 443 Ma (Ashgill diweddar). Tua 440 – 420 Ma[10] (Silwraidd canol), gwrthdarodd Avalonia a Baltica â Laurentia ac o ganlyniad ffurfiwyd cadwyni o fynyddoedd enfawr o Ogledd America at yr Alban, Cymru, Ardal y Llynnoedd a Sgandinafia. Yr enw ar y digwyddiad hwn yw'r Orogeni Caledonaidd. Gwasgwyd y creigiau a ddisgynnodd i waelod y cefnfor, neu a gladdwyd gilometrau dan wyneb y Ddaear yn araf gan eu hystumio a'u cywasgu, neu eu gwthio i fyny a'u codi i uchder eithafol gan ffurfio mynyddoedd. Dinoethwyd y creigiau oedd unwaith wedi'u claddu mor ddwfn gan erydiad cyson.

Yn Eryri heddiw gallwn weld olion rhai o'r mynyddoedd enfawr hyn sydd wedi'u herydu. Yn ganlyniad i symudiadau mawrion dros hanes daearegol, mae llawer o

went on to form Australia, Africa, India, New Zealand, Antarctica and South America[9].

Over the next 150 million years, plate tectonics drove Avalonia northwards across the Iapetus Ocean towards the continent Laurentia, now present day North America, Greenland and Scotland. The oceanic crust of the Iapetus Ocean was subducted beneath both continents slowly closing the ocean, pushing up and deforming the ocean sediments.

On its progression north, Avalonia collided with the continent Baltica, now Scandinavia about 443 Ma (late Ashgill). Around 440-420 Ma[10] (mid Silurian), Avalonia and Baltica collided with Laurentia, as a result vast mountain ranges were formed from North America to Scotland, Wales, the Lake District and Scandinavia. This event is known as the Caledonian Orogeny. Rocks that were deposited on the ocean floor, or buried kilometres below the Earth's surface were slowly squeezed, deformed and compressed, or pushed up and elevated to great height to form mountains. Erosion then exposed the rocks that were once deeply buried and hidden from view.

The Snowdonia we see today are the eroded remains of some of these huge mountains. As a result of great movements over geological history, many of the rocks of Wales are structurally very complex having been highly faulted and folded. In Cwm Pennant an example of such a fault (the Bryncir Fault) runs north-north-east to south-south-west across the valley splitting and disrupting the rocks.

[9]Brenchley, P.J., Rushton, A.W.A., Howells, M. & Cave, R. (2006). Cambrian and Ordovician: the early Palaeozoic tectonostratigraphic evolution of the Welsh basin, Midland and Monian Terranes of Eastern Avalonia. In: Brenchley, P.J. & Rawson, P.F. (eds), The Geology of England and Wales, 2nd Edn, p 25-74, The Geological Society, London (2006)
[10]Cherns, L. Cocks L.R.M., Davies, J.R., Hillier, R.D., Waters, R.A., and Williams, M. Silurian: The influence of extensional tectonics and sea-level changes on sedimentation in the Welsh Basin and on the Midland Platform In: Brenchley P.J. & Rawson, P.F. (eds), The Geology of England and Wales, 2nd Edn, p 75-102, The Geological Society, London (2006)

Mae'r tŷ aml-lawr yn dangos y brics nadd (Ashlar) sydd wedi eu weithio yn ofalus iawn dros cyfnod hir i cyflawni arwyneb gwastad. Antonia Dewhurst.

The multi-storeyed house showing the Ashlar which has been painstakingly worked to achieve a flat even surface. Antonia Dewhurst.

GEOLOGICAL SETTING OF CWM PENNANT

At the southern end of the valley near Brynkir House, the ancient geology is largely obscured by the more recent glacial and fluvial / river deposits. The resulting flat expanse of land made an ideal site for the Brynkir Estate.

Here, largely obscured by drift cover lie sedimentary rocks 488-478 Ma in age (Tremadoc Epoch).They consist of grey-coloured mudstones, siltstones and sandstones that would have been deposited on the sea bed in an offshore environment. Fossils found within these rocks have helped geologists determine the marine environment they were deposited in, including extinct remains of fossil trilobites and graptolites, as well as brachiopods, whose relatives can be found living on the sea floor in today's oceans. Geologists have named these rocks the Dol-Cyn-Afon Formation[11]. These and other rock formations can be view on the British Geological Survey geological maps for the area (BGS Sheet 119).

Older sedimentary rocks around 502-488 Ma (Merioneth Epoch) belonging to the Cambrian period can be found to the north of Brynkir in crags at Cwm Dwyfor [See Figure 1], and on the west side of the valley near Cwm Ciprwth. Rocks of the Marchlyn Formation include grey-coloured siltstones and pale-coloured laminated sandstones. Near the top of the formation, the sandstones are quite pebbly. These rocks can be interpreted as sediments that were deposited in the sea close to the landmass from which they were eroded[12].

The predominant rocks of the valley consist of thick deposits of silty mudstone. These rocks belong to the Nant Ffrancon Group which includes the Allt Lŵyd Formation.

greigiau Cymru yn gymhleth iawn o ran eu strwythur gan iddynt gael eu ffawtio a'u plygu. Mae enghraifft o ffawt ar linell gogledd-gogledd-ddwyrain i dde-de-orllewin Cwm Pennant (Ffawt Bryncir) sy'n gwahanu a hollti'r creigiau.

SAFLE DAEAREGOL CWM PENNANT

Ar ben deheuol y dyffryn ger Plas Bryncir, gorchuddir y ddaeareg hynafol gan fwyaf â dyddodiadau diweddar gan rewlifau ac afonydd. Roedd y tir gwastad a ffurfiwyd felly yn fan delfrydol ar gyfer Stad Bryncir.

Yma dan y gorchudd drift mae creigiau gwaddodol 488 – 478 [Ma] (Cyfnod Tremadog). Mae'r creigiau hyn yn cynnwys cerrig llaid lliw llwyd, cerrig silt a thywodfaen a gawsant eu dyddodi ar waelod y môr mewn amgylchedd alltraeth. Mae'r ffosiliau, sy'n cynnwys gweddillion trilobitau a graptolitau, yn ogystal â braciopodau sydd yn byw ar waelod y moroedd hyd heddiw, yn y creigiau hyn wedi cynorthwyo daearegwyr i olrhain yr amgylchedd lle cawsant eu dyddodi. Yr enw a roddwyd gan ddaearegwyr ar y creigiau hyn yw Ffurfiant Dol-Cyn-Afon[11]. Mae'r rhain, a ffurfiau eraill i'r creigiau i'w canfod ar fap daearyddol Arolwg Daearegol Prydain o'r ardal (BSG Taflen 119).

I'r gogledd o Fryncir, ar glegyrau yng Nghwm Dwyfor, ac ar ochr orllewinol y dyffryn ger Cwm Ciprwth, mae creigiau gwaddodol hŷn o 502 – 488 (Cyfnod Meirion) o'r Cyfnod Cambriaidd [Ffigur 1]. Mae creigiau'r Ffurfiant Marchlyn yn cynnwys cerrig silt llwyd a thywodfaen laminedig golau. Ger brig y ffurfiant mae'r tywodfaen yn gerrig bychain. Gellir tybio mai gwaddod yn y môr yn agos i'r ehangdir lle cawsant eu herydu yw'r cerrig bychain hyn[12].

[11]Howells, M. F. & Smith, M.. Geology of the Country around Snowdon. Memoir of the British Geological Survey, (England and Wales, 1997), p18-23.
[12]Howells, M. F. & Smith, M.. Geology of the Country around Snowdon. Memoir of the British Geological Survey, (England and Wales, 1997), p8-11.

Prif greigiau'r dyffryn yw dyddodiad trwchus o garreg laid, silt. Mae'r creigiau hyn yn perthyn i'r Grŵp Nant Ffrancon sy'n cynnwys Ffurfiant Allt Lwyd. Fe'u gwelir orau yn y chwareli llechi ac ochrau'r cymoedd serth gan eu bod wedi'u gorchuddio â silt ar waelod y dyffryn.

Mae Ffurfiant Allt Lwyd ar ochr orllewinol y dyffryn at Fryncir mewn banc sy'n rhedeg o'r gogledd i'r de. Mae'r creigiau yn 478 – 468 Ma (oed Arenig) ac yno mae cerrig silt, tywodfeini llawn cwarts, tywodfeini folcaniglastig a chlymfeini. Ffurfiwyd y creigiau yn wreiddiol ger glan ehangdir mewn amgylchedd môr bâs. Mae rheol gyffredinol yn dweud mai'r mwyaf yw maint y graen mewn craig waddodol yna roedd rhagor o egni a chynnwrf yn yr amgylchedd pan gafodd ei ddyddodi. Yn y clymfeini mae cerrig mawr cwarts sy'n cynnig bod dylifiad mawr o waddod wedi'i olchi o'r ehangdir a'i ddyddodi yn y môr[13].

Mae'r dyddodiad o dywodfeini folcaniglastig yn awgrymu bod llawer o weithgarwch folcanig wedi digwydd yn y cyfnod hwn. Mae'r dyddodiadau folcanig diweddar wedi'u treulio gan y tywydd, eu herydu a'u hysgubo i'r môr. Roedd y gweithgarwch hwn yn gysylltiedig â thansugno un plât tectonig dan un arall a'r un a dansugnwyd yn toddi dan effaith y gwres enfawr yng nghanol y Ddaear. Wrth i'r magma tawdd godi i'r wyneb, roedd yn echdorri drwy losgfynyddoedd.

Cerrig llaid, cerrig llaid silt a thywodfaen 468 – 449 Ma (cyfnod Llanvirn at Caradog) yw gweddill creigiau Grŵp Nant Ffrancon[14]. Yn bennaf yn y Grŵp mae haenen drwchus o garreg silt sydd â graen main iddo. Mae presenoldeb ffosiliau graptolitau a thrilobitau yn cynnig

The best exposures can be found in the slate quarries and steep valley sides, but lower in the valley they are largely obscured by drift cover.

The Allt Lŵyd Formation can be found on the west side of the valley to Brynkir in a north-south trending band. The rocks are 478-468 Ma (Arenig age) and include siltstones, quartz-rich sandstones, volcaniclastic sandstones and conglomerates. The rocks were originally deposited near the shore of a landmass in a shallow-marine environment. As a general rule, the coarser the grain-size of a sedimentary rock the higher energy and more turbulent the environment it was deposited in. These conglomerates contain large pebbles of quartz suggesting large influxes of sediment were washed offshore from the landmass and deposited in the sea[13].

The deposition of volcaniclastic sandstones suggests there was much volcanic activity during this time. Recently formed volcanic deposits were weathered, eroded, and washed offshore. The volcanic activity was related to the subduction of one tectonic plate beneath another, and the subducted plate being melted by great heat deep within the Earth. As molten magma rose back up to the surface, it was erupted at volcanoes.

The remaining rocks of the Nant Ffrancon Group[14] are mudstones, silty mudstones and sandstones 468-449 Ma (Llanvirn to Caradoc age). The Group is dominated by vast thicknesses of fine-grained siltstone, graptolite and trilobite fossils found within the rock suggests a deepening marine environment. The group is also interbedded in part with 'tuffite', a volcanic debris flow associated with erosion of

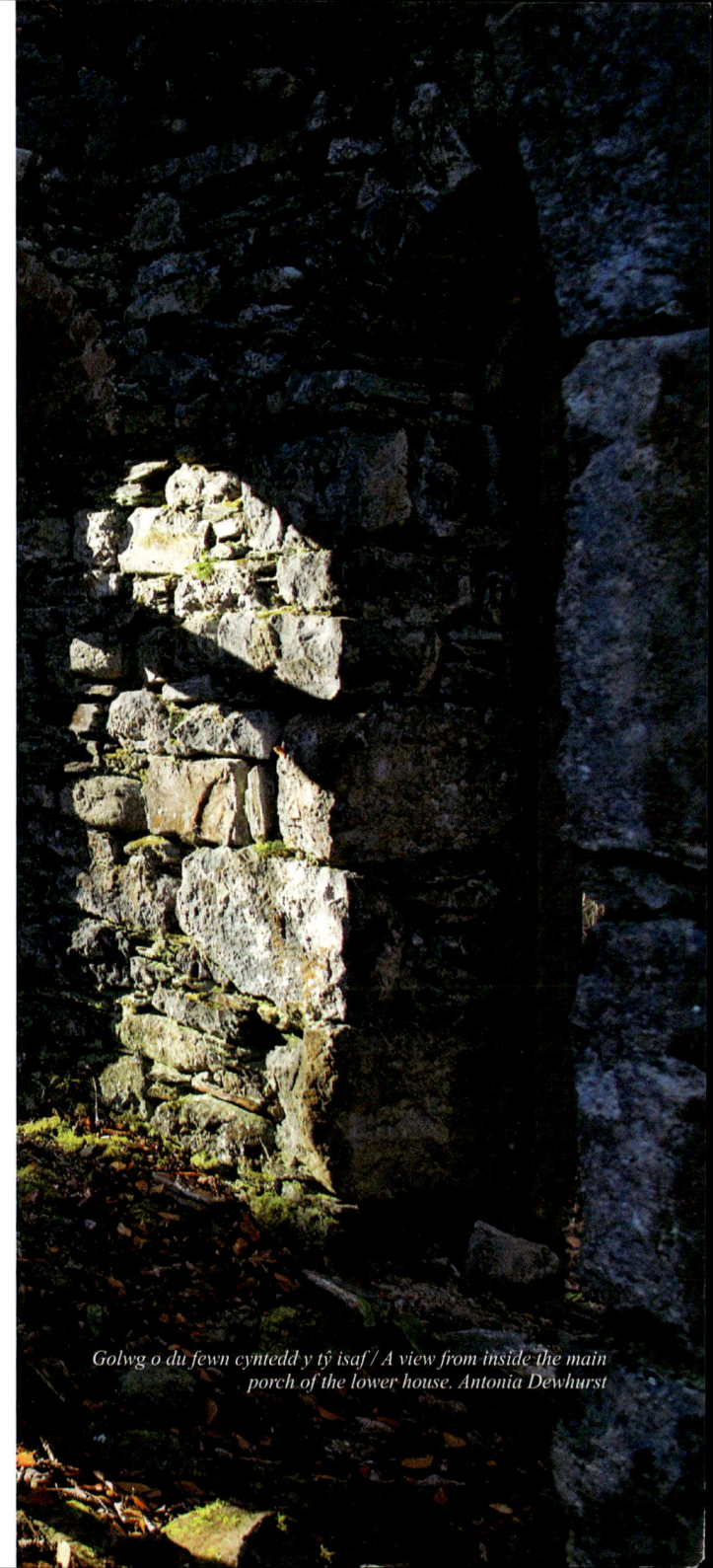

Golwg o du fewn cyntedd y tŷ isaf / A view from inside the main porch of the lower house. Antonia Dewhurst

[13]Howells, M. F. & Smith, M.. Geology of the Country around Snowdon. Memoir of the British Geological Survey, (England and Wales, 1997), p23.
[14]Howells, M. F. & Smith, M.. Geology of the Country around Snowdon. Memoir of the British Geological Survey, (England and Wales, 1997), p25-28.

recently deposited volcanic material, these rocks are part of the Moelwyn Volcanic Formation[15].

Higher in the valley on the eastern side, younger rocks can be found. Dominated by sandstones and some siltstones, these rocks represent a transition to a shallower marine environment. They were formed around 458 - 455 Ma (Lower Caradoc) and belong to the Cwm Eigiau Formation[16]. On the western flank of Moel Hebog to the east of the valley, course-grained sandstones and pebbly conglomerates belonging to the Moel Hebog Sandstone Member can be found.

SNOWDON VOLCANIC GROUP

Volcanic rocks on the whole tend to be much harder than sedimentary rocks, therefore they are much more resistant to weathering. As a result, in Snowdonia the harder igneous rocks tend to form the mountain peaks and steep sided valleys, whereas the softer and easier to erode sedimentary rocks, the valley bottom.

The vast majority of volcanic rocks in the region belong to the Snowdon Volcanic Group[17]. Increased volcanic activity around the time of their formation (approximately 457-454 Ma) has been attributed to the formation of a 'super volcano' or 'caldera'. This was caused by the subduction of the oceanic crust under Avalonia as the continent moved northwards[18]. Behind the continent, violent volcanic eruptions formed volcanic islands. Ash falls and pyroclastic flows formed vast deposits of tuff. Examples of 'ash-flow tuff' can be found high on the western side of the valley in crags at Cwm Ciprwth, Craig Pennant and Craig-las, on the

amgylchedd morol dwfn. Hefyd rhwng yr haenau mae 'tyfid', malurion o lif folcanig a gysylltir ag erydiad defnydd folcanig diweddar. Mae'r creigiau hyn hefyd yn rhan o Ffurfiant Folcanig y Moelwyn.

Yn uwch yn y dyffryn ar yr ochr dwyreiniol mae creigiau sy'n iau. Yma'n bennaf mae tywodfaen a pheth cerrig silt. Mae'r creigiau hyn yn cynnig bod newid i amgylchedd morol llai dwfn wedi digwydd. Cawsant eu ffurfio tua 458 – 455 (Caradog Is) ac maent yn perthyn i Ffurfiant Cwm Eigiau. Ar ochr orllewinol Moel Hebog, i'r dwyrain o'r dyffryn gwelir tywodfeini â graen trwchus a chlymfeini caregog sy'n perthyn i Aelod Tywodfaen Moel Hebog.

GRŴP FOLCANIG YR WYDDFA

Mae cyfran helaeth creigiau folcanig yr ardal yn perthyn i Grŵp Folcanig Eryri[17]. Cynnydd yn y gweithgarwch folcanig pan gawsant eu ffurfio (tua 457 – 454) sy'n gyfrifol am greu 'arch losgfynydd' neu 'gallor'. Achoswyd hyn wrth i'r crwst morol gael ei dansugno dan Avalonia wrth i'r cyfandir symud tua'r gogledd[18]. Y tu cefn i'r cyfandir, ffurfiwyd ynysoedd folcanig gan yr echdorri. Ffurfiodd y llifoedd lludw a phyroclastig ddyddodiadau enfawr o dwff. Gwelir enghreifftiau o 'dwff llifoedd lludw' mewn clegyrau yn uchel ar ochr orllewinol y dyffryn yng Nghwm Ciprwth, Craig Pennant a Chraig-las, ac ar yr ochr ddwyreiniol ym Moel yr Hebog, Moel Lefn a thua Moel yr Ogof. Roedd y dyddodiadau trwchus o ludw a echdorrwyd yn ystod y gweithgaredd folcanig yn dueddol o syrthio yn ystod gweithgarwch newydd. O ganlyniad, ail-weithiwyd llawer o'r dyddodiadau folcanig a'u hail ddyddodi ar ôl eu ffurfio,

[15]Howells, M. F. & Smith, M.. Geology of the Country around Snowdon. Memoir of the British Geological Survey, (England and Wales, 1997), p37-41.
[16]Howells, M. F. & Smith, M.. Geology of the Country around Snowdon. Memoir of the British Geological Survey, (England and Wales, 1997), p46-49.
[17]Howells, M. F. & Smith, M.. Geology of the Country around Snowdon. Memoir of the British Geological Survey, (England and Wales, 1997), p49-64.
[18]Brenchley, P.J., Rushton, A.W.A., Howells, M. & Cave, R. (2006). Cambrian and Ordovician: the early Palaeozoic tectonostratigraphic evolution of the Welsh basin, Midland and Monian Terranes of Eastern Avalonia. In: Brenchley P.J. & Rawson, P.F. (eds), The Geology of England and Wales, 2nd Edn, p 25-74, The Geological Society, London (2006).

rhai ohonynt mewn amgylcheddau alltraeth o amgylch yr ynysoedd folcanig.

Mae llawer o greigiau folcanig yn tueddu i fod yn galetach na chreigiau gwaddod megis carreg silt neu garreg laid, felly gallant wrthsefyll effaith y tywydd yn llawer gwell. O ganlyniad, y creigiau igneaidd caletach sy'n ffurfio'r copaon a'r dyffrynnoedd sydd ag ochrau serth yn Eryri, tra bod y creigiau meddalach, cerrig silt, cerrig llaid a thywodfaen ar lawr y dyffrynnoedd.

Echdorrwyd lafa rhiolit a basalt hefyd yn ystod y gweithgarwch folcanig. Rhiolit yw copa Moel yr Hebog a rhan o Foel Lefn. Mae basalt ar Foel Hebog lle gwelir hefyd lafâu clustog. Ffurfir lafa clustog wrth i lafa ei echdorri dan ddŵr. Mae wyneb y lafa yn oeri'n sydyn gan ffurfio 'croen'. Wrth i'r lafa barhau i lifo dan y croen, gall dorri drwyddo gan ffurfio siâp sy'n debyg i glustog. Mae'r broses hon yn parhau wrth i'r lafa lifo a gellir ffurfio dyddodiadau trwchus o lafâu clustog wrth i un lifiant lafa lifo uwchben un arall. Mae gwyddonwyr wedi gweld lafâu clustog yn ffurfio yn y moroedd o amgylch Hawai'i a Gwlad yr Iâ hyd at heddiw.

Tua'r un cyfnod ag y ffurfiwyd y twffau a'r lafâu llifoedd lludw roedd y magma tawdd yn codi ac yn ymwthio i nifer o'r creigiau oedd eisoes wedi'u ffurfio[19]. Yma roedd y graig yn oeri llawer yn arafach nag a fyddai lafa. Dyma sut y ffurfiwyd creigiau rhiolit, dolerit a microwenithfaen. Gellir gweld microwenithfaen mewn clegyrau bychain ar waelod Moel yr Ogof a Moel Lefn. Gwelir peth rhiolit wedi ymwthio i'r gogledd-ddwyrain o Graig Isallt. Siliau dolerit yw'r nodweddion amlycaf y creigiau igneaidd ymwthgar yng Nghwm Pennant.

eastern side of the valley at Moel Hebog, Moel Lefn and around Moel yr Ogof. Thick deposits of erupted ash were prone to collapse during renewed volcanic activity. As a result, many of the volcanic deposits were reworked and re-deposited after their formation, some in off-shore environments around the volcanic islands.

Rhyolite and basalt lavas were also erupted during this volcanic activity. Rhyolites make up the peak of Moel yr Ogof and some of Moel Lefn. Basalts can be found on Moel Hebog, where pillow lavas can be seen. Pillow lavas are formed when lava is erupted underwater; the surface of the lava flow cools very quickly forming a 'skin'. As the lava continues to flow beneath, it breaks through the 'skin' forming a lobe or pillow-like structure. This process is repeated as the lava continues to flow, thick deposits of pillow lavas can be formed in this way as successive lava flows are built-up on top of each other. Pillow lavas have been observed being formed in the seas around present-day Iceland and Hawaii.

Around the same time the ash-flow tuffs and lavas were formed, molten magma from volcanic activity rose up and was intruded into many of the older pre-existing rocks[19]. Here, the rock cooled much more slowly than it would if erupted at the surface as lava. These rocks are termed 'igneous intrusions'. Igneous intrusions that form bands parallel to pre-existing rocks are termed 'sills', but where they cut across pre-existing rocks, they are termed 'dykes'. Rhyolite, dolerite and microgranite rocks were formed in this way. Microgranite can be found in small crags on the lower slopes of Moel yr Ogof and Moel Lefn. A small deposit of intrusive rhyolite can be found to the northeast of

[19]Howells, M. F. & Smith, M.. Geology of the Country around Snowdon. Memoir of the British Geological Survey, (England and Wales, 1997), p65-68.

Craig Isallt. Dolerite sills form by far the most prominent features of the intrusive igneous rocks in the Cwm Pennant valley.

The sills form the imposing crags of Craig Cyfyng and Craig Issalt in the valley north of Brynkir, as well as Craig Bryn-derwog to the east of the estate, and steep outcrops on the western side of Moel Lefn, Bwlch Sais and Craig Cwm-trwsgl. Further dolerite outcrops can be seen just outside the valley near Tremadoc where world famous rock climbing routes can be found[20].

BUILDING STONE

Before the advent of railways and other transportation methods, most building stone in Wales was quarried and used locally[21]. The mountainous terrain of Snowdonia would have made the transportation of stone any distance an onerous task. As a result of the lack of suitable alternatives in the valley, dolerite has been the most extensively used rock. The dolerite is very hard wearing and durable. In hand specimen, the dolerite is blue-grey-green in colour on a fresh surface and brown where weathered. Local small-scale quarrying would have provided stone for building work. As the dolerite rock slowly cooled and contracted after its formation, cooling joints or cracks were formed. These 'joints' would have made extracting large blocks of stone much easier.

The earlier upper hall has been built using roughly-hewn dolerite blocks. In addition to dolerite, many of the local buildings on and around the Brynkir Estate incorporate the roughly hewn dolerite blocks, boulders of sandstone, igneous glacial eratics and even occasional blocks of vein quartz from the surrounding local area. The stables and

Siliau sy'n ffurfio'r clegyrau mawreddog Craig Cyfyng a Chraig Isallt sydd yn y dyffryn i'r gogledd o Fryncir, yn ogystal â Chraig Bryn-derwog i'r dwyrain o'r stad a'r brigiadau serth ar ochrau gorllewinol Moel Lefn, Bwlch Sais a Chraig Cwm-trwsgl. Mae brigiadau dolerit hefyd i'w gweld y tu allan i'r dyffryn ger Tremadog lle mae'r creigiau sy'n enwog drwy'r byd i gyd gan ddringwyr creigiau[20].

CARREG ADEILADU

Cyn dyfodiad y rheilffyrdd a dulliau eraill o gludo nwyddau, daeth y rhan fwyaf o gerrig adeiladu o chwareli lleol[21]. Roedd tirwedd fynyddig Eryri yn gwneud hi bron yn amhosibl cario cerrig unrhyw bellter braidd o gwbl. Yna gan nad oedd dewis arall ar gael, y graig a ddefnyddiwyd fwyaf oedd dolerit. Mae dolerit yn garreg galed a all wrthsefyll y tywydd. Mae ei liw yn laslwyd wrth ei dorri ond mae'n troi'n frown yn y tywydd. Byddai chwareli bychain lleol yn darparu cerrig ar gyfer adeiladu. Wrth i graig dolerit oeri a chrebachu, byddai holltau'n ffurfio yn y graig. Roedd yr holltau hyn yn ei gwneud hi'n haws chwarela'r graig.

Adeiladwyd y Plas Uchaf flaenorol gan ddefnyddio blociau dolerit bras. Adeiladwyd nifer o adeiladau lleol gan ddefnyddio clogfeini tywodfaen, meini dyfod igneaidd ac ambell i floc o gwarts â gwythiennau ynddo o'r ardal leol yn ogystal â'r blociau dolerit bras. Mae'r stablau a'r adeiladau llai (Hostel Cwm Pennant bellach) yn enghreifftiau da o adeiladau o'r math hyn.

Yn ddiweddarach, adeiladwyd y Plas Isaf a'r Twr ym Mryncir gyda charreg dolerit. Mae blaen y neuadd wedi'i orchuddio â blociau nadd sy'n arbennig o gain. Yn ôl y marciau sydd yn y garreg mae hi'n debygol i'r garreg gael

[20]Williams, Paul.. Rock climbing in Snowdonia. Constable (1990)
[21]Lott, G.K. & Barclay, W.J. The Geology of the Building Stones of Wales. In: Coulson (ed) Stone in Wales. Materials, Heritage and Conservation. Papers from the Welsh Stone Conference, Cardiff 2002. CADW (2005), pp6-13.

ei naddu â llaw; gwaith llafurus â charreg sydd mor galed. Mae'r tŵr hefyd wedi'i orchuddio ar bob ochr â charreg sydd wedi'i naddu'n gain. Byddai'r garreg wedi'i hollti â pheiriant cyn ei gorffen â llaw.

Gwelir y dull o chwarela'r garreg wrth edrych ar y cerrig adeiladu. Mae tyllau bychain yn rhai ohonynt sy'n dangos mai'r dull plwg a phluen a ddefnyddid i hollti'r graig. Roedd y dull hwn yn golygu y gellid hollti darnau mawr o graig er mwyn eu cludo'n haws o'r chwarel. Yn y dull plwg a phluen, driliwyd rhes syth o dyllau i'r graig ryw 10 - 20 cm ar wahân. Gosodwyd dau shim (neu bluen) ym mhob twll a morthwyliwyd lletem fetel (plwg) rhwng y ddau. Wrth i'r gwasgedd gynyddu byddai'r garreg yn hollti ar hyd llinell y tyllau. Mae'r tyllau i'w gweld yn y garreg hollt.

Defnyddiwyd blociau tywodfaen o Grŵp Nant Ffrancon a lifiwyd i siâp ar gyfer y conglfeini a chapanau'r ffenestri yn y Plas Uchaf. Mae chwarel fechan ychydig i'r gogledd o'r Plas. Nid yw hi'n glir a defnyddiwyd teils ar gyfer y to, y conglfeini a chapanau'r ffenestri o'r chwarel hon neu o ambell o chwarel arall yn y dyffryn.

Adeiladwyd yr adeiladau diwydiannol ger chwareli llechi'r dyffryn yn ystod y bedwaredd ganrif ar bymtheg dan ddefnyddio blociau llechi a folcanig oedd ar gael yn lleol. Mae enghreifftiau da o'r rhain i'w gweld yn chwareli Tywysog Cymru ar ben draw'r dyffryn.

out-buildings (now the Cwm Pennant Hostel) are a good example of this type of building.

The later lower hall and tower at Brynkir have been built using dolerite stone, the front of the hall has been fronted with particularly well-dressed ashlar blocks. Tool marking on the rock suggests the stone was dressed by hand. A laborious job for such a hard stone. The tower is faced on all sides by the well-dressed stone. The stone would have been mechanically cut into blocks before finally being dressed by hand. The rock was likely to have been quarried from Craig Cyfyng just to the north of the house.

The method by which the stone was extracted during quarrying is provided by evidence in the building stone itself. Tool marks observed on some of the stones indicates that the plug and feather method were used to split blocks. This method allows larger rocks to be split into smaller more manageable blocks for transportation. Plug and feather splitting involves drilling holes in a line along a large stone, generally 10 – 20 cms apart. Two shims (or feathers) are inserted into each hole, and a metal wedge (plug) is driven between them using a hammer. As pressure is increased, the rock splits along the line of the drilled holes, evidence of the drill holes is left in the split rock. Elongate sawn blocks of mudstone from the Nant Ffrancon Group have been used as quoin stones and window lintels in the upper house. A small quarry can be found just north of the house. It is unclear whether roofing tile, stones and lintels were extracted from this site or one of the many surrounding quarries in the valley.

Industrial buildings around the slate mines of the valley were built during the 19th Century using slate and volcanic blocks from the surrounding area. Good examples of these buildings can see be seen at the Prince of Wales quarries at the head of the valley.

CYMHARU CERRIG

Dynodwyd y garreg dolerit a ddefnyddiwyd i adeiladu ym Mryncir yn ddolerit wedi'i newid (metadolerit) gan aelodau'r Adran Ddaeareg yn Amgueddfa Cymru. Cymharwyd dau sampl o ddolerit (un o Blas Bryncir a'r llall o frig mewn cae ger Craig Gyfyng, 1.5km i'r GGDd) un yn sampl llaw a'r llall yn haenen denau, a defnyddiwyd dadansoddiad Diffreithiant Pelydr-X (XRD) arnynt. Yn y sampl llaw, mae'r dolerit yn llwydlas a brown lle bu'r tywydd yn effeithio arno. Paratowyd haenen denau safonol (30µm) o'r ddau sampl gan eu harchwilio â microsgop polar (Leica Ortholux Pol). Yna roedd hi'n bosibl cymharu'r mwynau (siâp, lliw, ac yn y blaen) a'r gwead yn y ddau sampl. Mae'r gwahaniaethau pendant yn lliw'r mwynau mewn golau trawsbolar yn galluogi adnabyddiaeth fanwl iawn ohonynt. Roedd y samplau dolerit yn cynnwys mwynoleg gynradd gyda llawer o'r mwynau clinopirocsin a ffelsbar plagioclas gyda gwead offitig (lle mae crisialau mawr awgit yn amgáu crisialau llai o albit). Gwelwyd bod y fwynoleg gynradd yn debyg yn y ddau sampl ond fe'i gorchuddiwyd gan ail fwynoleg fetamorffig, oedd yn dilyn metamorffeg sgist llaith ar ôl i'r sampl galedu. Mae natur y fwynoleg fetamorffig hon rhyw gymaint yn wahanol yn y ddau sampl. Gall gwahaniaethau ddigwydd dros bellteroedd cymharol fyr, megis ar draws un brig, neu hyd yn oed samplau o'r un chwarel. Ar sail y data petrolegol, ni ellir dweud yn sicr bod y ddau sampl yn deillio o'r un fan, ond mae hyn yn gwbl debygol, ac os nad o'r un fan yn union yna o'r un fath o garreg mewn man cyfagos. Mae hyn felly'n awgrymu bod y garreg a ddefnyddiwyd i adeiladu Plas Bryncir yn debygol o fod yn lleol i Graig Cyfyng lle casglwyd yr ail sampl.

Tystiolaeth o dull plwg a bluen a ddefnyddir i rannu'r blociau dolerit.
Andrew Haycock, Amgueddfa Genedlaethol Cymru.

Evidence of plug and feather method used for splitting dolerite blocks.
Andrew Haycock, National Museum Wales.

STONE MATCHING

The building stone used at Brynkir Hall and Tower has been identified as an altered dolerite (metadolerite) by staff in the Geology Section: Natural Sciences Department, Amgueddfa Cymru – National Museum Wales. Museum staff and the Welsh Stone Forum were asked to help identify the stone by Mark Baker (Cardiff School of History, Archaeology and Religion) as it had previously been misidentified as a sandstone. Two samples of dolerite (from Brynkir House and field outcrop at Craig Gyfyng, 1.5km to the NNE) were compared in hand specimen, thin section and by XRD (X-Ray Diffraction) analysis. In hand specimen, the dolerite is blue-grey-green in colour with a brown weathered surface. A standard thin section ($30\mu m$) was prepared from each specimen and observed using a polarizing microscope (Leica Ortholux Pol). This allowed for high magnitude identification of the minerals (shape, colour etc) and textures present within each rock. Distinct differences in the colour of minerals in cross-polarized light (known as birefringence) allows for very accurate mineral identification. The dolerite samples contain a primary mineralogy dominated by the minerals clinopyroxene and plagioclase feldspar with an ophitic texture (where large crystals of augite enclose smaller crystals of albite). This primary mineralogy is the same in both samples but is overprinted by a secondary metamorphic mineralogy, resulting from greenschist metamorphism, after the sample had solidified. The nature of this metamorphic mineralogy is slightly different in the two samples. Such variations can occur over a relatively small distance, such as across one outcrop, or even between samples collected within the same quarry. On the basis of the petrological data, it is not possible to say categorically that the two samples were derived from the same locality, however this is highly probable, and if not the exact same locality then from the same rock type at a nearby locality. This therefore suggests that the stone used in the building of Brynkir House is likely to be local to Craig Cyfyng where the field sample was collected.

SLATE

Beginning around 416 Ma (from early to mid-Devonian times), deeply buried fine-grained sedimentary rocks like siltstone and mudstone (originally deposited on the ocean floor) were metamorphosed and deformed, then uplifted during the Avalonia and Laurentia continental collision[22]. Heat and pressure acting upon these rocks during deformation caused them to change into the metamorphic rock slate.

Siltstones and mudstones are composed of platy clay minerals (called mica) which are arranged randomly on the bedding layers as they settled from the sea water. During metamorphism, the rock was compressed and the clay minerals physically squeezed together into parallel alignment, or dissolved and grew at right angles to the main direction of pressure.

As a result slate is very different to mudstone. Slate is a denser more compact rock, but it splits easily along the new planes that have formed. Where well-formed, the slate is highly planar and splits very well, where less well formed the surface of the split slate is less smooth. The minerals in the original sediment and the degree of metamorphism dictate the quality of the slate produced. The resulting texture that allows slate to be split into very thin layers along planes of weakness parallel to the clay minerals is called cleavage. This texture makes slate the ideal building stone as a roofing tile. The thin tiles are still very strong, impermeable and resistant to weathering. North Wales has produced some of the best slates in the world, and the slate has been exported across the world.

LLECHFAEN

Gan ddechrau tua 416Ma (o ddechrau hyd ganol y cyfnod Defonaidd), metamorffwyd y creigiau â graen cain ynddynt, megis carreg silt a charreg laid, oedd wedi'u claddu'n ddwfn ac oedd yn wreiddiol ar lawr y cefnfor, eu hanffurfio a'u codi yn ystod y gwrthdaro cyfandirol oedd rhwng Avalonia a Laurentia[22]. Achosodd gwres a gwasgedd ar y creigiau hyn iddynt newid yn graig lechen fetamorffig.

Mewn cerrig silt a cherrig llaid ceir mwynau clai mewn haenau (a elwir yn mica) a drefnir ar hap yn yr haenau gwaelodol wrth iddynt ddisgyn o'r dŵr môr. Yn ystod metamorffeiddio, naill ai cywesgir y graig a'r mwynau clai gyda'i gilydd i greu patrymau parallel neu caiff ei doddi ac yna mae'n tyfu ar ongl sgwâr i brif gyfeiriad y gwasgedd.

O ganlyniad mae llechfaen yn gwbl wahanol i garreg laid. Mae llechfaen yn graig fwy dwys a chywasgedig, ond mae'n hollti'n rhwydd ar hyd cyfeiriad ei ffurfio. Os yw wedi'i ffurfio'n dda, bydd yn hollti'n rhwydd, fel arall mae wynebau'r llechfaen a holltwyd yn llai llyfn. Y mwynau yn y dyddodiad gwreiddiol a graddau'r metamorffeiddio sy'n penderfynu ansawdd y llechfaen. Holltiad yw'r enw a roddir ar y gwead sy'n galluogi'r llechfaen gael ei hollti yn haenau tenau iawn ar hyd y mannau gwan sy'n baralel i'r mwynau clai. Y gwead hwn sy'n golygu bod llechfaen yn ddelfrydol ar gyfer llechi to. Mae'r llechi tenau hyn yn gryfion, yn dal dŵr a gallant wrthsefyll y tywydd yn effeithiol. Mae rhai o lechi gorau'r byd wedi'u cynhyrchu yng Ngogledd Cymru ac maent wedi'u hallforio i bedwar ban y byd.

[22]Woodcock, N.H. & Soper, N.J. The Acadian Orogeny: the mid-Devonian phase of deformation that formed the slate belts in England and Wales. In: Brenchley P.J. & Rawson, P.F. (eds), The Geology of England and Wales, 2nd Edn, p 131-154, The Geological Society, London (2006)

Er bod nifer o chwareli neu byllau llechi yng Nghwm Pennant (gweler isod), nid oeddynt yn rhai llewyrchus ac ni chawsant y llwyddiant a ddaeth i chwareli Bethesda a Blaenau Ffestiniog.

RHEW

Ers y 2.5 miliwn o flynyddoedd diwethaf yn ystod hanes daearegol diweddar Cymru bu nifer o gyfnodau rhewlifol (neu oesoedd iâ) gyda chyfnodau cynhesach rhyngddynt. Yn ystod pob oes iâ, adeiledir trwch anferth o iâ dros lawer o Gymru, Prydain, Gogledd Ewrop ac UDA. Mae'r holl ddyddodion a nodweddion rhewlifol a welir yn Eryri heddiw yn deillio o'r oes iâ olaf 27,000 - 10,000 o flynyddoedd yn ôl (Defenaidd Hwyr), gan i hwn ysgubo ymaith holl olion gweithgarwch rhewlifol blaenorol. Yn Eryri mae'r olion hyn yn gyffredin, o ddyffrynnoedd crog i gronlynnoedd marian, blociau wedi'u rhychio gan rewlifau a dyddodiadau eang o glog-glai. Clog-glai yw'r dyddodiad gwaddodol a ffurfir gan rewlifau.

Roedd y rhewi a'r toddi cyson i'r dŵr a'r rhew yn yr holltau yn y creigiau uwchben y rhew yn ddigon i ehangu unrhyw hollt a hollti'r graig yn llwyr. O ganlyniad, ffurfiwyd llethrau sgri ar lawer o lethrau serth dyffrynnoedd yn Eryri. Mae llethrau sgri mawrion i'w gweld ar nifer o lethrau uwch y dyffryn yng Nghwm Dwyfor, Craig Pennant, Craig-las, a Chraig Cwm-trwsgl.

Yng Nghwm Pennant, byddai'r eira a'r rhew wedi cronni'n araf yn y cymoedd megis Cwm Dwyfor a Chraig Pennant ar ben y cwm. Dros amser byddai'r eira a'r rhew yn ffurfio rhewlif fyddai'n symud yn araf i lawr y llethrau gan gipio creigiau o ochrau'r dyffryn a'u dal yn y rhew. Malwyd rhai o'r creigiau oedd ar lwybr y rhewlif yn ddarnau bychan

ICE

While there are several large slate quarries/mines in the Cwm Pennant valley (see below), none were extremely successful or saw the success of quarries in the Bethesda and Blaenau Ffestiniog slate belts.

In the last 2.5 million years during the recent geological history of Wales, there have been numerous glacial episodes (or ice ages) interspersed with warmer interglacial periods. During each ice age, vast thicknesses of ice built up over much of the UK and Wales, Northern Europe and USA. All the glacial deposits and features that we see in Snowdonia today are related to the last ice age 27,000 – 10,000 years ago (Late Devensian), as it would have removed any evidence of earlier glacial events. From hanging cwms/valleys, to moraine-dammed lakes, glacially striated blocks and extensive deposits of boulder clay can be found widely across Snowdonia. Boulder clay is the sedimentary deposit produced by glacial action.

The constant freeze/thaw action of water and ice within cracks in rock exposed above the ice was enough to expand and widen cracks to split the rock. As a result, scree slopes have formed on many of the steep valley slopes in Snowdonia. Large scree slopes can be seen across much of the higher slopes in the valley at Cwm Dwyfor, Craig Pennant ,Craig-las and Craig Cwm-trwsgl.

In Cwm Pennant, snow and ice would have slowly build-up in cwms like Cwm Dwyfor and Craig Pennant at the head of the valley. Over time this snow and ice compacted to form a glacier that moved down slope, plucking rock from the valley side and incorporating it within the ice. Some of the rock in the path of the glacier was ground into tiny silt sized particles by the sheer weight and movement of the ice

Rendro o'r ffasâd o ddiwedd y bedwaredd ganrif ar bymtheg. Gallwn ddweud o'r 'farciau dydd', cymerodd yr adeilad tri diwrnod i'w gwblhau. Antonia Dewhurst.

Rendering of the late nineteenth century facade. We can tell from the 'day marks' that the building took three days to complete. Antonia Dewhurst

over it. When the glacier melted during warmer periods, this material was dumped from the ice or transported by melt waters as hummocky glacial drift deposits full of boulders and sediment across the valley (till, head and boulder clay). These deposits have obscured much of the older geology lower in the valley.

MINING AND QUARRYING

There have been numerous attempts to extract slate, copper and lead from the hillsides around Cwm Pennant during the 19th Century, none of which were extremely successful. Some ventures saw huge sums of investment for very little return. Take Cwm Dwyfor (Blaen y Pennant) Mine in the head of the valley for example. A tram way was extended from the Gorseddau slate quarries to the Prince of Wales quarries nearby, and a branch via an incline was added to service the mine in 1874.[23] The entire output for the mine (around 18 tonnes) hardly justified a single train.

The nearby Prince of Wales Slate Mine and quarry was opened in 1873 but was closed by 1886. It is the largest slate quarry in the valley, and is well worth a walk if you are in the area. The view across the valley is spectacular, and it is a great place to explore the mine buildings and post-industrial landscape. Here, slates from the Nant Ffrancon Group were extracted and worked.

Further south down the valley, the Hendre ddu quarries can be found on the west side of the valley, and Issallt Quarries on the east side of the valley near the Craig Isallt and Craig Gyfyng. The slate quarries are easy to spot with their vast spoil tips of waste slate.

maint silt gan holl bwysau'r rhew oedd yn symud drostynt. Wrth i'r rhewlif doddi yn y cyfnodau cynhesach, dyddodwyd y malurion hyn o'r iâ neu cawsant eu cario gan ddŵr tawdd yn ddrifft rhewlifol ponciog llawn clogfeini a gwaddodion dros lawr y dyffryn (til, a chlog-glai). Mae llawer o'r ddaeareg flaenorol yn is yn y dyffryn wedi'i guddio gan y dyddodion hyn.

CLODDIO A CHWARELA

Bu sawl cais yn ystod y bedwaredd ganrif ar bymtheg i gloddio am lechi, copr a phlwm yn y bryniau o amgylch Cwm Pennant. Aflwyddiannus ar y cyfan fu pob cynnig. Buddsoddwyd arian mawr mewn rhai o'r mentrau ond prin fu'r elw. Mae Pwll Cwm Dwyfor (Blaen y Pennant) ar ben y dyffryn yn enghraifft dda o hyn. Gosodwyd rheiliau tram o chwareli llechi Gorseddau at chwareli cyfagos Tywysog Cymru, a changen drwy inclein at y pwll ym 1874.[23] Nid oedd holl gynnyrch y pwll (tua 18 tunnell) braidd yn cyfiawnhau un trên.

Agorwyd Pwll Llechi Tywysog Cymru a'r chwarel ym 1873 ond roedd wedi cau erbyn 1886. Hwn oedd y chwarel lechi fwyaf yn yr ardal ac mae'n werth mynd yno am dro. Mae'r olygfa dros y dyffryn yn wefreiddiol ac mae'n dda gallu gweld hen adeiladau'r pwll ac olion y diwydiant yno. Fan hyn y codiwyd a gweithiwyd ar lechi o Grŵp Nant Ffrancon.

Yn is i lawr y dyffryn mae chwarel Hendre Ddu ar yr ochr orllewinol a Chwareli Isallt ar yr ochr ddwyreiniol ger Craig Isallt a Chraig Gyfyng. Mae'n rhwydd dod o hyd i'r chwareli llechi gan fod eu tomennydd sbwriel o lechi gwastraff mor fawr.

[23]Bick, David. 1982.The Old Copper Mines of Snowdonia. The Pound House.